# 《国学经典藏书》丛书编委会

国学经典藏书

# 资治通鉴

李　宝　唐黎明　译注

吉林大学出版社
长　春

**图书在版编目（CIP）数据**

资治通鉴 / 李宝，唐黎明译注 .— 长春：吉林大学出版社，2021.6
（国学经典藏书）
ISBN 978-7-5692-8588-8

Ⅰ .①资… Ⅱ .①李… ②唐… Ⅲ .①中国历史－古代史－编年体②《资治通鉴》－译文③《资治通鉴》－注释 Ⅳ . ① K204.3

中国版本图书馆 CIP 数据核字（2021）第 145896 号

**国学经典藏书：资治通鉴**
GUOXUE JINGDIAN CANGSHU: ZIZHI TONGJIAN

**作　　者：**李　宝　唐黎明 译注
**策划编辑：**魏丹丹
**责任编辑：**王默涵
**责任校对：**田　娜
**装帧设计：**蒋宏工作室
**开　　本：**880mm × 1230mm　1/32
**字　　数：**238 千字
**印　　张：**11.5
**版　　次：**2021 年 6 月第 1 版
**印　　次：**2023 年 3 月第 2 次印刷

**出版发行：**吉林大学出版社
**地　　址：**长春市人民大街 4059 号（130021）
0431-89580028/29/21
http://www.jlup.com.cn
E-mail:jdcbs@jlu.edu.cn
**印　　刷：**天津鑫旭阳印刷有限公司

ISBN 978-7-5692-8588-8　　**定价：**40.00 元

# 编者的话

经典是人类知识体系的根基,是人类的精神家园,是我们走向未来的起点。莎士比亚说过:"生活里没有书籍,就好像没有阳光;智慧里没有书籍,就好像鸟儿没有翅膀。"21 世纪中国国民的阅读生活中最迫切的事情是什么?我们的回答是阅读经典!

中国有数千年一脉相传、光辉灿烂的文化,并长期处于世界文化发展的前列,尤其是在近代以前,曾长期引领亚洲乃至世界文化的发展方向。长期超稳定的社会发展形态和以小农生产为基础的、悠闲的宗法农业社会,塑造了中华民族注重实际、过分地偏重经验、重视历史的文化心理特征。从殷商时代的"古训是式"(《诗经·大雅·烝民》),到孔子的"述而不作,信而好古"(《论语·述而》),可以清楚地看出这种文化心理不断强化的轨迹。于是,历史就被赋予了神圣的光环,它既是人们获得知识的源泉,也是人们价值标准的出处。它不再是僵死的、过去的东西,而是生动活泼、富有生命力,并对现世仍有巨大指导作用的事实。因而就形成了这样一种固定的文化思维方式,也就是"以铜为鉴,可正衣冠;以古为鉴,可知兴替;以人为鉴,可明得失"(《新唐书·魏徵传》)。中国的文化人世代相承,均从历史中寻求真理,寻求"修身、齐家、治国、平天下"的崇高理想模式。

这种对于历史所怀有的深沉强烈的认同感，正是历史典籍赖以发展、繁荣的文化心理基础。历史上最初给历史典籍的研究和整理工作涂上政治、道德和伦理色彩的是春秋时期的孔子。当时的孔子因感“周室微而礼乐废、《诗》《书》缺”，于是乃删订了《诗》《书》《礼》《乐》《易》《春秋》等“六经”（见《史记·孔子世家》），寄托了自己在政治上“复礼”和道德上“归仁”的最高理想。孔子以后，历史典籍的编撰无不遵循着这一最高原则。所以《隋书·经籍志》总序中就说：“夫经籍也者，机神之妙旨，圣哲之能事。所以经天地，纬阴阳，正纲纪，弘道德，显仁足以利物，藏用足以独善……其王者之所以树风声，流显号，美教化，移风俗，何莫由乎斯道？……其教有适，其用无穷，实仁义之陶钧，诚道德之橐籥也。……夫仁义礼智，所以治国也；方技数术，所以治身也。诸子为经籍之鼓吹，文章乃政化之黼黻，皆为治国之具也。”（《隋书·经籍志一》）由此可见，历史典籍的编撰整理工作，已不仅仅是文化技术问题，更重要的是它还负有“正纲纪，弘道德”的政治和道德使命。于是，在两千多年的历史发展过程中，先人们为我们留下了汗牛充栋的文化典籍。这些宝贵的精神财富，不仅是我们中华民族的骄傲，也是全人类的骄傲，并已成为世界文化宝藏的重要组成部分。

中国的先哲们一向对古代典籍充满崇敬之情，他们认为，先王之道、历史经验、人伦道德以及治国安邦之术、读书治学之法等等，都蕴藏于典籍之中。文献典籍是先王之道、历史经验、人伦道德等赖以传递后世的重要手段。离开书籍，后人将无法从前朝吸取历史经验，无法传承先王之道。在日新月异的当代，如何对待这份优秀的文化遗产？毛泽东同志早就指出：“中国的长期封建社会中，创造了灿烂的古代文化。清理古代文化的发展过程，剔除其封建性的糟粕，吸取其民主性的精华，是发展民族新文化、提高民族自信心的必要条件。……中国现时的新文化也是从古代的旧文化发展而来，因此，我们必须尊重自己的历史，决不能割断历史。但是，这种尊重是给历史以一定的科学地位，是尊重历史的辩证法的发展，而不是颂古非今。”（毛泽东《新民主主义论》）古代典籍，不仅对中华民族的形成与发展历史地发挥了巨大的凝聚力作用，而且在当今中华民族伟大复兴中，依然会发挥无可替代的重要作用。

在科学技术迅猛发展的当代社会，人们的生活、观念正在发生着巨大而深刻的变革，面对蓬勃发展的现代科技和汹涌而至的各种思潮，人们依然能深切地感受到中国传统文化无所不在的巨大力量。人们渴望了解这种无形的力量源泉，于是绚丽多姿的中华典籍就成了人们首要的选择。它能够使我们在精神上成为坚强、忠诚和有理智的人，成为能够真正爱人类、尊重人类劳动、衷心地欣赏人类的伟大劳动所产生的美好果实的人。所以，在今天，我们要阅读经典；当数字化、网络化带来的“信息爆炸”占领人们的头脑、占用人们的时间时，我们要阅读经典；当中华民族迈向和平崛起和民族复兴的伟大征程时，我们更要阅读经典。因此，读经典，这个我们习以为常的平凡过程，实际上就成了人的心灵和上下古今一切民族的伟大智慧相结合的过程。但由于时代的变迁，这些经典对现代人来说已是谜一样的存在。为继承这份优秀的文化遗产，帮助人们更好地利用这些经典，在全国学术界诸多专家学者的支持下，我们策划了这套“国学经典藏书”丛书。

丛书以弘扬传统、推陈出新、汇聚英华为宗旨，以具有中等以上文化程度的广大读者为对象，从我国古代经、史、子、集四部典籍中精选50种，以全注全译或节选的形式结集出版。在书目的选择上，重点选取我国古代哲学、历史、地理、文学、科技、教育、生活等领域历经岁月洗礼、汇聚人类最重要的精神创造和知识积累的不朽之作。既注重选取历史上脍炙人口、深入人心的经典名著，又注重其适应现代社会的人文价值趋向。丛书不仅精校原文，而且从前言、题解，到注释、译文，均在吸收历代学者研究成果的基础上精心编撰。在注重学术性标准的基础上，尽量做到通俗易懂。我们相信，本丛书的出版，对提高人们的古代典籍认知水平，阅读和利用中华传统经典，传播中华优秀文化，提高人们的民族自信心和文化自豪感，进而为中华民族伟大复兴做贡献，均将起到应有的作用。高尔基说："书籍是人类进步的阶梯。""要热爱读书，它会使你的生活轻松，它会友爱地帮助你了解纷繁复杂的思想、感情和事件；它会教导你尊重别人和你自己；它以热爱世界、热爱人类的情感，来鼓舞智慧和心灵。""当书本给我讲到闻所未闻、见所未见的人物、感情、思想和态度时，似乎是每一本书都在我面前打开一扇窗户，并让我看到一个不可思议的新世界。""每一本书是一级小阶梯，我每爬一级，就……更接近美好生活的观念，更热爱这书"（《高尔基论青年》，中国青年出版社1956年版）。流传千年的文化经典，让我们受益匪浅，使我们懂得更多。正如德国著名作家歌德所说："读一本好书，就是和一位品德高尚的人谈话。"的确，读一本好书，就像是结交了一位良师益友。我们真诚希望，这套经典丛书能够真正进入您的生活，成为人人应读、必读和常读的名著。

陈　虎

庚子岁孟秋

# 前　言

《资治通鉴》(通常简称为《通鉴》)是中国第一部编年体通史,其内容记载了从周威烈王二十三年(前403)到后周世宗显德六年(959)之间,总计十六朝一千三百六十二年的史实。全书共分为二百九十四卷,另有《目录》三十卷,《考异》三十卷,三百多万字,按朝代分为十六纪,即《周纪》五卷、《秦纪》三卷、《汉纪》六十卷、《魏纪》十卷、《晋纪》四十卷、《宋纪》十六卷、《齐纪》十卷、《梁纪》二十二卷、《陈纪》十卷、《隋纪》八卷、《唐纪》八十一卷、《后梁纪》六卷、《后唐纪》八卷、《后晋纪》六卷、《后汉纪》四卷、《后周纪》五卷。

## 一、作者简介

《资治通鉴》是一部汇集众人智慧才情、集体合作编纂成书的成功典范,由北宋著名政治家、史学家、文学家司马光领衔,协助编修者有刘恕、刘攽、范祖禹三人,这个编写队伍可谓尽得一时之选,皆是当时一流的史学家。司马光将他们聚集在一起,组建起一支严谨、博学、精干、团结的编写团队,并能让每个人各司其职,尽展其长。下面将几位作者的生平著述情况一一简述。

司马光(1019—1086),宋陕州夏县涑水(今山西夏县)人,字君实,号迂叟,世称涑水先生。仁宗宝元元年(1038)进士,累官知谏院、翰林学士、权御史中丞,官至尚书左仆射兼门下侍郎,卒赠太师、温国公,谥文正,《宋史》卷三三六有传。司马光著述颇丰,据苏轼《司马温公行状》所载,除《通鉴》外,还有《文集》八十卷、《通鉴考异》三十卷、《历年图》七卷、《通历》八十卷、《稽古录》二十卷、《本朝百官公卿表》六卷、《翰林诗草》三卷、《注古文孝经》一卷、《易说》三卷、《注系辞》二卷、《注老子道德经》二卷、《集注太玄经》八卷、《大学中庸义》一卷、《集注扬子》十三卷、《河外咨目》三卷、《书仪》八卷、《家范》四卷、《续诗话》一卷、《游山行记》十二卷、《医问》七篇。

刘恕(1032—1078),字道原,筠州(今江西高安)人。司马光修《通鉴》,恕预其事,遇史事纷错难治者,尽诿之考证,尤以魏晋史事最为精详。光出知永兴军,恕以亲老,求监南康军酒以就养;光判西京御史台,恕又请诣光,居数月而归,途中患病,坚持修书。官至秘书丞,卒。著有《五代十国纪年》《通鉴外纪》等。

刘攽(1023—1089),宋临江新喻(今江西新余)人,字贡父,一作赣父、赣父,号公非。刘敞弟。仁宗庆历六年(1046)进士。历州县官二十年,入为国子监直讲,迁馆阁校勘。神宗熙宁初同知太常礼院,以反对新法出知曹州。哲宗元祐中召拜中书舍人。刘攽博览群书,精于史学,助司马光修《通鉴》,专治汉史部分。有《彭城集》《公非集》《中山诗话》等。

范祖禹(1041—1098),字淳甫,一字梦得,成都华阳人,范镇从孙。仁宗嘉祐八年(1063)进士。从司马光修《通鉴》,书成,除秘书省正字。哲宗立,除著作佐郎,充修《神宗实录》检讨官，历给事中、翰林学士。哲宗亲政，出知陕州。绍圣初，言者论其所修《实录》诋斥神宗，附会司马光变更新法，贬武安军节度副使、昭州别驾，永州安置。卒谥正献。著有《唐鉴》十二卷、《仁宗政典》六卷及《帝学》八卷等。

## 二、成书过程

中国是一个文明古国，自有文字以来，就设置史官，形成中华民族记录、收集、保存、整理历史资料的优良传统。正因为如此，中国历史资料浩如烟海，留下的历史资料异常丰富。司马光因患前代史籍浩繁，读者难以遍览，所以产生了编撰编年体通史的想法，但因"私家力薄，无由可成"，只写了战国至秦的八卷，最初称为《历年图》，后改称《通志》，此即《通鉴》的早期范本。治平二年(1065)，宋英宗赵曙任命司马光为龙图阁直学士兼侍讲，为其讲读经史。司马光乘机将此八卷书呈进，引起了英宗的重视。次年四月，英宗下令在崇文院设立书局，由司马光自行选择协修人员，继续编纂，并允许借阅龙图阁、天章阁、弘文馆、集贤院、史馆、秘阁等处所藏书籍。司马光根据德才兼备的原则，选取了刘恕、刘攽、范祖禹三人，并依刘恕、刘攽、范祖禹的专长，进行明确分工。刘恕修魏晋南北朝隋纪，刘攽专修汉纪，范祖禹专修唐纪。

治平四年(1067)，英宗病死，神宗赵顼即位。神宗十分重视司马光的修史工作。在《通鉴》全书尚未编撰完成之际，亲撰序言以奖掖，且御赐书名为《资治通鉴》。在序言中，神宗赞《通鉴》曰："列于户牖之间而尽古今之统，博而得其要，简而周于事，是亦典刑之总会，策牍之渊林矣。"熙宁三年(1070)，司马光任枢密副使，因与王安石政见不合，司马光遂辞职，自请离京，后以端明殿学士出任永兴军知军。次年又改任西京御史台，从此住洛阳，甘当六任冗官，皆以书局自随，专心编修《资治通鉴》。元丰七年(1084)，司马光已六十六岁，《通鉴》全部修完。于是，司马光连同《通鉴考异》《通鉴目录》一起奏进神宗。司马光在《进资治通鉴表》中说："臣今骸骨癯瘁，目视昏近，齿牙无几，神识衰耗，目前所为，旋踵遗忘。臣之精力，尽于此书。伏望陛下宽其妄作之诛，察其愿忠之意，以清闲之燕，时赐省览。监前世之兴衰，考当今之得失，嘉善矜恶，取得舍非，足以懋稽古之盛德，跻无前之至治，俾四海群生，咸蒙其福，则臣虽委骨九泉，志愿永毕矣。"农历十二月初三日，神宗降诏奖谕司马光，说他"博学多闻，贯穿今古，上自晚周，下迄五代，成一家之书，褒贬去取，有所据依"，并赏与银、绢、衣和马，擢升司马光为资政殿学士，迁范祖禹为秘书省正字。元丰八年(1085)，张耒、晁补之、张舜民、黄庭坚、司马康、范祖禹等奉命重行校定，元祐元年(1086)校定完毕，送往杭州雕版，元祐七年(1092)刊印行世。

《资治通鉴》的初稿虽出自刘恕、刘攽、范祖禹三人之手，但最终由司马光一人字斟句酌，润色加工，统一修辞，熔铸一体，最终定稿，故文字精练优美，叙事生动形象，读之如身临其境，具有相当高的文学价值，历来与《史记》并称为中国古代史家之绝笔。《通鉴》于叙事外，还选录了前人的史论九十七篇，又以"臣光曰"的形式，撰写了史论一百一十八篇，比较集中地反映了作者的政治、历史观点。对历史上有关图谶、占卜、佛道等宗教迷信，采取了批判的态度，是史学思想的重要进步。

## 三、版本流传

《通鉴》写成后两年，即元祐元年(1086)十月初四日，奉圣旨下杭州镂板，此一版本世称元祐本，或杭州本，一般认为这应该是《通鉴》最早的刻本。又，司马光《传家集》卷五十中有《奏乞黄庭坚同校资治通鉴札子》一文，其中有云，"去年九月内奉圣旨，令秘书省正字范祖禹及臣男康用副本重行校定闻奏。近又奉圣旨，令据已校定到本，逐旋送国子监镂板"。宋人王铚《四六话》卷下关于此事记述甚详，其云："元祐初，温公还朝，作门下侍郎，用宰相蔡持正札子，方下国子监开板，杭州雕造，剧致工也。令温公门下士及馆职校雠之，板成，遍赐宰执。"张舜民《画墁集》又有《赐资治通鉴呈范淳父学士》诗一首，黄庭坚《山谷集》卷二十三《刘道原墓志铭》，亦有"元祐七年刻《资治通鉴》版，书成，又诏书赐其家"之记，则杭州本之外别有监本，其所刻乃是依副本刊版，司马光所上札子为"元祐元年三月十九日上"，所以其刊刻开始时间应该早于杭州本，但是刻版完成刷印成书已经是元祐七年。稍后，又有成都费氏进修堂一刻，此三者，皆属北宋刻本。南渡后，高宗绍兴二年(1132)七月初一日两浙东路茶盐司公使库下绍兴府余姚县重新刊板、绍兴三年(1133)十二月二十日毕工进呈。此本是按元祐本翻刻，世称绍兴重刊本。上述北宋三种刻本今已不可得，此绍兴重刊本实已为《通鉴》现存最早版本。南宋的建、鄂、蜀诸种版本，都是直接或间接地来自这一版本。据陈垣先生考证："《通鉴》自宋元祐初在杭州镂版后，覆刻者不止一本。若不论其支派，而论其单传，则元祐杭州本为祖本；绍兴初余姚覆刻元祐本，为第一传；元至元初燕京兴文署覆刻绍兴本，为第二传；元末临海刻《胡注》，即用兴文署本正文，为第三传；清嘉庆末鄱阳胡氏重雕《胡注》，为第四传。"近代以来，主要有涵芬楼铅印本、商务印书馆影印傅增湘双鉴楼百衲宋本、上海国学整理社刊本、《四部丛刊》初编影宋刻本、《四部备要》铅印本等。经典的中华书局标点本《通鉴》，是以清代胡克家翻刻的元刊胡三省注本为底本，参校各本，是目前最为精善的通行版本。

今人对《通鉴》进行翻译、注释者不胜枚举，仅就几种重要之作进行简单介绍。全本翻译中，按公认的翻译水平较为精善的有如下几种可供参考：沈志华、张宏儒主编的传世经典文白对照本《资治通鉴》，中华书局 2009 年版；张大可、韩兆琦译注《新译资治通鉴》，（台北）三民书局 2017 年版；黄锦鋐主编《白话资治通鉴》，新世界出版社 2009 年版；张舜徽审订《资治通鉴全译》，贵州人民出版社 1994 年版；柏杨白话版《资治通鉴》，万卷出版公司、北方联合出版传媒股份有限公司 2015 年版。选篇翻译中，个人认为较好的有如下几种：张大可编著《资治通鉴观止》，商务印书馆 2017 年版；王学典编译《资治通鉴》，江苏凤凰科学技术出版社 2018 年版；陈磊译注中华经典藏书本《资治通鉴》，中华书局 2016 年版，等等。

## 四、价值影响

《通鉴》与《史记》同为中国史学的不朽巨著，代表了中国传统学术的最高成就。从其编定完成、刊版刷印开始，就受到了高度的赞誉。南宋史学家王应麟曾说:“自有书契以来,未有如《通鉴》者。”宋末元初,为《通鉴》做过音注的胡三省认为:“为人君而不知《通鉴》,则欲治而不知自治之源,恶乱而不知防乱之术。为人臣而不知《通鉴》,则上无以事君,下无以治民。为人子而不知《通鉴》,则谋身必至于辱先,作事不足以垂后。”《四库提要》评价《通鉴》用了八个字,“网罗宏富,体大思精”,可谓既精练又准确。毛泽东晚年曾对身边工作人员说他将《资治通鉴》读过十七遍,并评价说:“一十七遍。每读都获益匪浅。一部难得的好书噢……中国有两部大书,一曰《史记》,一曰《资治通鉴》,都是有才气的人,在政治上不得志的境遇中编写的……《通鉴》里写战争,真是写得神采飞扬,传神得很,充满了辩证法。”

《通鉴》的价值,主要有两方面:一是作为史料,一是作为史著。

作为历史材料,《通鉴》征引史料极为丰富,除十七史外,所引杂史诸书达数百种。据辽宁大学陈光崇教授《通鉴引用书目的再考核》一文考证,引书确切数量达到三百五十九种。由于资料丰富,仅范祖禹所写的唐纪长编竟达六七百卷之多。马端临《文献通考》曾有如下记载,“张新叟言洛阳有《资治通鉴》草藁盈两屋,黄鲁直阅数百卷,讫无一字草书”。司马光为人谨慎,一生勤奋,治学无征不信。《通鉴》在编撰的过程中,司马光将助手草拟的长编,“每四丈截为一卷,自课三日删一卷,有事故妨废,则追补”。对同一事件的不同说法反复研究,选择比较可信的资料收入,又将各种不同说法和自己决定取舍的理由,逐条记录下来,编为《资治通鉴考异》三十卷。《四库全书总目》高度评价说:“修史之家未有自撰一书,明所以去取之故者。有之,自(司马)光始。”

作为史学著作,《通鉴》具有不可替代的史学价值。从史料收集、史事考证、遣词造句、体例安排,到最终完成编年体的历史叙事,每一个环节都体现出司马光及其编写班子的匠心独运。可以说,本书编纂的全过程都呈现出高超的史学才能与深厚的史学功底,做到了当时条件下历史学求真、求善、求美、求通的至高境界。《通鉴》遣词造句精练准确,叙事逻辑谨严,善于烘托气氛,既血肉丰满,又无空疏之语,能够把人带入文字背后的广阔历史时空,让人看到即使在现场也无法看清的东西。这是历史文学的崇高境界,大概也是所有文学作品追求的境界。《通鉴》在文学上的成就,至少代表了中国古代文学在历史叙事这个方面的最高水准。

## 五、本书编选体例

虽然《通鉴》已有数种全文注译的版本,基本廓清了普通读者阅读上的障碍,但是,《通鉴》原文就已经达到三百余万字,翻译注释之后,字数倍增,对于普通读者来说,仍然是阅读上不可逾越的高峰。所以坊间根据各种需要,出版了很多选篇注译的版本。即便这样,对于《通鉴》选篇注释的出版工作却仍在进行之中。

关于本书的选篇和注译,有这样几点需要交代一下:

(一)选篇的原则。每纪选择一篇或多篇。内容上不回避重大的历史事件，更多关注历代王朝与少数民族政权及周边邻国之间的关系，当然，也有对历史细节的关注。每篇均拟标题，以四字为主，围绕标题所确定的中心思想有选择性地选取篇章段落，一如《通鉴纪事本末》的体例。

（二）注译的原则。注释以注人为主，主要目的是想勾勒出一个事件的人物关系和事件的来龙去脉。古今地名、特殊官职，生僻字词亦在注释之列。翻译尽量尊重原文，坚持直译。

（三）版本的原则。原文部分参考了中华书局1956年整理版《资治通鉴》，译文部分主要参考了沈志华、张宏儒主编的《白话资治通鉴》。

本书的注译，是由李宝、唐黎明两位作者共同完成的。李宝负责选定了所有篇目并注释、翻译了《隋纪》之前的部分，其余由唐黎明完成。注译过程中，我们参考了很多专家的成果，限于篇幅，不一一具名，在此一并感谢。注译古籍，需要很全面的知识，限于我们的学识水平，疏漏与舛误一定不可避免，恳请方家及广大读者不吝赐教，以便于我们不断完善。

李宝　唐黎明

2020年1月

# 目　录

# 周　纪

## 三家分晋

〔**题解**〕

此篇选自《周纪》一。《通鉴》全书以此开篇,既显示了“三家分晋”这一历史事件的重要影响,同时也彰显了司马光卓越的史识、史才。春秋末期,一向称为中原霸主的晋国,国君权力逐渐衰落,实权由韩、赵、魏、智、范、中行六家卿大夫把持,另外还包括郤、栾等大家族。这些实际上已经成为一方诸侯的世家大族各有各的地盘和武装,相互攻伐,战乱不断。后来范、中行等一些势力较小的卿大夫被打散兼并,只剩下智家、赵家、韩家、魏家,这四家中以智家的势力最大。

公元前 453 年,赵、韩、魏三家联合灭了智家,晋被赵、韩、魏三家所分,形成三家分晋的局面,晋君成为附庸。公元前 403 年,周威烈王正式封三家为诸侯。《通鉴》的记载就从这一事件开始。公元前 376 年,韩、赵、魏废晋静公,迁于端氏(今晋城市沁水县),并将晋公室剩余土地全部瓜分。因此韩、赵、魏三国又被合称为“三晋”。在历史上,“三家分晋”被视为春秋之终、战国之始的分水岭,是历史上具有划时代意义的重大事件,是中国奴隶社会瓦解、封建社会确定的标志。

初,智宣子将以瑶为后[①],智果曰[②]:"不如宵也[③]。瑶之贤于人者五,其不逮者一也。美鬓长大则贤[④],射御足力则贤,伎艺毕给则贤,巧文辩慧则贤,强毅果敢则贤,如是而甚不仁。夫以其五贤陵人而以不仁行之,其谁能待之?若果立瑶也,智宗必灭。"弗听。智果别族于太史[⑤],为辅氏。

〔注释〕

①智宣子:名申,智文子之子,谥号曰"宣",史称智宣子。因智氏出自荀氏,故又多称荀申,智氏六世祖。瑶:智瑶,又称智襄子、智伯、智伯瑶,《左传》又称荀瑶,智氏家族领主。公元前475年,智瑶成为晋国执政,因赵氏拒绝献出封地,于是联合魏氏、韩氏于公元前455年发动共同对赵氏的晋阳之战。战后,赵襄子派人向魏、韩陈说利害,魏氏、韩氏因而与赵氏联合反攻智氏,智瑶被赵襄子擒杀,智氏一族就此衰落。

②智果:智文子之子,春秋晋国大夫,智氏家族军师,为人多智,颇有政治远见。智果另立宗庙,别为辅氏,智氏兵败晋阳后,得以免遭殃及。秦灭六国后,辅姓不忘先祖,恢复智氏,智氏血脉得以延续。

③宵:智宵。智宣子的庶子,智瑶之兄。

④鬓:《通鉴》俗传写者多作"须",胡三省注从《国语》作"鬓"。

⑤别族:脱离宗族,另立族姓。

〔译文〕

当初,智宣子想立智瑶为继承人,族人智果说:"智瑶比不上智宵。智瑶有超越他人的五项长处,不如别人的地方只有一项。发鬓美丽、身材高大是长处,精通射箭、驾车有力是长处,技能出众、才艺超群是长处，文辞优美、巧言善辩是长处，坚强刚毅、果断勇敢是长处，虽然有如此长处，却很不仁厚。如果他以五项长处来制服别人而做不仁不义的恶事，谁又能拥戴他呢？要是真的立智瑶为继承人，那么智氏宗族一定灭亡。”智宣子不听智果的劝告。于是智果便向太史请求脱离智族姓氏，另立为辅氏。

赵简子之子[①]，长曰伯鲁，幼曰无恤[②]。将置后，不知所立，乃书训戒之辞于二简，以授二子，曰：“谨识之！”三年而问之，伯鲁不能举其辞；求其简，已失之矣。问无恤，诵其辞甚习；求其简，出诸袖中而奏之。于是简子以无恤为贤，立以为后。

简子使尹铎为晋阳[③]，请曰：“以为茧丝乎？抑为保障乎？”简子曰：“保障哉！”尹铎损其户数。简子谓无恤曰：“晋国有难，而无以尹铎为少，无以晋阳为远，必以为归！”

〔注释〕

①赵简子：原名赵鞅，又名志父，亦称赵孟。晋国六卿之一，赵氏一族的领袖。

②无恤：亦作“毋恤”，即赵襄子。晋国大夫，赵氏家族首领，战国时期赵国的实际创始人，谥号为“襄子”，故史称“赵襄子”。

③尹铎：赵简子的家臣，受命为晋阳大夫，增高往日被范氏、智氏围攻时所筑壁垒，用以自备，令赵人居安思危；又减免赋税，使民众休养生息，以此深为赵简子所重。赵简子预言赵可赖晋阳得安。后智氏攻赵氏，襄子守晋阳三年，终败智氏。

〔译文〕

赵简子的儿子，大儿子叫伯鲁，小儿子叫无恤。赵简子将要确定继承人，不知立哪位好，于是把他的日常训诫言辞写在两片竹简上，分别交给两个儿子，嘱咐说："好好记住！"过了三年，赵简子问起两个儿子，大儿子说不出竹简上的内容；再问他的竹简，已丢失了。又问小儿子无恤，无恤熟练地背诵出竹简上的内容；再问他的竹简，无恤便从袖子中取出献上。通过这件事，赵简子认为无恤十分贤德，便立他为继承人。

赵简子派尹铎去治理晋阳，尹铎请示说："您是打算让我去抽丝剥茧般地搜刮财富呢，还是作为国家安全的保障之地？"赵简子说："作为保障。"尹铎到了晋阳，便去整理户籍，减少交税的户数。赵简子对儿子赵无恤说："一旦晋国发生危难，你不要嫌尹铎地位低，不要怕晋阳路途遥远，一定要以那里作为归宿。"

及智宣子卒，智襄子为政。与韩康子、魏桓子宴于蓝台①。智伯戏康子而侮段规②。智国闻之③，谏曰："主不备难，难必至矣！"智伯曰："难将由我。我不为难，谁敢兴之！"对曰："不然。《夏书》有之：'一人三失，怨岂在明，不见是图。'夫君子能勤小物，故无大患。今主一宴而耻人之君相，又弗备，曰'不敢兴难'，无乃不可乎！蚋、蚁、蜂、虿④，皆能害人，况君相乎！"弗听。

〔注释〕

①韩康子：名虎，晋国六卿之一，韩氏一族的领袖。魏桓子：名驹，又

称魏宣子，晋国六卿之一，魏氏一族的领袖。韩康子、魏桓子和赵襄子一起打败了智瑶，瓜分了他的领地。

②段规：韩康子家臣。晋出公二十年（前455），智瑶恃强索地于韩康子，康子欲不与，他以为智瑶为人好利而刚愎，不与地，必加兵于韩，劝康子与之，以待时变。

③智国：晋国大夫，智氏的同族。

④蚋（ruì）：昆虫，体长二、三毫米，头小，色黑，胸背隆起，吸人畜的血液，幼虫栖于水中。虿（chài）：蛇、蝎类毒虫的古称。

〔译文〕

等到智宣子去世，智瑶当政。智瑶与韩康子、魏桓子在蓝台宴饮。席间智瑶戏弄韩康子，又羞辱他的家相段规。智瑶的家臣智国听说此事，就劝谏说："主公您不提防灾祸，灾祸就一定会降临啊！"智瑶说："别人的生死灾祸都取决于我。我不给他们降临灾祸，谁还敢兴风作浪！"智国说："并不像您所说的那样。《夏书》中说：'一个人多次犯错误，结下的仇怨岂能在明处？应该在它没有表现出来时就严加提防。'贤德的人能够谨慎地处理小事，所以不会招致大祸。现在主公一次宴会就得罪了人家的主君和臣相，又不戒备，说'不敢兴风作浪'。这种态度恐怕不行吧。蚊子、蚂蚁、蜜蜂、蝎子都能害人，何况是国君、国相呢！"智瑶不听。

智伯请地于韩康子，康子欲弗与。段规曰："智伯好利而愎①，不与，将伐我；不如与之。彼狃于得地②，必请于他人；他人不与，必向之以兵，然后我得免于患而待事之变矣。"康子曰："善。"使使者致万家之邑于智伯。

智伯悦。又求地于魏桓子，桓子欲弗与。任章曰[③]："何故弗与？"桓子曰："无故索地，故弗与。"任章曰："无故索地，诸大夫必惧；吾与之地，智伯必骄。彼骄而轻敌，此惧而相亲；以相亲之兵待轻敌之人，智氏之命必不长矣。《周书》曰[④]：'将欲败之，必姑辅之；将欲取之，必姑与之。'主不如与之，以骄智伯，然后可以择交而图智氏矣，奈何独以吾为智氏质乎[⑤]！"桓子曰："善。"复与之万家之邑一。

〔注释〕

①愎（bì）：固执任性。

②狃（niǔ）：胡三省注为"骄忕（shì）也，又相狎也"。忕，指习惯于。此处指智瑶向韩康子索地，轻而易举获得，必然骄傲地认为凭借自己的实力别人不敢反抗，将无故向别人索地这种行为习以为常。后面智瑶"又求地于魏桓子"即为明证。

③任章：魏桓子家臣。

④《周书》：先秦史籍。书之来历，汉刘向、《隋书·经籍志》及刘知幾《史通》皆以为是孔子删削《尚书》之余篇。今人多不信从，而以为是战国人所编。各篇写成时代或可早至西周，或晚至战国，另有个别篇章，可能还经汉人改易或增附。该书在汉代已散佚不全，故现存又称为《逸周书》。

⑤质：箭靶，目标。

〔译文〕

智瑶向韩康子索要土地，韩康子想不给。段规说："智瑶贪财好利，又固执任性，如果不给，一定攻打我们；不如姑且给他。他得到土地后会更加骄狂，一定又会习惯性地向别人索要；别人不给，他必定向人动武用兵，这样我们就可以免于祸患而等待事态变化伺机行动了。”韩康子说：“好。”于是派使臣给智瑶送上有万户居民的领地。智瑶大喜。果然又向魏桓子提出索地要求，魏桓子想不给。任章问：“为什么不给呢？”魏桓子说：“无缘无故来要地，所以不给。”任章说：“智瑶无缘无故强索他人领地，一定会引起其他大夫的警惧；我们给智瑶土地，他一定会骄傲。他骄傲而轻敌，诸大夫因警惧而互相亲善；用精诚团结的军队来对付狂妄轻敌的智瑶，智家的命运一定不会长久了。《周书》说：‘想要打败它，必须暂时听从它；想要得到它，一定要暂时给予它。’主公不如先答应智瑶的要求，以助长他的骄横，然后我们可以选择盟友共同图谋，又何必单独以我们做智瑶的靶子呢！”魏桓子说：“好。”于是也把一块有万户人口的领地献给智瑶。

智伯又求蔡、皋狼之地于赵襄子①，襄子弗与。智伯怒，帅韩、魏之甲以攻赵氏。襄子将出，曰：“吾何走乎？”从者曰：“长子近②，且城厚完。”襄子曰：“民罢力以完之③，又毙死以守之，其谁与我！”从者曰：“邯郸之仓库实。”襄子曰：“浚民之膏泽以实之④，又因而杀之，其谁与我！其晋阳乎，先主之所属也，尹铎之所宽也，民必和矣。”乃走晋阳。

〔注释〕

①皋狼：古邑名，战国赵邑，治今山西吕梁市离石区西北，西汉置皋狼县。

②长子：古邑名，春秋时晋邑，在今山西长子西南八里，后为赵地，秦

置长子县。

③罢:同“疲”。

④浚(jùn):掘取,榨取。

〔译文〕

智瑶又向赵襄子索要蔡和皋狼两个地方,赵襄子拒绝不给。智瑶大怒,率领韩、魏两家军队前去攻打赵家。赵襄子准备出逃,问:“我到哪里去呢?”随从说:“长子城最近,而且城墙坚厚又完整。”赵襄子说:“百姓用尽了气力修好城墙,又要他们舍生入死地为我守城,谁能和我同心!”随从又说:“邯郸城里仓库充实。”赵襄子说:“榨取民脂民膏才使仓库充实,现在又因战争让他们送命,谁会和我同心! 还是投奔晋阳吧,那是先主嘱托过的地方,尹铎又待百姓宽厚,人民一定会和我同舟共济。”于是前往晋阳。

三家以国人围而灌之,城不浸者三版[①];沉灶产蛙,民无叛意。智伯行水[②],魏桓子御,韩康子骖乘[③]。智伯曰:“吾乃今知水可以亡人国也。”桓子肘康子,康子履桓子之跗[④],以汾水可以灌安邑,绛水可以灌平阳也。𫄨疵谓智伯曰[⑤]:“韩、魏必反矣。”智伯曰:“子何以知之?”𫄨疵曰:“以人事知之。夫从韩、魏之兵以攻赵,赵亡,难必及韩、魏矣。今约胜赵而三分其地,城不没者三版,人马相食,城降有日。而二子无喜志,有忧色,是非反而何?”明日,智伯以𫄨疵之言告二子,二子曰:“此夫谗人欲为赵氏游说,使主疑于二家而懈于攻赵氏也。不然，夫二家岂不利朝夕分赵氏之田，而欲为危难不可成之事乎！”二子出，绨疵入曰：“主何以臣之言告二子也？”智伯曰：“子何以知之？”对曰：“臣见其视臣端而趋疾，知臣得其情故也。”智伯不悛[6]。绨疵请使于齐。

〔注释〕

①三版：古代筑墙、坟所用的版，每块高二尺，三版为六尺。

②行水：察看水势。行，巡视、视察。

③驂乘（cānshèng）：陪乘或陪乘的人。驂，通“参”。

④跗（fū）：脚背，足上。

⑤绨疵（chīcī）：智瑶谋士，晋之公族。曾献计削弱赵、魏、韩三家，从而使智氏一家独大。

⑥悛（quān）：悔改。

〔译文〕

智瑶、韩康子、魏桓子三家围住晋阳，引水灌城，城墙头只差六尺没有被淹没；城中百姓的锅灶都被泡塌，青蛙滋生，但百姓没有背叛之意。智瑶巡视水势，魏桓子为他驾车，韩康子站在右边护卫。智瑶说：“我今天才知道水可以让人亡国啊！”魏桓子用胳膊肘碰了一下韩康子，韩康子也踩了一下魏桓子的脚背。因为汾水可以灌魏国都城安邑，绛水也可以灌韩国都城平阳。谋士绨疵对智瑶说：“韩、魏两家一定会反叛。”智瑶问：“你怎么知道？”绨疵说：“以人之常情推断出来的。我们调集韩、魏两家的军队来围攻赵氏，赵氏覆亡，随后灾难一定会降临韩、魏两家。现在我们约定灭掉赵氏后三家分割其地，晋阳城仅差六尺就被水淹没，城内宰战马为食，破城已是指日可待。然而韩康子、魏桓子两人并没有高兴的表现，反而面有忧色，这不是想反叛又是什么？”第二天，智瑶把絺疵的话告诉了韩康子、魏桓子，二人说：“这一定是小人离间想为赵氏游说，使主公您怀疑我们韩、魏两家进而放松对赵氏的进攻。不然的话，我们两家岂不是放着早晚会分到手的赵氏田地不要，而去干危险且必不可成的事吗？”两人出去，絺疵进来说：“主公为什么把臣下我的话告诉他们两人呢？”智瑶惊奇地反问：“你怎么知道的？”絺疵回答说：“我见他们脸色严肃地看了我一眼就匆忙离去，因为他们知道我看穿了他们的心思。”智瑶仍不悔悟。于是絺疵请求让他出使齐国。

赵襄子使张孟谈潜出见二子①，曰：“臣闻唇亡则齿寒。今智伯帅韩、魏以攻赵，赵亡则韩、魏为之次矣。”二子曰：“我心知其然也；恐事未遂而谋泄，则祸立至矣。”张孟谈曰：“谋出二主之口，入臣之耳，何伤也！”二子乃潜与张孟谈约，为之期日而遣之。襄子夜使人杀守堤之吏，而决水灌智伯军。智伯军救水而乱，韩、魏翼而击之，襄子将卒犯其前，大败智伯之众，遂杀智伯，尽灭智氏之族。唯辅果在②。

［注释］

①张孟谈：赵襄子的家臣，汉代司马迁为避其父司马谈讳作“张孟同”。

②辅果：智果。前文已述，智果劝谏智宣子立智宵未果，为避祸另立宗庙，别为辅氏，所以此处称为辅果。

〔译文〕

赵襄子派张孟谈秘密出城来见韩康子、魏桓子二人，张孟谈对二人说："我听说嘴唇没有了，牙齿就会觉得寒冷。现在智瑶率领韩、魏两家来围攻赵氏，赵氏灭亡就该轮到韩、魏了。"韩康子、魏桓子二人说："我们心里也知道会这样，只怕事情还未办好而计谋先泄露出去，马上就会大祸临头。"张孟谈道："计谋出自二位主公之口，进入我一人耳朵，有何伤害呢？"于是韩、魏二人秘密地与张孟谈商议，约好起事日期后送他回城了。夜里，赵襄子派人杀掉智氏的守堤官吏，使大水决口反灌智瑶军营。智瑶军队为救水淹而大乱，韩、魏两家军队乘机从两翼夹击，赵襄子率士兵从正面迎头痛击，大败智瑶军队，于是杀死智瑶，又将智家族人全部诛灭。只有辅果得以幸免。

臣光曰：智伯之亡也，才胜德也。夫才与德异，而世俗莫之能辨，通谓之贤，此其所以失人也。夫聪察强毅之谓才，正直中和之谓德。才者，德之资也；德者，才之帅也。云梦之竹，天下之劲也；然而不矫揉[①]，不羽括[②]，则不能以入坚。棠溪[③]之金，天下之利也；然而不熔范[④]，不砥砺，则不能以击强。是故才德全尽谓之"圣人"，才德兼亡谓之"愚人"，德胜才谓之"君子"，才胜德谓之"小人"。凡取人之术，苟不得圣人、君子而与之，与其得小人，不若得愚人。何则？君子挟才以为善，小人挟才以为恶。挟才以为善者，善无不至矣；挟才以为恶者，恶亦无不至矣。愚者虽欲为不善，智不能周，力不能胜，譬如乳狗搏人，人得而制之。小人智足以遂其奸，勇足以决其暴，是虎而翼者也，其为害岂不多哉！夫德者人之所严，而才者人之所爱；爱者易亲，严者易疏，是以察者多蔽于才而遗于德。自古昔以来，国之乱臣，家之败子，才有余而德不足，以至于颠覆者多矣，岂特智伯哉！故为国为家者苟能审于才德之分而知所先后，又何失人之足患哉！

〔注释〕

①矫揉：矫正，整饬。矫，使曲的变直。揉，使直的变曲。

②括：箭的末端。羽括：《孔子家语·子路初见》："括而羽之，镞而砺之，其人之不亦深乎！"后因以"羽括"谓锻炼、磨砺。

③棠溪：战国时属韩，故址在今河南遂平县西北，该地出利剑。

④熔范：熔铸金属的模型。

〔译文〕

臣司马光认为：智瑶的灭亡，在于才胜过德。才与德是不同的，而世俗之人往往分不清，把二者一概而论，认为是贤明，于是就看错了人。聪明、明察、刚强、坚毅被称为才，正直、公道、平和待人被称为德。才，是德的辅助；德，是才的统帅。云梦地方的竹子，天下都称为刚劲；然而如果不矫正其曲，不配上羽毛，就不能作为利箭穿透坚物。棠溪地方的金属，天下都称为精利；然而如果不经熔烧铸造，不锻打出锋刃，就不能作为兵器击穿硬甲。所以，德才兼备的人被称为"圣人"，无德无才的人被称为"愚人"，德胜过才的人被称为"君子"，才胜过德的人被称为"小人"。选取人才的方法，如果找不到圣人、君子而任用，与其得到小人，不如得到愚人。原因何在？因为君子持有才干把它用到善事上，而小人持有才干用来作恶。持有才干做善事，能处处行善；而凭借才干作恶，就无恶不作了。愚人尽管想作恶，因为智慧不济，能力不胜任，好像小狗扑人，人还能制服它。而小人既有足够的阴谋诡计来发挥邪恶，又有足够的能力来逞凶施暴，就如恶虎生翼，他的危害难道不大吗！有德的人令人尊敬，有才的人使人喜爱；对喜爱的人容易宠信专任，对尊敬的人容易疏远，所以察选人才者经常被人的才干所蒙蔽而忘记了考察他的品德。自古至今，国家的乱臣奸佞，家族的败家浪子，因为才能有余而德行不足，导致家国覆亡的多了，又何止智瑶呢！所以治国治家者如果能审察才与德两种不同的标准，知道选择的先后顺序，又何必担心失去人才呢！

三家分智氏之田。赵襄子漆智伯之头[①]，以为饮器。智伯之臣豫让欲为之报仇[②]，乃诈为刑人，挟匕首，入襄子宫中涂厕。襄子如厕心动，索之，获豫让。左右欲杀之，襄子曰："智伯死无后，而此人欲为报仇，真义士也，吾谨避之耳。"乃舍之。豫让又漆身为癞，吞炭为哑。行乞于市，其妻不识也。行见其友，其友识之，为之泣曰："以子之才，臣事赵孟[③]，必得近幸。子乃为所欲为，顾不易邪？何乃自苦如此？求以报仇，不亦难乎！"豫让曰："既已委质为臣，而又求杀之，是二心也。凡吾所为者，极难耳。然所以为此者，将以愧天下后世之为人臣怀二心者也。"襄子出，豫让伏于桥下。襄子至桥，马惊；索之，得豫让，遂杀之。

〔注释〕

①漆：名词作动词，将漆涂到器物上。

②豫让：智瑶的家臣，因其忠勇可嘉，司马迁于《史记·刺客列传》中特为其立传。

③赵孟：春秋之时，赵宣子谓之宣孟，赵文子谓之赵孟，其后赵氏一族宗主便袭用赵孟的称谓，此处应指赵襄子。

〔译文〕

赵、韩、魏三家瓜分了智氏的田地。赵襄子把智瑶的头颅涂上漆，作为饮酒的器具。智瑶的家臣豫让想为主公报仇，就假扮为受过刑罚的罪人，怀揣匕首，混到赵襄子的宫室中修整厕所。赵襄子上厕所时，忽然心动不安，下令搜索，抓获了豫让。赵襄子的随从都想杀死豫让，赵襄子说："智瑶已经死了，又没有什么后人，而此人还要为他报仇，真是一个义士，我小心躲避他好了。"于是释放了豫让。豫让又用漆涂身，弄得好像一个癞疮病人，又吞下火炭，弄哑嗓音。在街市上乞讨，连结发妻子见面也认不出来。路上遇到朋友，朋友认出他，为他垂泪道："以你的才干，如果投靠赵氏，一定会成为亲信。到时候你想做什么，不是易如反掌吗？何苦自残形体以至于此？这样来图谋报仇，不是太困难了吗！"豫让说："我要是委身于赵家为臣，再去刺杀他，就是怀有二心。我现在这种做法，是极困难的。然而之所以还要这样做，就是为了让天下与后世做人臣子而怀有二心的人感到羞愧。"赵襄子乘车出行，豫让潜伏在桥下。赵襄子到了桥前，马突然受惊，下令进行搜索，捕获豫让，于是杀死了他。

# 商鞅变法

〔题解〕

此篇选自《周纪二》。秦孝公即位以后，决心图强改革，便下令招贤纳士。商鞅自卫国入秦，提出了一整套变法求新的发展策略，深得秦孝公的信任。公元前356年，商鞅开始实行变法，这次变法的内容主要为重农抑商、奖励耕织与垦荒，生产多的可免徭役；废除贵族世袭特权，制定按军功大小给予爵位等级的制度；采用李悝《法经》作为法律，推行连坐法。公元前350年，迁都咸阳，进一步变法：合并乡邑为三十一县；废除井田制，准许土地买卖；创立按丁男征赋办法，规定一户有两丁男者必须分居，否则加倍征赋；颁布法定的度量衡器，统一度量衡制。

商鞅变法使秦国的经济得到发展，军队战斗力不断加强，发展成为战国后期最富强的集权国家。

秦献公薨①，子孝公立②，孝公生二十一年矣。是时河、山以东强国六，淮、泗之间小国十余，楚、魏与秦接界。魏筑长城，自郑滨洛以北有上郡；楚自汉中，南有巴、黔中。皆以夷翟遇秦③，摈斥之，不得与中国之会盟。于是孝公发愤，布德修政，欲以强秦。

〔注释〕

①献公：名师隰(xí)，一名连。哀公八世孙，灵公子。秦在献公前，国君多次变更，君臣乖乱，国内不安。值晋强大，夺取秦河西地。献公即位

后，厉行改革，废止以人殉葬，行县制，秦国复强。在位二十三年。卒谥献。薨（hōng）：死的别称。自周代始，人之死亡，有尊卑之分，“薨”以称诸侯之死。

②孝公：名渠梁，献公子，公元前361年即位，与齐、楚、魏、燕、韩、赵并立。当时诸侯轻视秦国，他任用商鞅进行变法，废井田，开阡陌，实行县制，奖励耕战。从此秦国日益富强，屡胜魏军，渡过洛水向东拓地，夺取魏城安邑。公元前350年由雍迁都咸阳。

③夷翟（dí）：通常作“夷狄”，古称东方部族为夷，北方部族为狄，也常用以泛称除华夏族以外的各族。

〔**译文**〕

秦献公去世后，他的儿子秦孝公子即位，孝公已经二十一岁了。这时黄河、崤山以东有六个强国，淮河、泗水流域十几个小国林立，楚国、魏国与秦国接壤。魏国筑有一道长城，从郑县沿着洛水直到上郡；楚国自汉中向南占有巴郡、黔中等地。各国都把秦国当作未开化的外族，集体排斥它，不准参加中原各诸侯国的集会结盟。因此，秦孝公发愤图强，整顿国家，修明政治，想让秦国强大起来。

孝公下令国中曰：“昔我穆公①，自岐、雍之间修德行武，东平晋乱，以河为界，西霸戎翟②，广地千里，天子致伯③，诸侯毕贺，为后世开业甚光美。会往者厉、躁、简公、出子之不宁④，国家内忧，未遑外事⑤。三晋攻夺我先君河西地，丑莫大焉。献公即位，镇抚边境，徙治栎阳⑥，且欲东伐，复穆公之故地，修穆公之政令。寡人思念先君之意，常痛于心。宾客群臣有能出奇计强秦者，吾且尊官，与之分土。”于是卫公孙鞅闻是令下[7]，乃西入秦。

〔注释〕

①穆公：春秋时秦国君，名任好，德公子，宣公、成公弟。在位期间，任用百里奚、蹇叔、由余为谋臣，击败晋国，俘晋惠公，灭梁、芮两国。后在崤（今河南三门峡东南）被晋军袭击，大败。转而向西发展，攻灭十二国，称霸西戎。

②戎翟：通常写作“戎狄”，古部族名，西方曰戎，北方曰狄，后以泛指西北少数部族。

③伯：指方伯，殷周时代一方诸侯之长，后泛称地方长官。汉以来之刺史，唐之采访使、观察使，明清之布政使均称“方伯”。

④厉：指秦厉共公，《秦记》作秦剌龚公，《史记正义》作秦利龚公。嬴姓，秦氏，一名剌，秦悼公之子。在位期间，国力强大，蜀、楚、西戎义渠都曾朝贡献礼。躁：秦厉共公之子。公元前442年即位为秦王，秦躁公十三年（前430），西戎部族义渠向秦发起大规模进攻，直至渭水蒿域，被秦军击退。次年，躁公卒，其弟自晋归来即位，是为怀公。简公：嬴姓，赵氏，名悼子。在位期间，在政治、经济上有一定改革，他允许官吏、百姓带剑，打破了只有贵族才能带剑的特权；实行按土地亩数征收租税的政策，则是承认了“私田”的合法性，表明秦国开始向封建制度转化。出子：或称出公，宪公次子。其父宪公死，公元前703年，大庶长弗忌、三父等废太子立出子为君。公元前698，复为三父等所杀。

⑤遑（huáng）：空闲；闲暇。

⑥栎（yuè）阳：古邑名，又作栎邑，战国秦都，在今陕西西安临潼区东北、渭河北岸的石川河东流折向南的转弯处，含今关庄、新义、东西党家、南丁、华刘、汤家七个自然村地。后置栎阳县。

⑦公孙鞅：商鞅，卫国公族的后代，亦称卫鞅。少好刑名之学，初为魏相公叔痤家臣。后入秦以富国强兵之道说秦孝公，被任为左庶长。于公

元前356年实行变法,从政治、经济、军事等各方面改革旧的制度。旋升大良造。公元前350年将国都由雍迁至咸阳,进一步下令变法。变法十年,乡邑大治,国势日强。秦令率兵伐魏,逼魏割西河之地于秦。公元前340年,因功封于商十五邑,号商君,因称商鞅。秦孝公死,商鞅被贵族诬害,车裂而死。为不致淆乱,以下翻译统一称“商鞅”。

〔译文〕

秦孝公向国中颁布诏令说:“当年我们的国君秦穆公,崛起于岐山、雍地之间,实行德政,操练军队,向东平定了晋国之乱,以黄河划定国界,向西称霸于戎翟等族,国家地域广达千里,被周王赐予方伯重任,各诸侯国都来祝贺,所开辟的基业是多么光大宏伟!后来到了厉共公、躁公、简公及出子当政时期,国内动荡,忧患频生,无力顾及外事。魏、赵、韩三国夺去了先王开辟的河西领土,这真是天大的耻辱。到献公即位时,平定安抚边境,把都城迁到栎阳,亲往治理,准备向东征讨,收复穆公时的旧地,重修穆公时的政策法令。我想到先辈的未竟之志,常常痛心疾首。现在宾客群臣中谁能献上奇计,让秦国强盛,我就封他为高官,给他封地。”卫国的公孙鞅听到这道命令,于是西行来到秦国。

公孙鞅者,卫之庶孙也,好刑名之学①。事魏相公叔痤②,痤知其贤,未及进。会病,魏惠王往问之曰:“公叔病如有不可讳,将奈社稷何?”公叔曰:“痤之中庶子卫鞅③,年虽少,有奇才,愿君举国而听之!”王嘿然④。公叔曰:“君即不听用鞅,必杀之,无令出境!”王许诺而去。公叔召鞅谢曰:“吾先君而后臣,故先为君谋,后以告子。子必速行矣!”鞅曰:“君不能用子之言任臣,又安能用子之言杀臣乎!”卒不去。王出,谓左右曰:“公叔病甚,悲乎。欲令寡人以国听卫鞅也,既又劝寡人杀之,岂不悖哉[5]!”卫鞅既至秦,因嬖臣景监以求见孝公[6],说以富国强兵之术。公大悦,与议国事。

〔注释〕

①刑名:战国时以申不害为代表的学派,主张循名责实,慎赏明罚,后人称为“刑名之学”,韩非子亦尚“刑名”。

②公叔痤(cuó):战国时魏国人,事武侯、惠王,为相。惠王八年(前362),曾率军战胜韩、赵联军,虏赵将乐祚(zuò)。惠王赏田百万,痤辞谢,归功于其所率之兵受吴起余教及部下巴宁、爨(cuàn)襄之力。

③中庶子:战国时国君、太子、相国的侍从之臣。

④嘿(mò)然:沉默无言的样子。

⑤悖(bèi):谬误,荒谬。

⑥嬖(bì):宠幸。

〔译文〕

商鞅,是卫国宗族旁支后裔,喜好法家刑名之学。他在魏国国相公叔痤手下做事,公叔痤深知他的才干,但还未来得及推荐,就重病不起。魏惠王前来看望公叔痤,问道:“您如果不幸去世,国家大事如何来处置?”公叔痤说:“我手下任中庶子之职的商鞅,年纪虽轻,却有奇才,希望国君把国家交给他来治理!”魏惠王听罢默然不语。公叔痤又说:“国君您如果不采纳我的建议重用商鞅,那就一定要杀掉他,不要让他到别的国家去。”魏惠王许诺后告辞而去。公叔痤又急忙召见商鞅道歉说:“我必须先忠于君上,然后才能照顾属下,所以先为国君谋划在先,之后才把结果告诉你。你赶快逃走吧!”商鞅摇头说:“国君不能听从你的意见来任用我，又怎么能听从你的意见来杀我呢？”到底没有出逃。魏惠王离开公叔痤，果然对左右近臣说：“公叔痤病得太严重了，真是太可怜了。他先让我把国家交给商鞅去治理，一会儿又劝我杀了他，岂不是糊涂了吗？”商鞅到了秦国后，托宠臣景监推荐见到秦孝公，陈述了自己富国强兵的计划。孝公大喜过望，从此与他共商国家大事。

卫鞅欲变法，秦人不悦。卫鞅言于秦孝公曰：“夫民不可与虑始，而可与乐成。论至德者不和于俗，成大功者不谋于众。是以圣人苟可以强国，不法其故。”甘龙曰[①]：“不然，缘法而治者，吏习而民安之。”卫鞅曰：“常人安于故俗，学者溺于所闻。以此两者，居官守法可也，非所与论于法之外也。智者作法，愚者制焉；贤者更礼，不肖者拘焉。”公曰：“善。”以卫鞅为左庶长，卒定变法之令。令民为什伍而相收司、连坐，告奸者与斩敌首同赏，不告奸者与降敌同罚。有军功者，各以率受上爵；为私斗者，各以轻重被刑大小。僇力本业[②]，耕织致粟帛多者，复其身；事末利及怠而贫者，举以为收孥[③]。宗室非有军功论，不得为属籍[④]。明尊卑爵秩等级，各以差次名田宅、臣妾、衣服。有功者显荣，无功者虽富无所芬华。

〔**注释**〕

①甘龙：甘氏，名龙，秦献公、秦孝公之臣，《商君书》《史记》《战国策》均有记载的商鞅变法的反对派，是秦国的世族名臣。

②僇(lù):同“勠”。僇力:勉力,尽力。

③孥(nú):子女,亦指妻子和儿女。

④属籍:指宗室谱籍。

〔译文〕

商鞅想实行变法改革,秦国的贵族都不赞同。卫鞅对秦孝公说:“对下层百姓,不能和他们商议开创的计划,但是可以和他们分享成功的利益。讲论至高道德的人,与凡夫俗子没有共同语言,要成就大业也不能去与众人商议。所以圣贤之人如果能够强国,就不必拘泥于旧传统。”大夫甘龙反驳说:“不是这样的,按照故有的章法来治理,才能使官员熟悉规矩而百姓安定不乱。”商鞅说:“普通人只知道安于旧习,学者往往陷于所知范围不能自拔。这两种人,让他们做官守法可以,但不能和他们商讨旧章之外开创大业的事。聪明的人制定法规政策,愚笨的人只会受制于人;贤德的人因时而变,无能的人死守成法。”秦孝公说:“说得好!”于是任命商鞅为左庶长,最终确定变法的法令。下令将人民编为五家一伍、十家一什,互相监督,犯法连坐,举报奸谋的人与杀敌立功的人获同等赏赐,隐匿不报的人按临阵降敌给以同等处罚。获得军功的人,可以获得上等爵位;私下斗殴内讧的,以其轻重程度处以大小刑罚。致力于农桑耕织,生产粮食布匹多的人,免除他们的赋役;从事商贾之业及因懒惰而贫穷的人,全家收为国家奴隶。皇亲国戚没有获得军功的,不能享有宗族的地位。明确由低到高的各级官阶等级,分别配给应享有的田地房宅、奴仆侍女、衣饰器物。使有功劳的人获得荣誉,无功劳的人即使富有也不能显耀。

令既具未布，恐民之不信，乃立三丈之木于国都市南门，募民有能徙置北门者予十金。民怪之，莫敢徙。复曰："能徙者予五十金！"有一人徙之，辄予五十金。乃下令。

令行期年，秦民之国都言新令之不便者以千数。于是太子犯法。卫鞅曰："法之不行，自上犯之。"太子，君嗣也，不可施刑，刑其傅公子虔①，黥其师公孙贾②。明日，秦人皆趋令。行之十年，秦国道不拾遗，山无盗贼，民勇于公战，怯于私斗，乡邑大治。秦民初言令不便者，有来言令便。卫鞅曰："此皆乱法之民也！"尽迁之于边。其后民莫敢议令。

〔注释〕

①公子虔：秦国贵族，秦孝公时任太子傅。商鞅实行变法，他与太子之师公孙贾均不赞成，后太子犯法，商鞅认为太子嗣君，不可施刑，罪在其师傅，遂刑其傅，黥其师。四年后，他又触犯新法，被处以劓（yì）刑，因耻于见人，杜门不出者八年。公元前 338 年孝公死，太子即位，他与其徒属告商鞅谋反，发吏捕商鞅，杀之于渑池，车裂以徇。

②黥（qíng）：古代在人脸上刺字并涂墨之刑。公孙贾：孝公时太子的老师。

〔译文〕

法令已详细制定但尚未公布，商鞅怕百姓难以相信，于是在国都的集市南门立下一根长三丈的木杆，下令说有人能把它扛到北门去就赏给十金。百姓们感到此事很古怪，没人动手去搬。商鞅又说："能扛过去的赏五十金。"于是有一个人将木杆搬到了北门,立刻获得了五十金的重赏。这时,商鞅才下令颁布变法法令。

变法令颁布一年后,秦国百姓前往国都控诉新法使民不便的数以千计。这时太子也触犯了法律,商鞅说:“新法不能顺利施行,就在于上层人士带头违犯。”太子是国君的继承人,不能施以刑罚,便将他的老师公子虔处刑,将另一个老师公孙贾脸上刺字,以示惩戒。第二天,秦国人听说此事,都小心翼翼地遵从法令。新法施行十年,秦国一派路不拾遗、山无盗贼的太平景象,百姓勇于为国作战,不敢再行私斗,乡野城镇都得到了治理。这时,那些当初说新法不便的人中,有些又来说新法好,商鞅说:“这些人都是乱法的刁民!”把他们全部驱赶到边疆去住。此后老百姓不敢再议论法令的是非了。

臣光曰:夫信者,人君之大宝也。国保于民,民保于信;非信无以使民,非民无以守国。是故古之王者不欺四海,霸者不欺四邻,善为国者不欺其民,善为家者不欺其亲。不善者反之,欺其邻国,欺其百姓,甚者欺其兄弟,欺其父子。上不信下,下不信上,上下离心,以至于败。所利不能药其所伤,所获不能补其所亡,岂不哀哉!昔齐桓公不背曹沫之盟①,晋文公不贪伐原之利,魏文侯不弃虞人之期②,秦孝公不废徙木之赏。此四君者道非粹白,而商君尤称刻薄,又处战攻之世,天下趋于诈力,犹且不敢忘信以畜其民,况为四海治平之政者哉!

〔注释〕

①曹沫:春秋时鲁国人,以勇力为鲁庄公武士。公元前681年,鲁庄公

与齐桓公会于柯，将盟，他执匕首劫桓公于坛上，逼桓公归返所侵鲁地。

②虞人：古代掌山泽苑囿之官。

〔译文〕

臣司马光曰：诚信，是君主至高无上的法宝。国家靠人民来保卫，人民靠诚信来保护；不讲诚信无法使人民服从，没有人民便无法维持国家。所以古代成就王道者不欺骗天下，建立霸业者不欺骗四方邻国，善于治国者不欺骗人民，善于治家者不欺骗亲人。只有蠢人才反其道而行之，欺骗邻国，欺骗百姓，甚至欺骗兄弟、父子。上不信下，下不信上，上下离心，以至于一败涂地。靠欺骗所占的一点儿便宜救不了致命之伤，所得到的远远少于失去的，这岂不令人痛心！当年齐桓公不违背曹沫以胁迫手段订立的盟约，晋文公不贪图攻打原地而遵守信用，魏文侯不背弃与山野之人打猎的约会，秦孝公不收回对移动木杆之人的重赏，这四位君主的治国之道尚称不上完美，而商鞅可以说是过于刻薄了，但他们处于你攻我夺的战国乱世，天下尔虞我诈、斗智斗勇之时，尚且不敢忘记树立诚信以收服人民之心，又何况今日治理一统天下的当政者呢！

## 田单相齐

〔题解〕

此篇选自《周纪四》。田单是战国时齐国临淄人，出身贵族。初为临淄市吏，燕将乐毅破齐，他坚守即墨，被立为将军。公元前 276 年，燕昭王死，惠王新立，他行反间计于燕，使燕惠王猜忌乐毅而改用骑劫为将，随即用火牛阵击败燕军，杀骑劫，相继收复七十余城，迎齐襄王入临淄。因功被封为安平君。

司马迁所撰《史记》有专门的田单列传，在传尾，司马迁对田单有高度的评价，其云："兵以正合，以奇胜。善之者，出奇无穷。奇正还相生，如环之无端。夫始如处女，适人开户；后如脱兔，适不及距，其田单之谓邪！"司马贞《史记索隐》亦有赞曰："军法以正，实尚奇兵。断轴自免，反间先行。群鸟或众，五牛扬旌。卒破骑劫，皆复齐城。襄王嗣位，乃封安平。"宋代王安石有《田单》诗一首，叙述了田单的主要事迹，其诗云："湣王万乘齐，走死区区燕。田单一即墨，扫敌如风旋。舞鸟怪不测，腾牛怒无前。飘飖乐毅去，磊砢功名传。掘葬与劓降，论乃愧儒先。深诚可奋士，王蠋岂非贤？"

初，燕人攻安平，临淄市掾田单在安平[①]，使其宗人皆以铁笼傅车辖[②]。及城溃，人争门而出，皆以辖折车败，为燕所擒；独田单宗人以铁笼得免，遂奔即墨。是时齐地皆属燕，独莒、即墨未下[③]。乐毅乃并右军、前军以围莒，左军、后军围即墨。即墨大夫出战而死。即墨人曰："安平之战，田单宗人以铁笼得全，是多智习兵。"因共立以为将以拒燕。乐毅围二邑，期年不克，乃令解围，各去城九里而为垒，令曰："城中民出者勿获，困者赈之[④]，使即旧业，以镇新民。"三年而犹未下。或谗之于燕昭王曰[⑤]："乐毅智谋过人，伐齐，呼吸之间克七十余城，今不下者两城耳，非其力不能拔，所以三年不攻者，欲久仗兵威以服齐人，南面而王耳。今齐人已服，所以未发者，以其妻子在燕故也。且齐多美女，又将忘其妻子。愿王图之！”昭王于是置酒大会，引言者而让之曰：“先王举国以礼贤者，非贪土地以遗子孙也。遭所传德薄，不能堪命，国人不顺。齐为无道，乘孤国之乱以害先王。寡人统位，痛之入骨，故广延群臣，外招宾客，以求报仇；其有成功者，尚欲与之同共燕国。今乐君亲为寡人破齐，夷其宗庙，报塞先仇，齐国固乐君所有，非燕之所得也。乐君若能有齐，与燕并为列国，结欢同好，以抗诸侯之难，燕国之福，寡人之愿也。汝何敢言若此！”乃斩之。赐乐毅妻以后服，赐其子以公子之服；辂车乘马⑥，后属百两⑦，遣国相奉而致之乐毅，立乐毅为齐王。乐毅惶恐不受，拜书，以死自誓。由是齐人服其义，诸侯畏其信，莫敢复有谋者。

〔注释〕

①市掾（yuàn）：管理市场的官员。

②軎（wèi）：车轴头，即套在车轴末端的金属筒状物。

③莒（jǔ）：周代诸侯国名，在今山东莒县一带。

④赈（zhèn）：救济。

⑤昭王：战国时燕国国君，名平，王哙太子。子之用事时流亡在韩，燕王哙被杀，赵武灵王派人护送回国。即位后，卑身厚币筑黄金台招纳人才，奋发图强。昭王二十八年（前284），以乐毅为上将军攻齐，入临淄，下齐七十余城。在位三十三年。

⑥辂（lù）车：古代的一种大车。

⑦百两：古时车凡两轮，故以两计数。百两，即百辆车。特指结婚时所用的车辆。亦泛言车辆多。

〔译文〕

当初,燕国军队攻打齐国安平时,临淄城一个管理市场的小官田单正在安平城中,他预先让族人用铁皮包住车轴头。等到安平城被攻破时,人们争相拥出城门,都因为车轴互相碰断,车辆损坏难行,被燕军俘虏,只有田单一族因用铁皮包裹了车轴头得以幸免,于是逃到了即墨。当时齐国大部分地区都被燕军占领,仅有莒城、即墨未被攻下。乐毅于是集中右军、前军包围莒城,集中左军、后军包围即墨。即墨大夫出战身亡。即墨人说:"安平之战,田单一族人因用铁皮包车轴头得以保全,可见田单足智多谋,熟悉兵事。"于是共同拥立他为守将抵御燕军。乐毅围攻两城,一年未能攻克,便下令解除围攻,退至城外九里处修筑营垒,下令说:"城中的百姓出来不要抓捕他们,有困饿的还要赈济,让他们各操旧业,以安抚新占地区的人民。"过了三年,城还未攻下。有人向燕昭王进谗言说:"乐毅智谋过人,进攻齐国,一口气攻克七十余城。现在只剩两座城,不是他的兵力不能攻下,之所以三年不攻,就是想倚仗兵威来收服齐国人心,自己好南面称王。如今齐国人心已服,他之所以还不行动,就是因为妻子、儿子在燕国。况且齐国多有美女,他早晚将忘记妻子。希望大王早些防备!"燕昭王听罢下令置办酒宴大会群臣,拉出说此话的人斥责道:"先王以全国之力礼待贤明人才,并不是为了多得土地留给子孙。他不幸遇到继承人缺少德行,不能完成大业,使国内人民怨愤不从,无道的齐国趁着我们国家动乱得以残害先王。我即位以后,对此痛心疾首,才广泛延请群臣,对外招揽宾客,以求报仇,谁能使我成功,我愿意和他共享燕国大权。现在乐毅先生为我大破齐国,平毁齐国宗庙,报却了旧仇,齐国本来就应归乐先生所有,不是燕国该得到的。乐先生如果能拥有齐国,与燕国成为平等国家,结为友好的邻邦,抵御各国来犯,这正是燕国的福气、我的心愿啊！你怎么敢说这种话呢!”于是斩杀了挑拨者。又赏赐乐毅妻子以王后服饰,赏赐他的儿子以王子服饰;配备君王车驾乘马,及上百辆属车,派宰相侍奉送到乐毅那里,立乐毅为齐王。乐毅十分惶恐,不敢接受,一再谢罪,写下辞书,并宣誓以死效忠燕王。从此齐国人敬服燕国乐毅的德义,各国也畏惧他的信誉,没有谁再敢来图谋燕国了。

顷之,昭王薨,惠王立[①]。惠王自为太子时,尝不快于乐毅。田单闻之,乃纵反间于燕,宣言曰:“齐王已死,城之不拔者二耳。乐毅与燕新王有隙,畏诛而不敢归,以伐齐为名,实欲连兵南面王齐。齐人未附,故且缓攻即墨以待其事。齐人所惧,唯恐他将之来,即墨残矣。”燕王固已疑乐毅,得齐反间,乃使骑劫代将而召乐毅[②]。乐毅知王不善代之,遂奔赵。燕将士由是愤惋不和。

〔注释〕

①惠王:战国末燕国国君,昭王子。为太子时与乐毅有隙,即位后使骑劫代乐毅为将。齐田单击败燕军,骑劫死,所得齐地尽失。在位七年,为其相公孙操所杀。

②骑劫:战国时期燕国将领。

〔译文〕

不久,燕昭王去世,燕惠王即位。惠王当太子时,就与乐毅有矛盾。田单听说了，便派人去燕国用反间计，散布说："齐王已经死了，齐国仅有两座城未被攻克。乐毅与燕国新王有矛盾，害怕被杀不敢回国，他现在以攻打齐国为名，实际想率领军队在齐国称王。齐国人没有归附，所以他暂缓进攻即墨，等待时机举行大事。齐国人所畏惧的，是燕王派别的大将来，那样即墨就城破受害了。"燕惠王本来就疑心乐毅，因而中了齐国的反间计，便派骑劫代替乐毅为大将，召他回国。乐毅知道燕王换将居心不良，于是投奔了赵国。燕军将士都因为临阵换将而愤愤不平，内部不和。

田单令城中人食，必祭其先祖于庭，飞鸟皆翔舞而下城中。燕人怪之，田单因宣言曰："当有神师下教我。"有一卒曰："臣可以为师乎？"因反走。田单起引还，坐东乡，师事之。卒曰："臣欺君。"田单曰："子勿言也！"因师之。每出约束，必称神师。乃宣言曰："吾唯惧燕军之劓所得齐卒[1]，置之前行，即墨败矣！"燕人闻之，如其言。城中见降者尽劓，皆怒，坚守，唯恐见得。单又纵反间，言"吾惧燕人掘吾城外冢墓[2]，可为寒心"！燕军尽掘冢墓，烧死人。齐人从城上望见，皆涕泣，共欲出战，怒自十倍。田单知士卒之可用，乃身操版、锸[3]，与士卒分功；妻妾编于行伍之间；尽散饮食飨士[4]。令甲卒皆伏，使老、弱、女子乘城，遣使约降于燕；燕军皆呼万岁。田单又收民金得千镒[5]，令即墨富豪遗燕将，曰："即降，愿无虏掠吾族家！"燕将大喜，许之。燕军益懈。田单乃收城中，得牛千余，为绛缯衣[6]，画以五采龙文，束兵刃于其角，而灌脂束苇于其尾，烧其端，凿城数十穴，夜纵牛，壮士五千随其后。牛尾热，怒而奔燕军。燕军大惊，视牛皆龙文，所触尽死伤。而城中鼓噪从之，老弱皆击铜器为声，声动天地。燕军大骇，败走。齐人杀骑劫，追亡逐北，所过城邑皆叛燕，复为齐。田单兵日益多，乘胜，燕日败亡，走至河上，而齐七十余城皆复焉。乃迎襄王于莒；入临淄，封田单为安平君。

〔注释〕

①劓（yì）：古代割掉鼻子的一种酷刑。

②冢（zhǒng）墓：坟墓。

③版：打土墙用的夹板。锸（chā）：铁锹，掘土的工具。

④飨（xiǎng）：用酒食招待客人，泛指请人受用。

⑤镒（yì）：古代重量单位，合二十两，一说二十四两。

⑥绛：赤色，火红。缯（zēng）：古代对丝织品的总称。

〔译文〕

田单命令城中人吃饭时，先在庭院里祭祀祖先，四处飞鸟争吃祭饭都盘旋落到城中。燕军很是惊讶，田单于是让人散布说："一定会有上天派的神师来帮助我们。"有个士兵说："我可以做神师吗？"说罢转身便跑。田单急忙站起来追回他，拉着他面向东而坐，像对待神师一样侍奉他。士兵说："我欺骗了你。"田单忙悄声嘱咐："你不要说出去。"便以他为师。每当发布号令，都必称奉神师之命。田单又令人散布说："我就怕燕军把齐国俘虏割去鼻子，作为前导，那样即墨城就完了！"燕军听说，果然这样做了。城中守兵看到投降燕军的人都被割去鼻子，万分痛恨，决心坚守不降，唯恐被俘。田单再用反间计，说“我害怕燕军掘毁我们城外的坟墓，那样齐国人就寒心了”。燕军又中计，把城外坟墓尽行挖毁，焚烧死尸。齐国人从城上远远望见，都痛哭流涕，争相请求出战，怒气倍增。田单知道这时军士已经可以死战，于是带头拿起版、锸和士卒一起筑城；把自己的妻妾编进军队；还分发全部食品犒劳将士。他下令让披甲士兵都潜伏在城下，只以老人、孩子、女子登城守卫，又派人去燕军中约定投降；燕军都欢呼万岁。田单在百姓中募集到金一千镒，让即墨城的富豪送给燕军大将，说：“我们马上就投降，请不要抢劫掠夺我们的家族！”燕国将军大喜，立刻应允。燕军戒备更加松懈。田单在城中搜罗到一千余头牛，给牛披上大红绸衣，绘上各种颜色的天龙花纹，在牛角上绑束尖刀，而在牛尾绑上灌好油脂的苇草，然后点燃，趁着夜色，从预先凿好的几十个城墙洞中，赶牛冲出，后面紧随着五千名壮士。牛尾部被火燎烧，都惊怒地奔向燕军大营。燕军大惊失色，看到牛身上都是天龙花纹，碰到的不是死就是伤。加上城中敲锣打鼓齐声呐喊，老弱居民也敲击铜器助威，响声惊天动地。燕国军队万分恐惧，纷纷败逃。齐军趁乱杀死燕军大将骑劫，追杀败逃的燕军，所经过的城邑都叛离燕国，再度归顺齐国。田单的军队越来越多，乘胜而入，燕军日日望风而逃，逃到黄河边，齐国失去的七十多座城全都复归。田单于是前往莒城迎齐襄王回国都临淄，襄王册封田单为安平君。

齐王以太史敫之女为后[①]，生太子建。太史敫曰：“女不取媒，因自嫁，非吾种也，污吾世！”终身不见君王后，君王后亦不以不见故失人子之礼。

赵王封乐毅于观津，尊宠之，以警动于燕、齐。燕惠王乃使人让乐毅，且谢之曰："将军过听，以与寡人有隙，遂捐燕归赵。将军自为计则可矣，而亦何以报先王之所以遇将军之意乎？"乐毅报书曰："昔伍子胥说听于阖闾而吴远迹至郢[②]；夫差弗是也，赐之鸱夷而浮之江[③]。吴王不寤先论之可以立功，故沉子胥而不悔；子胥不蚤见主之不同量，是以至于入江而不化。夫免身立功以明先王之迹，臣之上计也。离毁辱之诽谤，堕先王之名，臣之所大恐也。临不测之罪，以幸为利，义之所不敢出也。臣闻古之君子，交绝不出恶声；忠臣去国，不洁其名。臣虽不佞，数奉教于君子矣。唯君王之留意焉！"于是燕王复以乐毅子闲为昌国君，而乐毅往来复通燕，卒于赵，号曰望诸君。

〔注释〕

①太史敫（jiǎo）：一作太史嬓（jiào），战国时齐国莒人。齐湣王被淖齿所杀，湣王子法章变姓名为太史敫家佣。敫女奇法章状貌，窃衣食之，并私与通。后淖齿被杀，法章被立为齐襄王，迎敫女为王后。太史敫以其女不媒而自嫁，终身不与见。王后亦不以不睹而失人子礼。

②伍子胥：名员（yún），字子胥，春秋时楚国人，楚大夫伍奢次子。公元前522年，伍奢遭费无忌谗害被杀，伍子胥出奔宋，后经郑入吴，帮助阖闾以勇士刺杀吴王僚，夺取王位，整顿政治，训练军队，国势日强。公元前506年，与将军孙武率兵攻破楚国，直入郢都。以功封于申，故又称申胥。吴王夫差时，因力谏吴王接受越国求和与出兵伐齐，受伯嚭（pǐ）谗毁，渐被疏远，后吴王赐剑命他自杀而死。郢（yǐng）：春秋战国时楚国的都城，在今湖北江陵附近。

③鸱（chī）夷：亦作"鸱鹈（yí）"。皮制的口袋。

〔译文〕

齐襄王立太史敫的女儿为王后，生下太子田建。太史敫说："我的女儿不经过媒人，自定婚嫁，不是我家的人，她败坏了我的家风！"终身不见王后，但王后并不因他不见而失去做儿女应有的礼数。

赵王分封乐毅于观津，对他十分尊宠，以此来警戒燕国和齐国。燕惠王派人去批评乐毅，并道歉说："乐将军你过于听信传言，因为与我有矛盾，就抛弃燕国跑到赵国。你这样做为自己打算是可以的，然而，又怎能报答先王对你的一片恩情呢？"乐毅回信答复道："从前伍子胥的建议被吴王阖闾采纳，吴国的势力一直扩展到郢地；而继任吴王夫差不听他的话，把伍子胥的尸体装入皮囊抛进江中。夫差不明白伍子胥对先王的建议是吴国得以成就功业的根本，所以沉江伍子胥的尸体一点儿也不后悔；伍子胥不能早日看出不同的君王有不同的器量，所以尸体虽入江而魂灵仍怨愤不化。免去自身的灾祸，立就功业，以表明先王的心迹，是我的上策。自己遭到别人的诽谤，从而使先王的英名蒙上耻辱，是我最害怕的。但因为蒙受了不白之冤，就以新的宠幸为利益，谋算燕国，也是我在道义上绝不会做的。我听说古代的君子，与人断交绝不口出恶言；忠臣被迫离开祖国，也不去辩解洗雪自己的名声。我虽然不成器，也曾多次从古代君子身上得到教益。谨请大王明鉴。"于是燕王仍封乐毅的儿子乐闲为昌国君，而乐毅也为修好睦邻而往来燕国，最后死于赵国，谥号望诸君。

田单相齐，过淄水[①]，有老人涉淄而寒，出水不能行，田单解其裘而衣之。襄王恶之，曰："田单之施于人，将以取我国乎！不早图，恐后之变也。"左右顾无人，岩下有贯珠者，襄王呼而问之曰："汝闻吾言乎？"对曰："闻之。"王曰："汝以为何如？"对曰："王不如因以为己善。王嘉单之善，下令曰：'寡人忧民之饥也，单收而食之；寡人忧民之寒也，单解裘而衣之；寡人忧劳百姓，而单亦忧。称寡人之意。'单有是善而王嘉之，单之善亦王之善也！"王曰："善。"乃赐单牛酒[②]。后数日，贯珠者复见王曰："王朝日宜召田单而揖之于庭，口劳之。乃布令求百姓之饥寒者，收谷之[③]。"乃使人听于闾里，闻大夫之相与语者曰："田单之爱人，嗟，乃王之教也！"

〔注释〕

①淄（zī）水：河流名，源出山东莱芜，东北流，汇为清水泊，由淄河口入海。

②牛酒：牛和酒，古代用作馈赠、犒劳、祭祀的物品。

③收谷：收留抚养。

〔译文〕

田单出任齐国国相，有次路过淄水，见到一个老人渡淄水时冻得直哆嗦，走出水面时已不能行走，田单解下自己的皮袍给他披上。齐襄王听说后十分厌恶，说："田单对别人施恩，是打算夺我的王位，我不早下手，恐怕以后会有变故！"说完一看左右无人，只在殿岩下有个穿珠子的人，襄王便叫他过来问道："你听见我的话了吗？"回答："听见了。"襄王问："你觉得怎么样？"

回答说:“大王不如把此事变成自己的善行。大王可以嘉奖田单的善心,下令说:‘我忧虑人民的饥饿,田单就收养他们,供给饮食;我忧虑人民的寒冷,田单就脱下皮袍给他们披上;我忧虑人民的操劳,田单也因此忧虑。他正符合我的心意。’田单有这样的善行而大王嘉奖他,那么田单的善行也就是大王的善行了。”襄王说:“好。”于是赏赐田单牛酒。过了几天,穿珠子的人又来见齐襄王说:“大王应该在群臣朝见时召见田单,在殿庭上致谢,亲自慰劳他。然后布告国内寻找百姓中饥饿并且寒冷者,予以收养。”襄王这样做后,派人到街头里巷去探听,听到大夫等官员互相说:“哎呀!田单疼爱百姓,都是大王的教诲呀!”

田单任貂勃于王[①]。王有所幸臣九人,欲伤安平君,相与语于王曰:“燕之伐齐之时,楚王使将军将万人而佐齐。今国已定而社稷已安矣,何不使使者谢于楚王?”王曰:“左右孰可?”九人之属曰:“貂勃可。”貂勃使楚,楚王受而觞之,数月不反。九人之属相与语曰:“夫一人之身而牵留万乘者,岂不以据势也哉!且安平君之与王也,君臣无异而上下无别。且其志欲为不善,内抚百姓,外怀戎翟,礼天下之贤士,其志欲有为,愿王察之!”异日,王曰:“召相单而来!”田单免冠,徒跣,肉袒而进[②],退而请死罪。五日而王曰:“子无罪于寡人。子为子之臣礼,吾为吾之王礼而已矣。”貂勃从楚来,王赐之酒。酒酣,王曰:“召相单而来!”貂勃避席稽首曰:“王上者孰与周文王?”王曰:“吾不若也。”貂勃曰:“然,臣固知王不若也。下者孰与齐桓公?”王曰:“吾不若也。”貂勃曰：“然，臣固知王不若也。然则周文王得吕尚以为太公，齐桓公得管夷吾以为仲父。今王得安平君而独曰‘单’，安得此亡国之言乎！且自天地之辟，民人之始，为人臣之功者，谁有厚于安平君者哉？王不能守王之社稷，燕人兴师而袭齐，王走而之城阳之山中，安平君以惴惴即墨三里之城③，五里之郭，敝卒七千人，禽其司马而反千里之齐，安平君之功也。当是之时，舍城阳而自王，天下莫之能止。然而计之于道，归之于义，以为不可，故栈道木阁而迎王与后于城阳山中，王乃得反，子临百姓。今国已定，民已安矣，王乃曰‘单’，婴儿之计不为此也。王亟杀此九子者以谢安平君，不然，国其危矣！”乃杀九子而逐其家，益封安平君以夜邑万户④。

〔注释〕

①貂（diāo）勃：一作刁勃，战国时齐国人。尝谓安平君田单为“小人也”。田单问其故，他答曰：“跖之狗吠尧，非贵跖而贱尧也，狗固吠非其主也。”后田单将其推荐于齐襄王，并委以重任。时齐王有嬖臣九人谗伤田单，称田单内牧百姓，外怀戎狄，意欲篡权。乃在王前力言田单安民定国之功，并劝王杀此九人以谢田单。襄王乃杀九人而逐其家。

②跣（xiǎn）：足。徒跣：赤足。肉袒：去衣露体，古代在祭祀或谢罪时表示恭敬和惶惧。

③惴惴（zhuì）：忧惧戒慎貌。

④夜邑：夜一作“掖”（yè），战国齐邑，即今山东莱州市。汉置掖县，为东莱郡治。

〔译文〕

田单请求齐王任命貂勃。齐王有九个宠幸的大臣，都欲中伤田单,争相对齐王说:"燕国攻打齐国时,楚王曾派将军率一万军队来帮助齐国。现在国家已经安定,社会也日趋稳固,何不派使者前去楚国道谢?"齐王问:"左右的人谁合适?"九个人都说:"貂勃可以。"貂勃出使楚国,楚王接受致谢并置酒款待,几个月不放他回来。九个人又一齐对齐王说:"以貂勃一个人的地位能受到万乘车马的楚国重视,难道不是倚仗了田单的权势吗!田单与大王之间,不分君臣上下,况且他心怀不良之志,对内安抚百姓,对外怀柔少数民族,礼待天下的贤良人才,他的志向是想大有作为,希望大王明察!"过了几天,齐王命令道:"召国相田单来!"田单非常惊恐,摘下帽子,光着脚,赤裸上身前来,退下时请齐王治他的死罪。过了五天,齐王说:"你没有得罪我。只不过要你行你臣子的礼节,我守我君王的礼节而已。"貂勃从楚国回来,齐王赐宴招待。饮到兴头上,齐王又命令道:"召国相田单来!"貂勃离开座位下拜说:"大王上比周文王如何?"齐王回答:"我不如。"貂勃说:"是的,我本知道大王不如。那么下比齐桓公如何?"齐王回答:"我也不如。"貂勃又说:"是的,我也知道大王不如。然而周文王得到吕尚,尊为太公,齐桓公得到管仲,敬为仲父。现在大王您得到安平君田单,却直呼'单',怎么能说这种亡国的话呢?何况自开天辟地,有人民起,做臣子的功劳,谁能比安平君更高?当年大王不能承守祖业,在燕国起兵袭击齐国时,大王逃到城阳的山里,安平君以人心危恐的即墨方圆三五里城郭,疲惫不堪的七千名士兵,力擒敌军大将,收复齐国千里领土,这些都是安平君的功劳呀!如果当时他置城阳的大王不顾,自立为王,天下没有谁能阻止。然而他从道德礼义考虑,认为坚决不能那样做,所以修筑栈道木阁前去城阳山中迎接大王和王后,大王您才能得以回归、治理百姓子民。现在国家已经稳定，人民已经安宁，大王却直呼其名‘单’，小孩子也知道不该这样做。大王您赶快杀掉那九个家伙向安平君谢罪，不然，国家就危险了！”齐王于是杀掉了那九个宠臣并流放其家族，加封给安平君掖邑地方的一万户俸禄收入。

田单将攻狄，往见鲁仲连①。鲁仲连曰："将军攻狄，不能下也。"田单曰："臣以即墨破亡余卒破万乘之燕，复齐之墟，今攻狄而不下，何也？"上车弗谢而去。遂攻狄，三月不克。齐小儿谣曰："大冠若箕，修剑拄颐②，攻狄不能下，垒枯骨成丘。"田单乃惧，问鲁仲连曰："先生谓单不能下狄，请闻其说。"鲁仲连曰："将军之在即墨，坐则织蒉③，立则仗锸，为士卒倡曰：'无可往矣！宗庙亡矣！今日尚矣！归于何党矣！'当此之时，将军有死之心，士卒无生之气，闻君言莫不挥泣奋臂而欲战，此所以破燕也。当今将军东有夜邑之奉，西有淄上之娱，黄金横带而骋乎淄、渑之间，有生之乐，无死之心，所以不胜也。"田单曰："单之有心，先生志之矣。"明日，乃厉气循城，立于矢石之所，援枹鼓之④，狄人乃下。

〔注释〕

①鲁仲连：战国时齐国人。善于出谋划策，而不肯仕宦，常周游各国，为人济危解难。赵孝成王时，秦军围赵都邯郸，他向赵、魏大臣辨析利害，劝其毋尊秦昭襄王为帝，坚守待援，终退秦军。后齐田单率军收复失地，燕将坚守聊城，久攻不下，他又写信劝说燕将撤守。齐授爵于他，不受而逃隐海上。

②颐(yí):面颊,腮。

③蒉(kuì):古代用草编的筐子,一般用来盛土。

④枹(fú):同"桴",击鼓的槌。

〔译文〕

田单准备攻打狄人,前去见鲁仲连。鲁仲连说:"将军您去攻狄,恐怕攻不下来。"田单说:"当年我以即墨的残兵败将击破拥有万乘战车的燕军,光复齐国沦亡的土地,现在会攻不下狄人,有什么道理?"上车扬长而去。于是田单率军进攻狄人,三个月也未能攻克。齐国小孩子在歌谣中唱道:"大冠像簸箕,长剑撑面皮,攻狄不能下,枯骨垒成丘。"田单开始惊惧起来,又去问鲁仲连:"先生之前说我攻不下狄人,请让我知道原因。"鲁仲连说:"将军在即墨的时候,坐着,手编草筐;站着,手拿铁锹;带领士兵们唱歌道:'无可往矣!宗庙亡矣!今日有没有救,看我们有没有胆!'当时,将军有战死的决心,士兵无偷生的念头,听见您的号召无不挥泪奋臂,决一死战,所以才能打败燕军。现在将军您东面有掖邑丰厚的俸禄,西边有淄上封地的游乐,腰系黄金带,驰骋于淄水、渑水之间,有的只是生活的乐趣,而无战死之心,所以无法取胜啊!"田单说:"我田单有这样的决心,是先生您为我下的。"第二天,他振奋精神,亲临城下,站在箭雨石弹之中,手持鼓槌,击鼓进军,于是攻克了狄人大营。

# 秦　纪

## 荆轲刺秦

**〔题解〕**

此篇选自《秦纪》一、二。公元前 228 年，执政已近十年的秦王政在先后灭掉韩、魏、楚、赵四国后，指挥秦国大军东临易水，把战火烧到了燕国的边境。面对国家受到的威胁，燕国太子丹想到了通过谋杀秦王制造秦国内讧的办法，企图以此换取国家的安全。于是遍求天下壮士以报强嬴。经过处士田光的引荐，得见义士荆轲。于是太子丹派荆轲谋刺秦王。虽然荆轲刺秦最后以失败告终，但是荆轲刺秦王的行动是具有积极意义的。荆轲刺秦王，一方面正如他所反复申述的，是为了“报太子”的个人恩遇；另一方面则是为了抵抗暴秦入侵，保卫燕国。诚然，荆轲不懂得以一人之力难以挽狂澜于既倒的道理，也不懂得秦帝国统一是历史发展的必然趋势，但他不畏强暴、不怕牺牲，在国家多事之秋挺身而出、不避艰险的精神和气概还是值得称道的。

初，燕太子丹尝质于赵①，与王善。王即位，丹为质于秦。王不礼焉。丹怒,亡归。

燕太子丹怨王,欲报之,以问其傅鞠武[2]。鞠武请西约三晋,南连齐、楚,北媾匈奴以图秦[3]。太子曰:"太傅之计,旷日弥久,令人心惛然[4],恐不能须也。"顷之,将军樊於期得罪[5],亡之燕。太子受而舍之。鞠武谏曰:"夫以秦王之暴而积怒于燕,足为寒心,又况闻樊将军之所在乎!是谓委肉当饿虎之蹊也[6]。愿太子疾遣樊将军入匈奴!"太子曰:"樊将军穷困于天下,归身于丹,是固丹命卒之时也,愿更虑之!"鞠武曰:"夫行危以求安,造祸以为福,计浅而怨深,连结一人之后交,不顾国家之大害,所谓资怨而助祸矣。"太子不听。

〔**注释**〕

①太子丹:燕王喜的太子,曾被作为人质送居秦国,后逃归。见秦即将并灭六国,派荆轲以献督亢地图为名入秦刺杀秦王嬴政,失败。次年,秦将王翦攻破燕国首都蓟,太子丹随燕王喜逃到辽东郡,燕国基本灭亡。燕王喜为保存生命,杀死太子丹献于秦国。五年后,秦彻底灭掉燕并俘虏燕王喜。

②鞠(jū)武:战国时燕国人,为燕太子丹太傅,曾随太子丹到赵国都城邯郸做人质。

③媾(gòu):交好,讲和。

④惛(hūn):同"惽",迷乱,糊涂。

⑤樊於(wū)期:秦国将领,避罪逃燕,投奔燕太子丹。秦王悬赏金千斤、邑万家购其头。燕太子丹使荆轲刺秦王,荆轲请求以於期首级与督亢地图进献秦王,以便伺机行刺。於期闻而自刎。

⑥蹊(xī):小路。

〔译文〕

当初,燕国太子丹曾在赵国做人质,与生在赵国的秦王嬴政相友善。秦王嬴政即位,太子丹又到秦国充当人质。但这时秦王嬴政却不以礼相待。太子丹非常愤怒,就逃回了燕国。

燕国太子丹怨恨秦王嬴政,想要实施报复,为此征求太傅鞠武的意见。鞠武建议太子丹向西与韩、赵、魏三晋订立盟约,向南与齐、楚联合,向北与匈奴交好,赖此共同图谋秦国。太子丹说:"太傅的计策,实行起来旷日持久,令人内心迷乱,恐怕不能再等待了。"不久,秦国将领樊於期在本国获罪,逃到燕国。太子丹接纳了他,并让他住下。鞠武规劝太子丹说:"仅凭秦王的暴虐以及对燕国积存的愤怒、怨恨,就足以令人寒心的了,更何况他听说樊将军被收留在燕国了呢!这就等于把肉弃置在饿虎往来的小道上。希望您尽快将樊将军送到匈奴去!"太子丹说:"樊将军走投无路,归附于我,这正是我应当舍命保护他的时候,请您还是考虑一下其他的办法吧!"鞠武说:"做危险的事情来求取安全,制造灾祸以祈求幸福,谋略浅薄而致积怨加深,为了结交一个新的朋友,而不顾及国家将遭受大的危害,这即是所谓的积蓄怨仇并助长灾祸了!"太子丹对鞠武的劝说置之不理。

太子闻卫人荆轲之贤①,卑辞厚礼而请见之。谓轲曰:"今秦已虏韩王,又举兵南伐楚,北临赵;赵不能支秦,则祸必至于燕。燕小弱,数困于兵,何足以当秦!诸侯服秦,莫敢合从②。丹之私计愚,以为诚得天下之勇士使于秦,劫秦王,使悉反诸侯侵地,若曹沫之与齐桓公，则大善矣；不可，则因而刺杀之。彼大将擅兵于外而内有乱，则君臣相疑。以其间，诸侯得合从，其破秦必矣。唯荆卿留意焉！”荆轲许之。于是舍荆卿于上舍，太子日造门下，所以奉养荆轲，无所不至。及王翦灭赵，太子闻之惧，欲遣荆轲行。荆轲曰：“今行而无信，则秦未可亲也。诚得樊将军首与燕督亢之地图③，奉献秦王，秦王必说见臣，臣乃有以报。”太子曰：“樊将军穷困来归丹，丹不忍也！”荆轲乃私见樊於期曰：“秦之遇将军，可谓深矣，父母宗族皆为戮没！今闻购将军首，金千斤，邑万家，将奈何？”於期太息流涕曰：“计将安出？”荆卿曰：“愿得将军之首以献秦王，秦王必喜而见臣，臣左手把其袖，右手揕其胸④，则将军之仇报而燕见陵之愧除矣！”樊於期曰：“此臣之日夜切齿腐心也！”遂自刎。太子闻之，奔往伏哭，然已无奈何，遂以函盛其首。太子豫求天下之利匕首，使工以药焠之⑤，以试人，血濡缕⑥，人无不立死者。乃装为遣荆轲，以燕勇士秦舞阳为之副⑦，使入秦。

〔注释〕

①荆轲：战国末卫国人。先世为齐贵族，迁于卫，卫人称庆卿。秦灭卫，亡至燕，燕人称荆卿、荆叔。时秦已灭韩、赵，燕太子丹谋刺秦王政，结交荆轲之友田光，因田光之荐，乃尊荆轲为上卿。燕王喜二十八年（前227），以秦亡将樊於期首级和内夹匕首之督亢地图出使秦国，欲乘机行刺。向秦王嬴政献图时，秦王嬴政展图，图穷而匕首见，行刺未成，被杀。

②合从：即“合纵”，战国时各国处理军事外交活动的一种方式，“合众

弱以攻一强"称合纵。

③督亢：古地区名，在今河北涿州东，跨涿州、固安、新城等市县地，中有泽陂，周五十余里，支渠四通，富灌溉之利。战国时为燕膏腴之地。

④揕(zhèn)：用刀剑等刺。

⑤悴(cuì)：同"淬"，染也，谓以毒药染剑锷也。

⑥濡(rú)缕：沾湿一缕，形容沾湿范围极小。引申指力量微弱。

⑦秦舞阳：舞，一作"武"。战国时燕国人，勇士，年十三即杀人。燕太子丹使荆轲入秦行刺秦王，令舞阳为副。既入秦，奉地图匣行至宫殿台阶，色变震恐，行刺未成，与荆轲同时被杀。

〔译文〕

太子丹听说卫国人荆轲很贤能，便携带厚礼，以谦卑的言辞求见他。太子丹对荆轲说："现在秦国已俘虏了韩王，又举兵向南进攻楚国，向北威逼赵国。赵国无力抵抗秦国，那么灾难就要降临到燕国头上了。燕国既小又弱，屡屡为战争所拖累，怎么还能够抵挡住秦国进攻啊！各诸侯国都屈服秦国，不敢再合纵抗秦了。我有一个计策很是愚鲁，认为如果真能找到一位天下最无畏的勇士出使秦国，劫持秦王，迫使他归还侵略来的土地给各国，就像曹沫当年逼迫齐桓公归还鲁国丧失的领土一样。如此当然是最好的了；假若不行，便乘机刺杀秦王。秦国的大将拥兵在外，国内发生动乱，君臣之间必定相互猜疑。趁此时机，各诸侯国如能够合纵抗秦，就一定可以击败秦军。希望荆卿您务必仔细思考这件事情。"荆轲答应了太子丹这件事。于是太子丹安排荆轲住进上等客舍，天天亲往舍中探望，凡能够供给荆轲的东西，没有不送到的。等到秦国大将王翦灭亡了赵国，太子丹听闻消息之后非常惊恐，想马上送荆轲去秦国。荆轲说："我现在前往秦国，并没有令秦人信任的理由，未必能接近秦王。倘若得到樊将军的头颅和燕国督亢的地图奉献给秦王，秦王必定很高兴召见我，那时我才能够刺杀他以回报您。”太子丹说：“樊将军走投无路时来投奔我，我不忍心杀他啊！”荆轲于是私下里会见樊於期说：“秦国对待您，真是残酷至极，您的父母、宗族都被诛杀殆尽！现在还以金千斤、封地万户悬赏您的头颅，您打算怎么办呢？”樊於期叹息流泪说：“你有什么办法呢？”荆轲说：“希望能得到您的头颅献给秦王，秦王见此必定欢喜而召见我，那时我左手拉住他的袖子，右手持匕首刺他的胸膛。这样一来，您的大仇得报，燕国遭受欺凌的耻辱也可以消除了！”樊於期说：“这正是我日夜切齿烂心渴求实现的事情啊！”随即拔剑自刎。太子丹闻讯急奔而来，伏尸痛哭，但已经无可奈何了，就用匣子盛装起樊於期的头颅。太子丹预先已求取到天下最锋利的匕首，令工匠用剧毒淬炼，用人来试验，只需渗出一丝血，人没有不立即倒毙的。于是准备行装送荆轲出发，又派燕国的勇士秦舞阳当他的助手，二人作为使者前往秦国。

始皇帝二十年(甲戌、前227)

荆轲至咸阳，因王宠臣蒙嘉卑辞以求见①；王大喜，朝服，设九宾而见之②。荆轲奉图而进于王，图穷而匕首见，因把王袖而揕之；未至身，王惊起，袖绝。荆轲逐王，王环柱而走。群臣皆愕，卒起不意，尽失其度。而秦法，群臣侍殿上者不得操尺寸之兵，左右以手共搏之，且曰：“王负剑！”负剑，王遂拔以击荆轲，断其左股。荆轲废，乃引匕首擿王③，中铜柱。自知事不就，骂曰：“事所以不成者，以欲生劫之，必得约契以报太子也！”遂体解荆轲以徇[4]。王于是大怒，益发兵诣赵，就王翦以伐燕，与燕师、代师战于易水之西，大破之。

二十一年（乙亥、前226）

冬，十月，王翦拔蓟，燕王及太子率其精兵东保辽东，李信急追之[5]。代王嘉遗燕王书[6]，令杀太子丹以献。丹匿衍水中[7]，燕王使使斩丹，欲以献王，王复进兵攻之。

〔注释〕

①蒙嘉：战国时秦国人，任中庶子，因收受荆轲贿赂而引荐荆轲见秦王，事后被秦王嬴政依罪处罚。

②九宾：古代宾礼中最隆重的礼仪。说法不一：一种说法认为“九宾”指公、侯、伯、子、男、孤、卿、大夫、士；另一种说法认为“九宾”指王、侯、公、卿、二千石、六百石下及郎、吏、匈奴侍子。也可简单理解为九位礼宾人员。

③擿（zhì）：古同“掷”，投掷。

④徇（xùn）：对众宣示。

⑤李信：战国末年人。秦王嬴政时任将军，年少壮勇，曾以兵数千追击燕军至衍水，大败燕军，获燕太子丹，秦王称其勇。秦拟发兵破楚，询问诸将需用兵多少，王翦认为非六十万人不可，他认为不过二十万。秦王嘉其勇，命他与蒙恬率军击楚，卒为楚所败，被撤回。后被派往北方，率军与王贲共同击败燕、齐军，灭燕、齐以其地为秦郡。

⑥代王嘉：赵悼襄王子。悼襄王宠爱赵王迁之母，遂废嫡子嘉而立迁。公元前229年，秦兵破赵，掳赵王迁，赵国贵族与嘉逃至代，立嘉为王。公元前222年，秦军破代，遂灭赵以为郡。

⑦衍水：今辽宁辽阳市东北太子河。

〔译文〕

始皇帝二十年(甲戌、前227)

荆轲抵达秦国都城咸阳,通过秦王嬴政的宠臣蒙嘉,以谦卑的言辞求见秦王;秦王嬴政非常高兴,穿上君臣朝会时的礼服,在朝廷上设九宾之礼迎见荆轲。荆轲手捧地图进献给秦王,图卷全部展开,匕首出现,荆轲乘势抓住秦王的袍袖,举起匕首刺向他的胸膛;但是未等荆轲近身,秦王嬴政已惊恐地一跃而起,挣断了袍袖。荆轲追逐秦王,秦王绕着柱子奔跑。这时,殿上的群臣都吓呆了,事发突然,出乎意料,群臣全都惊慌失措。秦国法律规定,在殿上侍从的群臣不得携带任何武器,群臣只好徒手上前搏击荆轲,并喊道:"大王,把剑推上背!"秦王嬴政将剑推到背上,剑套倾斜,剑柄向前,随即拔出剑来回击荆轲,砍断了他的左腿。荆轲肢体残废无法再追,便把匕首向秦王投掷过去,却仅击中了铜柱。荆轲知道行刺之事已无法完成,就大骂道:"此事所以不能成功,只是想活捉你以后强迫你订立契约,归还所兼并的土地,以此回报燕太子啊!"由是,荆轲被分尸示众。秦王大怒,增派军队去到赵国,随王翦的大军攻打燕国,在易水以西大破燕、代之兵。

二十一年(乙亥、前226)

冬季,十月,秦将王翦攻克燕都蓟城,燕国国君和太子丹率精兵向东图保辽东,秦将李信领兵急追。代王赵嘉送信给燕王,要他杀太子丹献给秦王。太子丹这时躲藏在衍水一带,燕王即派使节往衍水杀了太子丹,准备把他的头颅献给秦王嬴政。但秦王再次发兵攻燕。

## 始皇一统

〔题解〕

此篇选自《秦纪二》。公元前221年,秦王嬴政在先后灭掉韩、赵、魏、燕、楚、齐六国之后,统一了全国。秦王朝建立起中国有史以来第一个大一统的君主制王朝。为了巩固政权,秦灭六国之后实行了一系列的政策,确立了皇权至高无上、实行中央集权的政治制度。废除分封制,建立郡县制;统一法律、货币、度量衡与文字。毁六国城郭,修驰道、直道和五尺道。北击匈奴,修筑长城;南平百越,统一岭南。下令销毁民间兵器,迁天下富豪于咸阳,焚毁民间儒家书籍。之后,秦始皇连续到东方沿海、江淮流域以及北边等地巡游,所到之处,无不刻石颂其功德。

二十六年(庚辰、前221)

王贲自燕南攻齐[①],猝入临淄,民莫敢格者。秦使人诱齐王[②],约封以五百里之地。齐王遂降。秦迁之共[③],处之松柏之间,饿而死。齐人怨王建不早与诸侯合从,听奸人宾客以亡其国,歌之曰:"松耶,柏耶!住建共者客耶!"疾建用客之不详也。

〔注释〕

①王贲:战国时秦国频阳人,王翦子。尝领兵击破魏、燕,伐齐诸地。封通武侯。始皇二十六年(前221)天下统一,王氏父子及蒙氏功最多,有名于世。

②齐王：齐王建，襄王之子，战国时期齐国最后一位国君。

③共：古国名。商、周两代均有共国，商代共国位于今甘肃泾川县北五里，周代共国位于今河南辉县。

〔译文〕

二十六年（庚辰、前221）

秦将王贲率军从燕国向南进攻齐国，突然攻入都城临淄，齐国军民没有敢于抵抗的。秦国派人诱降齐王，约定封给他五百里的土地。齐王便投降了。秦国将齐王迁到共地，安置在松柏之间，最终被饿死。齐国人埋怨齐王建不早参与诸侯国的合纵联盟，却听信奸佞、宾客的意见，以致国家遭到灭亡，故为此编歌谣说："松树啊，柏树啊！使田建迁住共地饿死的，是宾客啊！"恨田建任用宾客不审慎考察。

臣光曰：从衡之说虽反覆百端[①]，然大要合从者，六国之利也。昔先王建万国，亲诸侯，使之朝聘以相交[②]，飨宴以相乐，会盟以相结者，无他，欲其同心勠力以保家国也[③]。向使六国能以信义相亲，则秦虽强暴，安得而亡之哉！夫三晋者，齐、楚之藩蔽，齐、楚者，三晋之根柢[④]；形势相资，表里相依。故以三晋而攻齐、楚，自绝其根柢也；以齐、楚而攻三晋，自撤其藩蔽也。安有撤其藩蔽以媚盗，曰"盗将爱我而不攻"，岂不悖哉[⑤]！

〔注释〕

①从衡：合纵，连衡。连衡亦作"连横"。战国时张仪游说六国共同奉事秦国，叫"连横"，同苏秦的"合纵"相对。

②朝聘：古代诸侯亲自或派使臣按期朝见天子。

③勠（lù）：合力，并力。

④柢（dǐ）：树木的根，引申为基础。

⑤悖（bèi）：惑，违背道理，谬误。

〔译文〕

臣司马光曰：合纵、连横的学说虽然反复无常，但合纵最主要的内容，是符合六国利益的。从前，先王分封大量诸侯国，亲近爱抚各国诸侯，使他们通过朝聘来增进相互交往，用酒宴招待他们以增进欢乐友好，实行会盟而增进团结联合，不为别的，就是希望他们能同心协力共保国家。假使当初六国能以信义相互亲善，那么秦国虽然强暴，六国又怎么能被它所灭亡掉呢！韩、赵、魏三国是齐、楚两国的屏障，而齐、楚两国则是韩、赵、魏三国的基础；它们形势上相依托，表里间相依赖。所以韩、赵、魏三国进攻齐、楚，是自断根基；而齐、楚两国征伐韩、赵、魏三国，则是自撤屏障。哪里有自己拆毁屏障以讨好盗贼，还说“盗贼将会爱惜我而不攻击我”的，难道不是荒谬得很吗？

王初并天下，自以为德兼三皇，功过五帝，乃更号曰“皇帝”，命为“制”①，令为“诏”②，自称曰“朕”。追尊庄襄王为太上皇③。制曰：“死而以行为谥④，则是子议父，臣议君也，甚无谓。自今以来，除谥法。朕为始皇帝，后世以计数，二世、三世至于万世，传之无穷。”

〔注释〕

①命为制：皇帝用于颁布重大制令时的文书，也用于诰谕和责让官

吏。蔡邕曰:“制书,帝者制度之命也,其文曰‘制’。”

②令为诏:皇帝颁布不属于重大制度之命令,则用诏,也多用作答复臣僚的上奏和对官员的训示,诏书的体式因其用途不同而各异。

③庄襄王:战国时秦国国君,名异人,一作子异,秦孝文王中子。初为秦质子于赵,吕不韦以为“奇货可居”,乃活动华阳夫人与阳泉君,使归秦立为太子,改名子楚。即位后,吕不韦为相国,灭东周君,又使蒙骜等伐韩、赵、魏,取成皋、太原、上党等三十余城。初置三川、太原两郡。在位四年,谥庄襄。

④谥(shì):古代帝王或大官死后评给的称号。

〔译文〕

秦王嬴政完全兼并六国,统一天下,自认为兼备了三皇的德行,功业超越了五帝,于是便改称号为“皇帝”,重大制令性文书称“制书”,一般命令性文书称“诏书”,皇帝的自称为“朕”。追尊父亲庄襄王为太上皇。并颁布制书说:“君王死后依据他生前的行为加定谥号,这是儿子议论父亲,臣子议论君王,实在没意义。从今以后,废除为帝王加定谥号的制度。我为始皇帝,后继者以序数计算,称为二世皇帝、三世皇帝,以至万世,无穷尽地传下去。”

初,齐威、宣之时①,邹衍论著终始五德之运②。及始皇并天下,齐人奏之。始皇采用其说,以为周得火德,秦代周,从所不胜,为水德。始改年,朝贺皆自十月朔;衣服、旌旄、节旗皆尚黑③;数以六为纪。

〔注释〕

①齐威、宣:指齐宣王、齐威王。齐宣王,即田辟疆,战国时齐国国君,威王子。在位期间,先后任田婴、储子为相,匡章、声子为将。宣王五年

(前315)，乘燕国内乱，起兵攻占燕国。后因齐军残暴，燕人反抗，遂被迫退兵。八年(前312)，与楚联合，对秦、韩、魏作战，大败于濮水。继其父威王在稷下广开学宫，招徕学者，讲学议论。在位十九年，谥宣。齐威王，即田因齐，一作田婴齐，战国时齐国国君，桓公子。即位初九年，委政卿大夫，诸侯互伐，国人不治。后致力修政整军，任用邹忌为相，田忌为将，孙膑为军师。继其父在临淄稷下设立学宫，招纳各国学者，议论政治，选拔人才，国力日益富强。威王十六年(前341)，大败魏军于桂陵，俘太子申，杀庞涓。二十三年(前334)，会魏惠王于徐州，相尊为王。在位三十七年，谥威。

②邹衍：一作驺衍，战国时齐国人。居稷下，曾历游魏、燕、赵等国，见尊于诸侯。燕昭王为筑碣石宫，亲往师之。好谈天文，时人称为"谈天衍"。提出五德终始说，认为每个朝代受土、木、金、火、水五行中一行支配，依五行相克顺序而循环，而兴亡又必有先兆。有《邹子》《邹子终始》，已佚。

③旌旄(jīngmáo)：军中用以指挥的旗子，后泛指旗帜。

〔译文〕

当初，齐威王、齐宣王的时候，邹衍创立了土、木、金、火、水终而复始的"五德终始"学说。到了始皇帝合并天下时，齐国人将此说奏报给他。始皇采纳了这套学说，认为周朝是火德，秦取代周，从火不能胜水来推算，秦应是水德。于是开始下令更改岁历，朝见皇帝与庆贺典礼都从十月初一开始，以十月初一为元旦；衣服、旗帜、符节等都崇尚黑色；计数以六为一个单位。

丞相绾言①："燕、齐、荆地远，不为置王，无以镇之。请立诸子。"始皇下其议。廷尉斯曰②："周文武所封子弟同姓甚众，然后属疏远，相攻击如仇雠③，周天子弗能禁止。今海内赖陛下神灵一统，皆为郡、县，诸子功臣以公赋税重赏赐之，甚足易制，天下无异意，则安宁之术也。置诸侯不便。”始皇曰：“天下共苦战斗不休，以有侯王。赖宗庙，天下初定，又复立国，是树兵也；而求其宁息，岂不难哉！廷尉议是。”

分天下为三十六郡，郡置守、尉、监。

收天下兵聚咸阳，销以为钟鐻、金人十二④，重各千石，置宫庭中。一法度、衡、石、丈尺。徙天下豪杰于咸阳十二万户。

诸庙及章台、上林皆在渭南。每破诸侯，写放其宫室，作之咸阳北阪上⑤。南临渭，自雍门以东至泾、渭，殿屋、复道、周阁相属，所得诸侯美人、钟鼓以充入之。

〔注释〕

①绾(wǎn)：指王绾，秦人，始皇时任丞相。始皇二十六年(前221)，天下一统，曾参与议帝号、论封建，后从始皇东巡。

②斯：指李斯，战国末楚上蔡(今河南上蔡西南)人。年少时为郡小吏，后从荀子学习。战国末入秦，初为吕不韦舍人，后进说秦王嬴政，被任为客卿。公元前237年，秦王下逐客令，他上书谏阻，被采纳。旋升为廷尉。提出对六国采取离间内部君臣与军事进攻相结合、实行各个击破的政策，对秦统一六国起了重要作用。秦朝建立后，任丞相。主张废分封，焚《诗》《书》，禁私学，统一文字，加强专制主义中央集权的统治。秦始皇死后，与赵高合谋伪造诏书，逼死太子扶苏，立公子胡亥为秦二世皇帝。后为赵高所忌，被杀。

③雠(chóu)：报复。仇雠：仇人，冤家对头。

④鐻(jù)：古代的一种乐器，夹置钟旁，为猛兽形，本为木制，后改用

铜铸。

⑤阪(bǎn):同“坂”,崎岖硗(qiāo)薄的地方。

〔译文〕

丞相王绾说:“燕、齐、楚三国的故地距都城咸阳过于遥远,不在那里设置诸侯王,便不能镇抚。请分封诸位皇子为诸侯王。”始皇帝将这一建议交给大臣评议。廷尉李斯说:“周文王、周武王分封子弟族人非常多,他们的后代彼此疏远,相互攻击如同仇敌,周天子也无法加以制止。现在四海之内,仰仗陛下的神灵而获得统一,全国都划分为郡和县,对各位皇子及有功之臣,用国家征收的赋税重重给予赏赐,这样就可以非常容易地进行控制,使天下人对朝廷不怀二心,才是安定国家的方略。分封诸侯则不适宜。”始皇说:“天下人都愁苦于无休止的战争,全是因为有诸侯王存在的缘故。现在依赖祖先的在天之灵,使天下初步平定,假若又重新封侯建国,便是自己招引兵事、培植战乱,似此而想求得宁静、养息,岂不是极困难的事情吗?!廷尉的主张是对的。”

于是下令把全国划分为三十六个郡,每个郡设置郡守、郡尉、监御史。

又下令收缴全国民间所藏的兵器,汇集运送到咸阳,熔毁后铸成钟镰,以及十二个铜人,各重千石,放置在宫廷中。并统一法制和度量衡,将各地有地位有势力的十二万户人迁徙到咸阳。

祭祀祖先、神祇的宗庙等处所和章台宫、上林苑都设在渭水南岸。而秦国每征服一个国家,就摹画、仿照该国的宫室,在咸阳城北的山坡上同样建造一座。如此南临渭水,自雍门向东至泾水、渭水相交处,宫殿屋宇、天桥、楼阁相连接,所获得的各国美女、钟鼓等乐器都安置在里边。

二十七年(辛巳、前220)

始皇巡陇西、北地,至鸡头山,过回中焉①。

作信宫渭南,已,更命曰极庙。自极庙道通骊山,作甘泉前殿,筑甬道自咸阳属之,治驰道于天下②。

〔注释〕

①鸡头山:古山名,又称笄头山、牵屯山、薄洛山,即今宁夏回族自治区泾源县六盘山。回中:回中宫,秦建,在今陕西陇县西北,汉文帝时被匈奴烧毁。

②驰道:专供皇帝驰行的道路。秦始皇统一全国后第二年,就下令修筑以咸阳为中心、通往全国各地的驰道。著名的驰道有九条,有出今高陵通上郡(陕北)的上郡道,过黄河通山西的临晋道,出函谷关通河南、河北、山东的东方道,出今商洛通东南的武关道,出秦岭通四川的栈道,出今陇县通宁夏、甘肃的西方道,出今淳化通九原的直道等。从《汉书·贾山传》中可知,秦驰道在平坦之处,道宽五十步,隔三丈栽一棵树,道两旁用金属锥夯筑厚实,路中间为专供皇帝出巡车行的部分。

〔译文〕

二十七年(辛巳、前220)

始皇帝出巡陇西、北地,到鸡头山而还,经过回中宫。

在渭水南岸兴建长信宫,竣工后改名为极庙宫。从极庙筑路通到骊山,兴造甘泉宫前殿,修筑甬道连接咸阳,又以咸阳为中心筑驰道通往全国各地。

二十八年(壬午、前219)

始皇东行郡、县，上邹峄山[1]，立石颂功业。于是召集鲁儒生七十人，至泰山下，议封禅。诸儒或曰："古者封禅，为蒲车[2]，恶伤山之土石、草木；扫地而祭，席用菹秸[3]。"议各乖异。始皇以其难施用，由此绌儒生[4]。而遂除车道，上自太山阳至颠，立石颂德；从阴道下，禅于梁父。其礼颇采太祝之祀雍上帝所用[5]，而封藏皆秘之，世不得而记也。

于是始皇遂东游海上，行礼祠名山、大川及八神[6]。始皇南登琅邪[7]，大乐之，留三月，作琅邪台，立石颂德，明得意。

〔注释〕

①邹峄（yì）山：峄山，又名邹山、邾峄山，在今山东邹城市东南。

②蒲车：用蒲草裹着车轮的车子，古代用于封禅或征聘隐士。

③菹（zū）：枯草。

④绌（chù）：这里通"黜"，摈弃。

⑤太祝：官名。商官有六太，其一曰太祝。《周礼》春官宗伯之属有太祝，掌祭祀祈祷之事。

⑥八神：旧谓主宰宇庙之八神。《史记·封禅书》：八神，一曰天主，祠天齐。天齐渊水，居临菑南郊山下者。二曰地主，祠泰山梁父。盖天好阴，祠之必于高山之下，小山之上，命曰畤；地贵阳，祭之必于泽中圜丘云。三曰兵主，祠蚩尤。蚩尤在东平陆监乡，齐之西境也。四曰阴主，祠三山。五曰阳主，祠之罘。六曰月主，祠之莱山。皆在齐北，并勃海。七曰日主，祠成山。成山斗入海，最居齐东北隅，以迎日出云。八曰四时主，祠琅邪。琅邪在齐东方，盖岁之所始。

⑦琅邪（lángyá）：亦作"琅琊"，山名，在今山东诸城东南海滨。

〔译文〕

二十八年(壬午、前219)

始皇帝出巡东部各郡、县,登上邹地的峄山,竖立石碑赞颂秦朝的功勋业绩。召集过去鲁地崇信儒学的文人七十名,到泰山下商议祭祀天地的封禅之事。诸儒生中有的说:“古时候的君王封禅,用蒲草裹住车轮,不愿伤害山上的土石草木;扫地祭祀时所使用的席都是用草编成的。”议论各不相同。始皇帝认为众人所说的很难实际采用,因此而摈弃儒生。于是下令开通车道,从泰山南麓上到顶峰,竖立石碑歌颂功德;又从泰山北面顺道而下,到梁父山祭地。祭祀仪式大体上采用了古时在雍城由太祝主持的祭祀上帝的形式。而怎样封土埋藏却全都保密,世人无法获悉并记录下来。

始皇帝随即又向东出游沿海各地,祭祀名山大川及八神。然后南登琅邪山,非常高兴,在那里逗留了三个月,还建造琅邪台,立石碑颂功德,表明自己得天下之意。

初,燕人宋毋忌、羡门子高之徒称有仙道、形解销化之术[1],燕、齐迂怪之士皆争传习之[2]。自齐威王、宣王、燕昭王皆信其言,使人入海求蓬莱、方丈、瀛洲,云此三神山在勃海中,去人不远。患且至,则风引船去。尝有至者,诸仙人及不死之药皆在焉。乃始皇至海上,诸方士齐人徐市等争上书言之[3],请得斋戒与童男女求之。于是遣徐市发童男女数千人入海求之。船交海中,皆以风为解,曰:“未能至,望见之焉。”

［注释］

①宋毋忌：秦时燕人，方士，慕古仙人，依于鬼神之事。羡门子高：传说为古仙人，一作羡门高，名子高。秦始皇东游海上，至碣石，曾使燕人卢生寻求羡门、高誓等仙人。

②迂（yū）怪：迂阔怪诞。

③徐市（fú）：秦方士，齐人。

［译文］

当初，燕国人宋毋忌、羡门子高一类人声称世上有一种人老死后尸解升天成仙的法术，燕国、齐国的迂阔怪诞之人都争相传授和学习。从齐威王、宣王到燕昭王都相信他们的话，派人到海上寻求蓬莱、方丈、瀛洲三座神山，据说这三仙山在渤海之中，距离人间并不遥远。只是凡人将要到达，风就把船吹走了。传言曾有人到过这三山，在那里看见各位神仙和长生不死的药。待到始皇帝出游海滨时，通晓神仙方术的人如故齐国人徐市等纷纷争着上书谈这些事，请求准许斋戒后率领童男童女往海上寻找神山。始皇于是派遣徐市征发数千名童男童女入海求仙。但是，船行海上后却均因风势不顺而返航。不过他们仍然说："虽没能到达仙山，可是已经望见了。"

始皇还，过彭城，斋戒祷祠，欲出周鼎泗水①，使千人没水求之，弗得。乃西南渡淮水，之衡山、南郡。浮江至湘山祠，逢大风，几不能渡。上问博士曰："湘君何神？"对曰："闻之：尧女，舜之妻，葬此。"始皇大怒，使刑徒三千人皆伐湘山树，赭其山②。遂自南郡由武关归。

〔注释〕

①泗(sì)水:古水名,又名清水、清泗。《史记·夏本纪·正义》:“泗水源出兖州泗水县东陪尾山,其源四道,因以为名。”源出今山东泗水蒙山南麓,西南流,在山东鱼台东转东南,经江苏徐州市大致循黄河故道至淮安市西南入淮河。金朝后徐州以下河道为黄河所夺。元朝以后仅称今山东济宁市南鲁镇以上河段为泗水。

②赭(zhě):赤裸,光秃。

〔译文〕

始皇帝还归咸阳途中经过彭城,举行斋戒,祈祷祭祀,想要打捞沉没在泗水中的周鼎。派遣上千人潜入泗水寻找,结果毫无所得。于是,始皇又向西南渡过淮水,到达衡山、南郡。再泛舟长江,达到湘山,祭祀湘君,适逢大风,几乎不能渡过湘水。始皇问博士道:“湘君是什么神仙啊?”博士回答:“听说是尧帝的女儿,舜帝的妻子,死后就葬在这里。”始皇大怒,令三千名被判刑服劳役的罪犯将湘山的树木砍伐殆尽,裸露出土壤和石块。然后从南郡经武关返回咸阳。

# 汉 纪

## 鸿门宴

〔题解〕

此篇选自《汉纪》一。秦末，诸雄并起，逐鹿天下的主要是项羽和刘邦两支武装力量。公元前206年，刘邦先入关灭秦，进驻咸阳，并派兵守函谷关，以拒项羽西进。项羽率四十万大军至，破函谷关，进驻鸿门，准备袭击刘邦。刘邦因势力悬殊，采纳张良建议，结交项羽叔父项伯，请予调解，以作缓兵计，并亲至鸿门会见项羽。在宴会上，项羽谋士范增令项庄舞剑，欲刺杀刘邦。项伯急拔剑起舞，以身掩护，后刘邦部将樊哙带剑执盾闯入卫护，刘邦得以脱险。这就是在中国历史上赫赫有名的鸿门宴。

冬，十月，沛公至霸上①。秦王子婴素车、白马②，系颈以组，封皇帝玺、符、节③，降轵道旁④。诸将或言诛秦王。沛公曰："始怀王遣我⑤，固以能宽容。且人已降，杀之不祥。"乃以属吏。

〔注释〕

①沛公：汉高祖刘邦，沛人，字季，西汉建立者。秦末为泗水亭长。秦

二世元年(前209)陈胜起义,刘邦起兵响应,称沛公。初属项梁,与项羽所部并为反秦主力。汉王元年(前206),攻占咸阳,秦王子婴降,约法三章,除秦苛法。项羽入关,大封诸侯王,邦为汉王。不久与项羽战,汉王五年(前202)战胜项羽,即皇帝位,建立汉朝。汉承秦制,中央集权。先后讨灭韩信、彭越、英布等异姓诸侯王,迁豪强于关中。重本抑末,发展农业而抑制商贾。以秦律为依据,制定汉律九章。在位八年。霸上:又作灞上、霸头,在今陕西西安市东,因地处霸水西高原上,故名。王翦伐荆,秦始皇自送至灞上,即此。刘邦率部经此攻咸阳。

②子婴:始皇孙。公元前207年,赵高逼杀秦二世,去秦帝号,被立为秦王。子婴与二子诛杀赵高,即位四十六日,刘邦率兵入关,投降刘邦,不久为项羽所杀。

③玺:印,自秦代以后专指帝王的印。符:古代朝廷传达命令或征调兵将用的凭证。节:古代出使外国所持的凭证。

④轵(zhǐ)道:亭名,在陕西西安市东北。

⑤怀王:秦末人,熊氏,名心,战国时楚怀王熊槐孙。秦灭楚后,在民间为人牧羊。秦二世元年(前209),项梁起事,被拥立为楚王,都盱台。项梁死,秦军大至,迁都彭城。曾与诸将约,攻秦先入关者为王。刘邦先入关,怀王欲如约。项羽怒,自立为西楚霸王,而尊怀王为义帝,徙长沙,阴令衡山王吴芮等追杀于江中。

**〔译文〕**

冬季,十月,刘邦率军抵达霸上。秦王子婴乘素车、驾白马,颈上系着绳子以示自己该服罪自杀,手捧封好的皇帝玉玺和符节,伏在轵道亭旁向刘邦投降。众将领中有人主张杀掉秦王。刘邦说:"当初怀王之所以派我前来,原本就是因为认定我能宽容人。况且人家已经降服了,还要杀人家,这样做是不吉利的。"于是便将秦王子婴交给了主管官员处置。

贾谊论曰[①]：秦以区区之地致万乘之权，招八州而朝同列[②]，百有余年，然后以六合为家[③]，殽、函为宫。一夫作难而七庙堕，身死人手，为天下笑者，何也？仁谊不施而攻守之势异也。

〔注释〕

①贾谊：西汉河南洛阳人。年十八，即以文才出名。年二十余，文帝召为博士，迁太中大夫。数上疏，言时弊，为大臣周勃、灌婴等所毁，贬为长沙王太傅，迁梁怀王太傅。曾多次上书，主张重农抑商，建议削弱诸侯王势力。以怀才不遇，忧郁而死。所著政论《陈政事疏》《过秦论》等，为西汉鸿文。世称贾太傅，又称贾长沙，亦称贾生。有《新书》《贾长沙集》。

②八州：指中国全土。我国自古有九州之称，自京畿而言，则为八州。

③六合：天下，人世间。

〔译文〕

贾谊论曰：秦国凭借一隅之地发展到握有万乘大国的权势，控制八州之地，使与秦地位相等的六国诸侯来朝拜，已经一百多年了，然后以天下为家，以崤山、函谷关为宫。但是，一人发难便使七座宗庙被毁，自身终死于他人之手，令普天下的人讥笑，为什么呀？是由于不施仁义，而使攻守的形势发生了变化啊！

沛公西入咸阳，诸将皆争走金帛财物之府分之；萧何独先入收秦丞相府图籍藏之[①]，以此沛公得具知天下厄塞、户口多少、强弱之处[②]。沛公见秦宫室、帷帐、狗马、重宝、妇女以千数，意欲留居之。樊哙谏曰[③]："沛公欲有天下耶，将为富家翁耶？凡此奢丽之物，皆秦所以亡也，沛公何用焉！愿急还霸上，无留宫中！”沛公不听。张良曰[④]：“秦为无道，故沛公得至此。夫为天下除残贼，宜缟素为资[⑤]。今始入秦，即安其乐，此所谓‘助桀所虐’[⑥]。且忠言逆耳利于行，毒药苦口利于病，愿沛公听樊哙言！”沛公乃还军霸上。

〔注释〕

①萧何：西汉泗水沛人。初为沛主吏掾，从刘邦入关，独收秦相府律令图书藏之，以是汉知天下关塞险要、郡县户口。刘邦王汉中，以何为丞相。又荐韩信为大将。楚汉相拒，留守关中，转输士卒粮饷，使军中给食不乏。刘邦称帝，论何功第一，封酂侯。后定律令制度，协助高祖消灭陈豨、韩信、黥布等，封相国。高祖死后，事惠帝，病危时荐曹参继相。卒谥文终。有《九章律》，今佚。

②厄塞：险要之地，险阻要塞。

③樊哙：西汉沛人。少以屠狗为业，从刘邦起兵攻秦，屡立战功。入咸阳，在鸿门宴上斥项羽，卫护刘邦得脱身。迁郎中，封临武侯，历骑将、将军。高帝立，从击臧荼、陈豨和韩信，迁左丞相、相国，封舞阳侯。卒谥武。

④张良：西汉沛郡城父人，字子房。祖与父相继为韩相。秦灭韩，良图复韩，募力士于博浪沙狙击始皇未中，遂更姓名。秦二世元年（前209），聚众响应陈胜。后从刘邦，为主要谋士。刘邦率军攻入咸阳，张良与樊哙力劝刘邦闭宫室府库，还军霸上。于鸿门宴上为刘邦解除危难。楚汉战争时，提出不立六国后代，联结英布、彭越，重用韩信等策。又主张追击项羽，歼灭楚军，皆为刘邦所采纳。高帝六年（前201），封留侯。晚好黄老，学辟谷之术。卒谥文成。

⑤缟（gǎo）素：白色丧服。

⑥桀(jié):或作夏桀,夏朝末代君主,名履癸。帝发之子,一说发之弟。为政残暴,荒淫无度。会诸侯于有仍,攻灭有缗氏,诸侯咸叛。商汤乃伐桀,战于鸣条,桀败,死于鸣条。一说,桀奔南巢而死。夏代亡,自禹至桀共十七君。

〔译文〕

刘邦领兵向西攻入咸阳,众将领都争先恐后地奔往秦朝储藏金帛财物的府库瓜分财宝,唯独萧何率先进入秦朝丞相府,将地理图册、文书、户籍簿等档案收藏起来,刘邦借此全面了解了天下的山川要塞、户口的多少及财力物力强弱的分布。刘邦看到秦王朝的宫室、帷帐、名种狗马、贵重宝器和宫女数以千计,便想留下来在皇宫中居住。樊哙劝谏说:“您是想拥有天下,还是只想做一个富翁啊?这些奢侈华丽之物,都是招致秦朝覆灭的东西,您要它们有什么用呀!望您尽快返回霸上,不要滞留在宫里!”刘邦不听。张良说:“秦朝因为不施行仁政,所以您才能够来到这里。而为天下人铲除残民之贼,应如同丧服在身,把抚慰人民作为根本。现在刚刚进入秦的都城,就要安享其乐,这即是人们所说的‘助桀为虐’了。况且忠言逆耳利于行,良药苦口利于病,望您能听取樊哙的劝告!”刘邦于是率军返回霸上。

十一月,沛公悉召诸县父老、豪杰,谓曰:“父老苦秦苛法久矣!吾与诸侯约,先入关者王之;吾当王关中。与父老约,法三章耳:杀人者死,伤人及盗抵罪。余悉除去秦法,诸吏民皆案堵如故①。凡吾所以来,为父老除害,非有所侵暴;无恐!且吾所以还军霸上,待诸侯至而定约束耳。”乃使人与秦吏行县、乡、邑,告谕之。秦民大喜，争持牛、羊、酒食献飨军士。沛公又让不受，曰："仓粟多，非乏，不欲费民。"民又益喜，唯恐沛公不为秦王。

〔注释〕

①案堵：安居，安定有序。案，通"安"。

〔译文〕

十一月，刘邦将各县的父老和有声望的人全都召集起来，对他们说："乡亲们苦于秦朝严刑苛法已经很久了！我与各路诸侯约定，先入关中的人就在此地称王；据此我就应该在关中称王了。现在与父老们约法三章：杀人者处死，伤人者和抢劫者抵罪。其余秦朝的法律统统废除，众官吏和百姓都照旧安定不动。我之所以到这里来，就是为了替父老们除害，而不是来欺凌你们的；请你们不必害怕！我之所以领兵回驻霸上，就为了等各路诸侯到来后订立一个约束大家行为的规章制度。"随即派人和秦朝的旧官吏一起巡行各县、乡、城镇，向人们讲明道理。秦地的百姓都非常欢喜，争相拿着牛、羊、酒食来慰问款待刘邦的官兵。刘邦又辞让不肯接受，说道："仓库中的粮食还很多，并不缺乏，不想让百姓们破费。"百姓们于是更加高兴，唯恐刘邦不在秦地称王。

项羽既定河北①，率诸侯兵欲西入关。先是，诸侯吏卒、繇使、屯戍过秦中者②，秦中吏卒遇之多无状。及章邯以秦军降诸侯③，诸侯吏卒乘胜多奴虏使之，轻折辱秦吏卒。秦吏卒多怨，窃言曰："章将军等诈吾属降诸侯。今能入关破秦，大善；即不能，诸侯虏吾属而东，秦又尽诛吾父母妻子，奈何？”诸将微闻其计，以告项羽。项羽召黥布、蒲将军计曰[④]：“秦吏卒尚众，其心不服；至关不听，事必危。不如击杀之，而独与章邯、长史欣、都尉翳入秦[⑤]。”于是楚军夜击坑秦卒二十余万人新安城南。

〔注释〕

①项羽：名籍，秦朝下相（今江苏宿迁）人，出身战国时楚国贵族。初与其叔避仇隐居吴中，公元前209年，从叔父项梁在吴起义，渡江西进击秦。项梁死后，项羽继续率其起义军战斗。秦将章邯围赵，楚怀王任宋义为上将军，任项羽为次将率兵救赵，军至安阳，宋义观望逗留，项羽杀宋义，率军渡漳水北进，在巨鹿摧毁秦军主力。秦亡后，项羽自立为西楚霸王，并分封十八诸侯王。后与刘邦争夺统治权，双方进行了长达四年的战争，最后在垓下被刘邦打败，突围至乌江自杀。

②繇（yáo）使：繇通“徭”。繇使一般认为是黔首百姓或奴婢和服刑之人服徭役。但是，秦汉时期兴繇和发繇的对象，并不仅仅是这些人，而且包括各级官吏，这些官吏的“繇使”并不是一种劳役或苦役，而只是一份差事而已。

③章邯（hán）：秦人，字少荣。二世时任少府。陈胜、吴广起事，奉命率骊山徒卒镇压，击杀周文。又与司马欣等破陈胜、项梁，屠杀甚众。二世三年（前207），在巨鹿为项羽所败，遂降。从羽入关，立为雍王。楚汉战争中，随项羽攻刘邦，兵败自杀。

④黥（qíng）布：英布，西汉六安人。坐法黥面，亦称黥布。秦末率众附番君，后依项梁。梁死，复属项羽。每战，常以少胜多。从项羽入关，封九江王。曾奉项羽命与衡山王吴芮击杀义帝。楚汉战争中，汉遣随何说布归汉，封淮南王。从刘邦击灭项羽于垓下。后以韩信、彭越见诛，惧，举

兵反，高祖讨破之。兵败逃江南，为长沙王诱杀。蒲将军：名不详，秦末陈胜起义时，他在江淮地区聚众响应，后率兵归属项梁。梁死，随属项羽，以骁勇著称。楚怀王派兵北上救赵，他随项羽北上，和英布同任先锋，共率二万人渡河驰援巨鹿，于巨鹿大败秦军。后又引兵渡三户大破章邯秦军，迫使章邯投降。

⑤欣：司马欣，秦末人。本栎阳狱掾，后为秦将章邯长史。随邯击陈胜，破项梁，又围赵于巨鹿。事急，请救于咸阳，赵高不见。还报邯，以为秦事不可为，乃与项羽盟而降，项羽封欣为塞王。汉王刘邦击三秦，欣降而复叛。后从楚大司马曹咎守荥阳，汉大破楚军于成皋，欣自杀。翳（yì）：董翳，秦朝将领。公元前209年陈胜起义后，秦二世任他为都尉，随秦将章邯率兵镇压起义军。次年，项羽在巨鹿击败秦军，他劝章邯投降，并随项羽入关，被封为翟王，都上郡。刘邦进兵关中平定三秦，投降刘邦。后汉军败于彭城，他与塞王司马欣又离汉降楚。

〔译文〕

项羽已经平定了黄河以北的地区，率领各路诸侯军想向西进入关中。在此之前，诸侯军中的官兵有的曾因服徭役或屯戍经过关中一带，秦地的官兵对待他们都很无礼。待到章邯率秦军投降了诸侯军后，诸侯军的官兵便凭借胜势，把秦军官兵多当作奴隶和俘虏来使唤，随便侮辱秦军官兵。秦军官兵大多因此而生出怨恨，私下里议论说："章将军等人骗咱们投降诸侯军，如若能进入关中击灭秦朝，当是大好事；倘若不能，诸侯军将劫持咱们到东方去，秦朝一定会尽杀咱们的父母妻子儿女，那可怎么办啊？"诸侯军的将领们暗中查听到了这些议论，报告给项羽。项羽于是召集黥布、蒲将军商量说："目前军中秦朝投降的官兵还很多，他们内心并不顺服，如果到了函谷关不听从调遣，情势必会危急。所以不如将他们击杀掉，只与章邯、长史司马欣、都尉董翳等进入秦地。”于是楚军便于夜晚在新安城南面袭击活埋了秦兵二十余万人。

或说沛公曰:“秦富十倍天下,地形强。闻项羽号章邯为雍王,王关中。今则来,沛公恐不得有此。可急使兵守函谷关,无内诸侯军[①];稍征关中兵以自益,距之[②]。”沛公然其计,从之。

〔注释〕

①内:通“纳”,收入,接受。

②距:通“拒”,抵御,抵抗。

〔译文〕

有人劝说刘邦道:“关中地区比天下其他地方要富足十倍,而且地势险要。听说项羽封章邯为雍王,让他在关中称王。现在如果他来了,您恐怕就不能占据这个地方了。可以火速派兵把守函谷关,不让诸侯军进来;并逐步征召关中兵,以此增加自己的实力,抵御他们。”刘邦认为此计可行,就照着办了。

已而项羽至关,关门闭。闻沛公已定关中,大怒,使黥布等攻破函谷关。十二月,项羽进至戏[①]。沛公左司马曹无伤使人言项羽曰[②]:“沛公欲王关中,令子婴为相,珍宝尽有之。”欲以求封。项羽大怒,飨士卒,期旦日击沛公军。当是时,项羽兵四十万,号百万,在新丰鸿门[③];沛公兵十万,号二十万,在霸上。

〔注释〕

①戏:古邑名,在今陕西西安临潼区东北戏水西岸。

②曹无伤:名或作毋伤,秦末人。刘邦为沛公时,任左司马。

③鸿门:在陕西西安临潼区骊山镇东鸿门堡村,东接戏水,南靠高原,北临渭河。两千多年前,这里是通往古新丰的大道,由于雨水冲刷,形似鸿沟,在北端出口处,形似门道,故称鸿门。

〔译文〕

不久,项羽到达函谷关,但是关门紧闭。项羽听说刘邦已经平定了关中,勃然大怒,派黥布等人攻破了函谷关。十二月,项羽进军至戏。刘邦的左司马曹无伤派人告诉项羽说:“沛公想要在关中称王,任秦王子婴为相,奇珍异宝全都占有了。”企图借此求得项羽的封赏。项羽闻言怒不可遏,就让士兵们饱餐一顿,打算次日攻打刘邦的军队。当此之时,项羽拥兵四十万,号称百万大军,驻扎在新丰县的鸿门;刘邦拥兵十万,号称二十万,驻军霸上。

范增说项羽曰①:“沛公居山东时,贪财,好色;今入关,财物无所取,妇女无所幸,此其志不在小。吾令人望其气②,皆为龙虎,成五采,此天子气也。急击勿失!”

〔注释〕

①范增:秦末居鄛(cháo)人。善计谋,秦末农民起事时,劝项梁立楚国贵族后裔以广号召。梁死,属项羽,为羽主要谋士。使羽称霸诸侯,被尊称“亚父”。曾屡劝羽杀刘邦,羽不听。后刘邦使反间计,增为羽所疑,削职夺权,愤而离去,疽发背,卒于途。

②望其气：观气，古代方士的一种占候术，观察云气以预测吉凶。这里是指范增使人观察刘邦的气象。

〔译文〕

范增劝项羽说："刘邦住在崤山之东时，贪财而又好色；现今入关，却不搜取财物，不宠幸女色，这表明他的志向不小。我曾命人观望他那边的云气，都显示出龙虎的形状，出现五彩，这是天子之气啊！应该赶快进攻他，不要错过了时机！"

楚左尹项伯者[①]，项羽季父也，素善张良，乃夜驰之沛公军，私见张良，具告以事，欲呼与俱去，曰："毋俱死也！"张良曰："臣为韩王送沛公；沛公今有急，亡去，不义，不可不语。"良乃入，具告沛公。沛公大惊，良曰："料公士卒足以当项羽乎？"沛公默然曰："固不如也。且为之奈何？"张良曰："请往谓项伯，言沛公之不敢叛也。"沛公曰："君安与项伯有故？"张良曰："秦时与臣游，尝杀人，臣活之。今事有急，故幸来告良。"沛公曰："孰与君少长？"良曰："长于臣。"沛公曰："君为我呼入，吾得兄事之。"张良出，固要项伯；项伯即入见沛公。沛公奉卮酒为寿[②]，约为婚姻，曰："吾入关，秋毫不敢有所近，籍吏民，封府库而待将军。所以遣将守关者，备他盗之出入与非常也。日夜望将军至，岂敢反乎！愿伯具言臣之不敢倍德也。"项伯许诺，谓沛公曰："旦日不可不蚤自来谢[③]。"沛公曰："诺。"于是项伯复夜去，至军中，具以沛公言报项羽；因言曰："沛公不先破关中，公岂敢入乎！今人有大功而击之，不义也；不如因善遇之。”项羽许诺。

〔注释〕

①项伯：秦末下相人，名缠，字伯，项羽叔父。曾犯罪，得张良救。从项羽起兵击秦，为楚左令尹。刘邦入咸阳后，项羽驻鸿门，与范增定计击刘邦。伯夜驰告张良，并在项羽前为刘邦解脱。鸿门宴上，项庄舞剑，欲杀刘邦，伯亦舞剑，以身翼蔽刘邦，邦得免。高祖七年（前200）封射阳侯，赐姓刘氏。

②卮（zhī）：古代盛酒的器皿。

③蚤（zǎo）：通“早”。

〔译文〕

楚国的左尹项伯是项羽的叔父，向来与张良要好，便连夜驰马到刘邦军中，私下里会见张良，将这些事情非常详细地对他说了，想要叫张良同他一起离开，说道：“不要跟刘邦一块儿死啊！”张良说：“我为韩王伴送沛公，如今沛公遇有急难，我却逃走了，这是不义的行为，我不能不告诉他。”于是张良进见，将项伯的话全部告诉了刘邦。刘邦大吃一惊，张良问道：“您估计一下您的兵力足以抵挡项羽吗？”刘邦沉默了一会儿道：“的确是不如他呀。这可该怎么办呢？”张良说：“请前去告诉项伯，说您是绝不敢背叛项羽的。”刘邦道：“您是怎么与项伯成为故交的啊？”张良说：“在秦的时候，项伯与我有交往，他曾经杀过人，我救了他。现在事情紧急，所以还幸亏他前来告诉我。”刘邦说：“他与你谁大谁小？”张良道：“他比我大。”刘邦说：“您替我唤他进来，我要把他当作兄长来对待。”张良于是出去，坚决邀项伯入内；项伯便进去与刘邦相见。刘邦手捧酒杯向项伯敬酒祝福，并与他约定结为亲家,说:“我进入关中,连毫毛般微小的东西都不敢沾边,只是登记官民,封存府库,等待着项羽将军的到来。之所以派将领把守函谷关,是为了防备有其他盗贼出入和有非常情况发生。我日日夜夜盼望着将军驾临,哪里敢谋反啊!望您能把我不敢忘恩负义的情况详尽地反映给项将军。”项伯答应了,对刘邦说:“你明日不可不早些来亲自向项王道歉啊。”刘邦说:“好吧。”项伯于是当夜就赶了回去,到达军营后,将刘邦的话一五一十地报告给项羽;并趁机道:“要不是刘邦先攻下关中,您又怎么敢进来呀!如今人家建立了大功却还要去攻打人家,是不义的。不如就因此好好地对待他。”项羽同意了。

沛公旦日从百余骑来见项羽鸿门,谢曰:“臣与将军戮力而攻秦,将军战河北,臣战河南;不自意能先入关破秦,得复见将军于此。今者有小人之言,令将军与臣有隙。”项羽曰:“此沛公左司马曹无伤言之;不然,籍何以至此!”项羽因留沛公与饮。范增数目项羽,举所佩玉玦以示之者三①;项羽默然不应。范增起,出,召项庄,谓曰:“君王为人不忍。若入前为寿,寿毕,请以剑舞,因击沛公于坐,杀之。不者,若属皆且为所虏!”庄则入为寿,寿毕,曰:“军中无以为乐,请以剑舞。”项羽曰:“诺。”项庄拔剑起舞。项伯亦拔剑起舞,常以身翼蔽沛公,庄不得击。

〔注释〕

①玉玦(jué):佩玉的一种,形如环而有缺口。“玦”“决”同音,故古人

每用“玉玦”表示决断或决绝之意。

〔译文〕

第二天，刘邦带领一百多骑随从人员到鸿门来见项羽，道歉说：“我与将军您合力攻秦，您在黄河以北作战，我在黄河以南战斗；没料到自己能先进入关中破秦，得以在这里与您又相见。如今有小人谗言，使您和我之间产生了隔阂。”项羽道：“这是您的左司马曹无伤散布的流言；不然的话，我何至于如此啊！”项羽于是就留刘邦与他一起喝酒。范增频频向项羽递眼色，并多次举起他所佩戴的玉玦暗示项羽杀刘邦，项羽却只是默然不语，毫无反应。范增便起身出去招呼项庄，对他说：“项王为人心慈手软，还是你进去上前给刘邦敬酒，敬完酒，你就请求表演舞剑，然后乘势在座席上袭击刘邦，杀了他。不然的话，我们这些人都将成为他的阶下囚了！”项庄即入内为刘邦祝酒，敬完酒后，项庄道：“军营中没有什么可用来取乐的，就请让我来为你们舞剑助兴吧。”项羽说：“好哇。”项庄于是拔剑起舞。项伯见状也起身拔剑起舞，并时时用身子遮护刘邦，使得项庄无法行刺。

于是张良至军门见樊哙。哙曰：“今日之事何如？”良曰：“今项庄拔剑舞，其意常在沛公也。”哙曰：“此迫矣，臣请入，与之同命！”哙即带剑拥盾入。军门卫士欲止不内，樊哙侧其盾以撞，卫士仆地。遂入，披帷立，瞋目视项羽，头发上指，目眦尽裂[①]。项羽按剑而跽曰[②]：“客何为者？”张良曰：“沛公之参乘樊哙也。”项羽曰：“壮士！赐之卮酒！”则与斗卮酒。哙拜谢，起，立而饮之。项羽曰:“赐之彘肩[3]!”则与一生彘肩。樊哙覆其盾于地,加彘肩其上,拔剑切而啖之[4]。项羽曰:“壮士复能饮乎?”樊哙曰:“臣死且不避,卮酒安足辞!夫秦有虎狼之心,杀人如不能举,刑人如恐不胜;天下皆叛之。怀王与诸将约曰:‘先破秦入咸阳者,王之。’今沛公先破秦,入咸阳,毫毛不敢有所近,还军霸上以待将军。劳苦而功高如此,未有封爵之赏,而听细人之说,欲诛有功之人。此亡秦之续耳,窃为将军不取也!”项羽未有以应,曰:“坐!”樊哙从良坐。

〔注释〕

①眦(zì):眼角,上下眼睑的接合处,靠近鼻子的称“内眦”,靠近两鬓的称“外眦”。眦裂:形容愤怒到极点。

②跽(jì):长跪,挺直上身两膝着地。

③彘(zhì):猪。

④啖(dàn):吃或给人吃。

〔译文〕

这时张良来到军营的门口见樊哙。樊哙说:“今天的事情怎么样了?”张良说:“现在项庄拔剑起舞,他的用意却常在沛公身上啊。”樊哙道:“事情紧迫了,我请求进去,与他拼命!”樊哙随即带剑持盾闯入军门。军门的卫士想要阻止他进去,樊哙就侧过盾牌一撞,卫士扑倒在地。樊哙于是入内,掀开帷帐站立在那里,怒目瞪着项羽,头发直竖,两边的眼角都睁裂开了。项羽手按剑,跪起身,说道:“来客是干什么的?”张良说:“是沛公的陪乘卫士樊哙。”项羽道:“真是壮士啊!赐给他一杯酒喝!”左右的侍从即给了他一大杯酒。樊哙拜谢后,起身站着一饮而尽。项羽说:"再赐给他猪腿吃!"侍从们便又拿给他一条生猪腿。樊哙将他的盾牌倒扣在地上,把猪腿放在上面,拔出剑来切了切就大口地吃了。项羽说:"壮士,你还能再喝酒吗?"樊哙道:"我连死都不怕,一杯酒难道还值得我推辞吗!秦王的心肠狠如虎狼,杀人唯恐杀不完,用刑惩罚人唯恐用不够,致使天下的人都起而反叛他。怀王曾与各路将领约定说:'先打败秦军进入咸阳城的人,在关中为王。'现在沛公最先击溃秦军,进入咸阳,毫毛般微小的东西都不敢触动,就率军返回霸上等待您的到来。这样劳苦功高,您非但不给予封地、爵位的奖赏,还听信小人的谗言,要杀有功之人。这是在重蹈秦朝灭亡的覆辙呀,我私下认为您的这种做法是不可取的!"项羽无话可答,就说:"坐吧。"樊哙于是在张良的身边坐下了。

坐须臾,沛公起如厕,因招樊哙出。沛公曰:"今者出,未辞也,为之奈何?"樊哙曰:"如今人方为刀俎①,我方为鱼肉,何辞为!"于是遂去。鸿门去霸上四十里,沛公则置车骑,脱身独骑;樊哙、夏侯婴、靳强、纪信等四人持剑、盾步走②,从骊山下道芷阳③,间行趣霸上④。留张良使谢项羽,以白璧献羽,玉斗与亚父。沛公谓良曰:"从此道至吾军,不过二十里耳。度我至军中,公乃入。"沛公已去,间至军中,张良入谢曰:"沛公不胜杯杓⑤,不能辞,谨使臣良奉白璧一双,再拜献将军足下;玉斗一双,再拜奉亚父足下。"项羽曰:"沛公安在?"良曰:"闻将军有意督过之,脱身独去,已至军矣。"项羽则受璧，置之坐上。亚父受玉斗，置之地，拔剑撞而破之，曰："唉，竖子不足与谋！夺将军天下者，必沛公也。吾属今为之虏矣！"沛公至军，立诛杀曹无伤。

〔注释〕

①俎（zǔ）：切肉或切菜时垫在下面的砧板。

②夏侯婴：秦末汉初沛县（今属江苏）人。少与刘邦相善，曾任沛县司御。从刘邦起义，转战各地，任太仆。汉朝建立，封汝阴侯。惠帝、吕后时，仍任太仆。吕后死，迎立文帝，复为太仆。因曾任滕令奉车，时人称为滕公。靳强：刘邦部属，因攻打项籍有功，后封汾阳侯。纪信：西汉人。楚汉战争中，事汉王为将军。项羽围困荥阳，汉王危急，信伪装汉王出东门降楚，使汉王得从西门遁走。项羽怒，烧杀之。

③芷（zhǐ）阳：战国秦邑，在今陕西西安市东。

④趣（cù）：古同"促"，催促，急促。

⑤杓（sháo）：同"勺"。

〔译文〕

坐了片刻，刘邦起身去上厕所，趁机招呼樊哙出来。刘邦说："我现在出来，没有告辞，怎么办啊？"樊哙道："现在人家正好比是屠刀和砧板，我们则是鱼肉，还告什么辞啊！"于是就这么走了。鸿门相距霸上四十里，刘邦留下车马，抽身独自骑马而行，樊哙、夏侯婴、靳强、纪信四人手拿剑和盾牌，跑步相随，从骊山下，取道芷阳，抄小路急促地奔向霸上。留下张良，让他向项羽辞谢，将白璧敬献给项羽，大玉杯给亚父范增。刘邦临行前对张良说："从这条路到我们的军营，只不过二十里地。您估计着我已经抵达军中时，再进去。"刘邦已走，抄小道回到军营，张良方才进去告罪说："沛公不胜酒力，无法来告辞，谨派臣张良捧上白璧一双，恭敬地献给将军您；大玉杯一双，恭敬地呈给亚父。”项羽说：“沛公现在哪里呀？”张良道：“他听说您有要责备他的意思，便抽身独自离去，现在已经回到军中了。”项羽就接受了白璧，放到座席上。亚父范增接受玉杯后搁在地上，拔剑击碎了它们，说：“唉，这小子不值得与他共谋大业！夺取项将军天下的人，必定是刘邦。我们这些人眼看着就要成为他的俘虏了！”刘邦到达军中，立即杀掉了曹无伤。

居数日，项羽引兵西，屠咸阳，杀秦降王子婴，烧秦宫室，火三月不灭；收其货宝、妇女而东。秦民大失望。

韩生说项羽曰[①]：“关中阻山带河，四塞之地，地肥饶，可都以霸。”项羽见秦宫室皆已烧残破，又心思东归，曰：“富贵不归故乡，如衣绣夜行，谁知之者！”韩生退曰：“人言楚人沐猴而冠耳，果然！”项羽闻之，烹韩生[②]。

〔注释〕

①韩生：秦朝人，项羽进入咸阳后，投项羽，为其谋臣。

②烹：古代的一种酷刑，用鼎镬烹煮罪人。

〔译文〕

过了几天，项羽领兵西进，洗劫屠戮咸阳城，杀了已投降的秦王子婴，放火焚烧秦朝宫室，大火燃烧三个月不熄；随即带着搜取来的金银财宝和妇女向东而去。秦地的百姓因此大失所望。

韩生劝说项羽道：“关中有山川河流作为屏障，是四面都有险要可守的地方，土地肥沃，可以在此建都称霸。”项羽一方面看到秦王朝的宫室都已焚烧得残破不堪，另一方面又惦记着返回东方的家乡，便说：“富贵了而不归故乡，就如同身穿锦绣华服在夜间行走，谁能看得到啊！”韩生退下去后说道：“人家说项羽像是猴子洗完头发戴上人的帽子，果然如此！”项羽听到这话后，将韩生烹煮而死。

## 苏武牧羊

〔题解〕

此篇选自《汉纪》十三、十五。苏武是西汉京兆杜陵人，字子卿。其父苏建以校尉从大将军卫青击匈奴贵族，有功封平陵侯。以将军驻防于朔方。后又以卫尉为游击将军，从卫青出朔方击匈奴。次年，以右将军再从卫青出定襄击匈奴，亡失翕侯赵信，当斩，赎为庶人。以后又任代郡太守，卒于官。苏武以父任为郎，稍迁移中监。天汉元年(前100)以中郎将出使匈奴，以事被扣。匈奴单于威胁诱降，幽置大窖中，绝饮食，嚼雪吞旃毛，坚贞不屈。被迁至北海边，持汉节牧羊十九年。昭帝始元六年(前81)，匈奴与汉和亲，获释回朝，拜为典属国。昭帝死，武以参与议立宣帝，赐爵关内侯。年八十余病卒。苏武去世后，汉宣帝将其列为麒麟阁十一功臣之一，彰显其爱国忠贞的节操。

上嘉匈奴单于之义，遣中郎将苏武送匈奴使留在汉者，因厚赂单于[①]，答其善意。武与副中郎将张胜及假吏常惠等俱[②]，既至匈奴，置币遗单于。单于益骄，非汉所望也。

会缑王与长水虞常等及卫律所将降者[③]，阴相与谋劫单于母阏氏归汉[④]。卫律者，父故长水胡人。律善协律都尉李延年[⑤]，延年荐言律使于匈奴，使还，闻延年家收，遂亡降匈奴。单于爱之，与谋国事，立为丁灵王。虞常在汉时素与副张胜相知，私候胜曰："闻汉天子甚怨卫律，常能为汉伏弩射杀之。吾母、弟在汉，幸蒙其赏赐。"张胜许之，以货物与常。后月余，单于出猎，独阏氏、子弟在，虞常等七十余人欲发，其一人夜亡告之。单于子弟发兵与战，缑王等皆死，虞常生得。

〔注释〕

①赂(lù)：赠送财物。

②张胜：西汉人。武帝时为副中郎将。天汉初以副使从苏武使匈奴。会缑王与虞常谋反匈奴，胜因参预其事，事败，被执，遂降匈奴。假吏：权宜委以差事的吏员。常惠：西汉太原人。少时家贫，自请应募随苏武出使匈奴，被一同拘留十余年。昭帝时返国，任光禄大夫。宣帝立，匈奴与车师共侵乌孙，解忧公主上书求救。本始二年(前72)，汉调发大军十五万，次年由赵充国等五将军率领分道出击。他以校尉，持节护乌孙兵五万骑配合汉兵击匈奴，大胜，以功封长罗侯。后奉命返赐乌孙，相机调发西域各国兵攻龟兹，斩姑翼而返。旋任典属国、右将军。

③缑(gōu)王：匈奴浑邪王姐姐的儿子，与浑邪王一起归降了汉朝。虞常：西汉京兆长水人。后潜入匈奴，与缑王谋劫单于母阏氏归汉，并欲射杀降匈奴者卫律，事泄被斩。卫律：西汉人。父本长水胡人，律生长于汉。武帝时，与协律都尉李延年善。以延年荐，出使匈奴。使还，会延年家被收，惧并诛而逃降匈奴。匈奴重用之，以为丁灵王。苏武使匈奴被

拘，律往说降，被斥骂。又谗杀汉降将李广利。昭帝时，死于匈奴。

④阏氏（yānzhī）：汉代匈奴单于、诸王妻的统称。

⑤李延年：西汉中山人。乐工出身，父母兄弟亦皆为乐工。因犯法被处腐刑，供事于狗监。善歌，又善创造新声。其妹得幸武帝，称李夫人，他被任为协律都尉，宠幸与韩嫣相等。曾为《汉郊祀歌》十九章配乐，又作新声二十八解。李夫人死后，其弟犯罪，被族诛。

〔译文〕

汉武赞许匈奴单于的义举，派中郎将苏武将留在汉朝的匈奴使臣送回匈奴，顺便携带厚礼，答谢匈奴单于的好意。苏武与副使中郎将张胜及暂时充任使团官吏的常惠等一同前往，到达匈奴后，将礼品送给单于。单于却更加骄横，不是汉朝原来所希望的样子。

正在此时，曾经归降过汉朝的匈奴缑王和长水人虞常，以及卫律所率领的投降匈奴的原汉朝人暗中商议，企图劫持匈奴单于母亲阏氏回到汉朝。卫律的父亲原是长水地区的匈奴人，卫律本人则因与汉朝的协律都尉李延年关系很好，经李延年推荐，受汉朝派遣出使匈奴。卫律出使归来，听说李延年一家被收捕，便逃到匈奴投降。单于很喜欢他，与他商讨国家大事，封他为丁灵王。虞常在汉朝时一直与副使张胜关系密切，私下拜访张胜时说："听说大汉天子非常怨恨卫律，我可以埋伏弓弩手为汉朝将其射死。我的母亲和弟弟都在汉朝，希望他们能得到赏赐。"张胜答应了虞常的要求，并送给他很多财物。一个多月以后，单于出外打猎，只有他母亲和部分子弟留在王庭。虞常等七十余人正准备发动政变，不料其中一人于夜间逃走，告发了虞常等人的计划。于是单于子弟调兵与虞常等人交战，缑王等全部被杀，虞常被活捉。

单于使卫律治其事。张胜闻之，恐前语发，以状语武。武曰："事如此，此必及我，见犯乃死，重负国。"欲自杀，胜、惠共止之。虞常果引张胜。单于怒，召诸贵人议，欲杀汉使者。左伊秩訾曰①："即谋单于，何以复加！宜皆降之。"单于使卫律召武受辞。武谓惠等："屈节辱命，虽生，何面目以归汉！"引佩刀自刺。卫律惊，自抱持武，驰召医，凿地为坎，置煴火②，覆武其上，蹈其背以出血。武气绝，半日复息。惠等哭，舆归营。单于壮其节，朝夕遣人候问武，而收系张胜。

〔注释〕

①左伊秩訾（zī）：匈奴的王号，有左、右之分。

②煴（yūn）：燃微火的火堆。

〔译文〕

单于派卫律处理此事。张胜听说后，害怕先前与虞常约定之事被查出，便向苏武报告。苏武说："事情发展到这个地步，一定会涉及我，如受到侵犯再死，那就更加辜负国家了。"想要自杀，被张胜、常惠一起阻止。后虞常果然供出张胜，单于大怒，召集贵族们商议，想要杀死汉使。匈奴左伊秩訾王说："谋杀卫律就要处死，如果谋害单于，又应如何加重惩处呢！应让他们全部归降。"单于派卫律传话给苏武。苏武对常惠等人说："如果卑躬屈节，有辱我们的使命，即使活着，又有何面目再回到我们大汉呢！"说完拔出佩刀刺入自己的身体。卫律大吃一惊，一把将苏武抱住，急忙召医生前来，在地上挖了一个土穴，点起炭火，将苏武放在穴上，用脚踩苏武的后背，使淤血流出。苏武气绝，半日才慢慢苏醒。常惠等痛哭着将苏武用车拉回驻地。单于很钦佩苏武的气节，早晚都派人问候，而将张胜逮捕。

武益愈，单于使使晓武，欲降之。会论虞常，欲因此时降武；剑斩虞常已，律曰："汉使张胜谋杀单于近臣，当死，单于募降者赦罪。"举剑欲击之，胜请降。律谓武曰："副有罪，当相坐[1]。"武曰："本无谋，又非亲属，何谓相坐！"复举剑拟之，武不动。律曰："苏君！律前负汉归匈奴，幸蒙大恩赐号称王，拥众数万，马畜弥山，富贵如此！苏君今日降，明日复然；空以身膏草野[2]，谁复知之！"武不应。律曰："君因我降，与君为兄弟；今不听吾计，后虽欲复见我，尚可得乎！"武骂律曰："汝为人臣子，不顾恩义，畔主背亲[3]，为降虏于蛮夷，何以汝为见！且单于信汝，使决人死生，不平心持正，反欲斗两主，观祸败。南越杀汉使者[4]，屠为九郡；宛王杀汉使者[5]，头悬北阙；朝鲜杀汉使者，即时诛灭；独匈奴未耳。若知我不降明，欲令两国相攻，匈奴之祸从我始矣。"律知武终不可胁，白单于。单于愈益欲降之，乃幽武置大窖中，绝不饮食。天雨雪，武卧，啮雪旃毛并咽之[6]，数日不死。匈奴以为神，乃徙武北海上无人处[7]，使牧羝[8]，曰："羝乳乃得归。"别其官属常惠等，各置他所。

〔注释〕

①相坐:旧时一人犯法,其家属、亲友、邻里等连带受处罚。

②膏:脂油,这里指苏武被杀死后身体化为脂油滋润野草。

③畔:古同“叛”。

④南越:国名,秦末赵佗建立,汉武帝元鼎六年灭亡。

⑤宛:大宛,古代西域国名,在中亚西亚。

⑥旃(zhān):同“毡”。

⑦北海:所指因时而异,初为北方远僻地域的泛称,春秋战国时又或指今渤海,秦汉以后凡塞北大泽往往被称为北海。此处指今贝加尔湖。

⑧羝(dī):公羊。

〔译文〕

苏武逐渐痊愈,单于派人来劝谕苏武,想要苏武归降匈奴。正在此时,虞常被定为死罪,便打算借此机会逼苏武投降;用剑斩下虞常的人头之后,卫律说:“汉使张胜想谋杀单于的亲信大臣,其罪当死,单于招募归降,降者赦免。”说完举剑要刺张胜,张胜请求投降。卫律又对苏武说:“副使有罪,你作为正使,应连坐受罚。”苏武回答说:“我本未参与其事,与张胜又没有亲属关系,为什么要连坐受罚?”卫律又举剑做刺杀苏武状,苏武丝毫不动。卫律说:“苏先生!我以前背叛汉朝,归顺匈奴,有幸蒙单于大恩,赐号称王,拥有数万人众,马匹牲畜满山,这样富贵!苏先生如果今日归降,明日就会和我一样,否则白白横尸荒野,又有谁知道呢!”苏武闭口不答。卫律又说:“你要是听我的话,归降匈奴,我与你就如兄弟一般;如今日不听我的建议,以后即使想再见我,还能办得到吗!”苏武骂道:“你身为汉朝臣子,却不顾恩义,背叛君主、亲人,作为投降的俘虏投靠蛮夷异族,我见你干什么！况且单于信任你，让你决定别人的生死，你不但不公平处理，反而想挑动两国君主相互争斗，在一旁坐观成败。南越国杀死汉使，被汉灭掉后变为九郡；大宛王杀死汉使，其人头被悬于长安宫廷北门；朝鲜杀死汉使，立即招来灭国之祸；只有匈奴还没有干过这种事。你明知我不会投降，却想借此挑起两国之间的战争，只怕匈奴的灾难，将会从我开始了。"卫律明白苏武终究不会受他的胁迫，只得禀报单于。单于见苏武如此忠心，越发想争取他归顺，便将苏武囚禁于一个大地窖中，断绝苏武的饮食。当时正下大雪，苏武躺在地上，吞食雪片和衣服上的毡毛，一同咽下，几天后竟然还未死。匈奴人以为有神灵庇护，便将苏武放逐到北海荒无人烟之处，让他放牧一群公羊，并对苏武说："等到公羊能产出羊奶，你就可以回国了。"常惠等使团中不肯投降的官员，也被分别扣留在其他地方。

初，苏武既徙北海上，禀食不至[①]，掘野鼠、去草实而食之[②]。杖汉节牧羊，卧起操持，节旄尽落[③]。武在汉，与李陵俱为侍中[④]；陵降匈奴，不敢求武。久之，单于使陵至海上，为武置酒设乐。因谓武曰："单于闻陵与子卿素厚，故使来说足下，虚心欲相待。终不得归汉，空自苦；亡人之地，信义安所见乎！足下兄弟二人，前皆坐事自杀；来时，太夫人已不幸；子卿妇年少，闻已更嫁矣；独有女弟二人、两女、一男，今复十余年，存亡不可知。人生如朝露，何久自苦如此！陵始降时，忽忽如狂，自痛负汉，加以老母系保宫[⑤]。子卿不欲降，何以过陵！且陛下春秋高，法令无常，大臣无罪夷灭者数十家。安危不可知，子卿尚复谁为乎！”武曰：“武父子无功德，皆为陛下所成就，位列将，爵通侯，兄弟亲近，常愿肝脑涂地。今得杀身自效，虽斧钺、汤镬，诚甘乐之[⑥]！臣事君，犹子事父也；子为父死，无所恨。愿勿复再言！”陵与武饮数日，复曰：“子卿壹听陵言！”武曰：“自分已死久矣，王必欲降武，请毕今日之欢，效死于前！”陵见其至诚，喟然叹曰[⑦]：“嗟乎，义士！陵与卫律之罪上通于天！”因泣下沾衿[⑧]，与武决去。赐武牛羊数十头。

〔注释〕

①稟食：谓官家给食。

②去：通“弆”（jǔ）。收藏，保藏。

③节旄（máo）：旌节上所缀的牦牛尾饰物。

④李陵：西汉陇西成纪人，字少卿，李广孙。善骑射。武帝时为建章监。拜骑都尉，率锐卒五千，教射于酒泉以备胡。天汉二年（前99），贰师将军李广利将三万骑出酒泉击匈奴，使陵为之将辎重。陵请自当一队，遂率步卒五千人出居延，数败匈奴。然匈奴骑多，陵矢尽力竭而降。单于以为右校王，以女妻之。传陵教匈奴用兵，武帝信之，族灭其家。昭帝立，霍光遣使招之，不还。居匈奴二十余年，病死。

⑤保宫：指保宫下属的官署，为拘禁犯罪官吏的监狱。

⑥斧钺（yuè）：亦作“斧戉”（yuè）。斧与钺，泛指兵器，亦泛指刑罚、杀戮。汤镬（huò）：煮着滚水的大锅。古代常做刑具，用来烹煮罪人。

⑦喟（kuì）然：感叹、叹息貌。

⑧沾衿（jīn）：同“沾襟”。

〔译文〕

当初,苏武被匈奴放逐到北海边以后,得不到粮食供给,便挖掘野鼠,收集草籽充饥。他手持汉朝的符节牧羊,无论是睡卧还是起身都带着它,以致节杖上的毛缨都全部脱落了。苏武在汉朝时,与李陵同为侍中;李陵投降匈奴后,不敢求见苏武。过了很长时间,单于派李陵来到北海边,为苏武摆下酒筵,并以乐队助兴。李陵对苏武说:"单于听说我与你向来情深意重,所以派我来劝你,单于愿意对你虚心相待。你终究不能再回汉朝,自己白白在这荒无人烟的地方受苦;你的信义节操,又有谁看到呢!你的两个兄弟,先前已因罪自杀;我来此时,你母亲也已不幸去世;你的夫人年轻,听说已经改嫁别人了;只剩下两个妹妹、两个女儿、一个儿子,如今又过了十几年,是否还在人世,不得而知。人的一生,就像早晨的露水一般短暂,你又何必长久地如此自苦!我刚投降匈奴时,精神恍惚,几乎要发疯,恨自己辜负汉朝,还连累老母被拘禁牢狱。你不愿归降匈奴的心情,怎么会超过我!何况皇上年事已高,法令变化无常,大臣无罪而被抄杀满门的达数十家。安危不可知,你还要这样做是为了谁呢!"苏武说:"我父子本无才德功绩,全靠皇上成就功业,才得以身居高位,与列侯、将军并列,且使我们兄弟得以亲近皇上,所以我常常希望能够肝脑涂地报答皇上的大恩。如今可以杀身报效皇上,即使是斧钺加身、汤锅烹煮,我也心甘情愿!为臣的侍奉君王,就如同儿子侍奉父亲一般;儿子为父亲而死,没有遗憾。希望你不要再说了。"李陵与苏武一连饮酒数日,又劝道:"子卿你再听我一句话。"苏武说:"我自认为必死已经很久了,大王一定要我投降,就请结束今日的欢聚,让我死在你的面前!"李陵见苏武一片至诚，长叹道："唉！你真是义士！我与卫律的罪孽直通天地！"不觉泪湿衣襟，与苏武告别而去。赐给苏武牛羊数十头。

后陵复至北海上，语武以武帝崩①。武南乡号哭欧血②，旦夕临，数月。及壶衍鞮单于立③，母阏氏不正，国内乖离，常恐汉兵袭之，于是卫律为单于谋，与汉和亲。汉使至，求苏武等，匈奴诡言武死。后汉使复至匈奴，常惠私见汉使，教使者谓单于，言："天子射上林中，得雁，足有系帛书，言武等在某泽中。"使者大喜，如惠语以让单于。单于视左右而惊，谢汉使曰："武等实在。"乃归武及马宏等。马宏者，前副光禄大夫王忠使西国，为匈奴所遮；忠战死，马宏生得，亦不肯降。故匈奴归此二人，欲以通善意。于是李陵置酒贺武曰："今足下还归，扬名于匈奴，功显于汉室，虽古竹帛所载④，丹青所画，何以过子卿！陵虽驽怯⑤，令汉贳陵罪⑥，全其老母，使得奋大辱之积志，庶几乎曹柯之盟⑦，此陵宿昔之所不忘也。收族陵家，为世大戮，陵尚复何顾乎！已矣，令子卿知吾心耳！"陵泣下数行，因与武决。

〔注释〕

①崩：封建时代称帝王死为崩。

②乡：通"向"。欧：通"呕"。

③壶衍鞮（dī）单于：西汉时匈奴单于，狐鹿姑单于子。昭帝始元二年（前85）嗣立，年少，左贤王、右谷蠡王不服，不参与每年在龙城举行之祭天

大会,匈奴始衰。其臣卫律谋归苏武等,与汉和亲。卫律死,复侵乌孙,汉发赵充国等五将军率兵十余万骑与乌孙合击之。闻汉兵大出,单于自将万骑击乌孙,归道遇大雪,为丁零、乌桓、乌孙三国乘机攻击,国势益弱。在位十七年卒。

④竹帛:竹简和绢帛。古代初无纸,用竹帛书写文字,引申指书籍、史乘。

⑤驽(nú)怯:愚笨怯弱。

⑥贳(shì):宽纵,赦免。

⑦曹柯之盟:春秋时,齐鲁作战,鲁败,割地求和,与齐相会于柯,盟誓时,鲁将曹沫持匕首胁迫齐桓公归还失地而立下大功的故事。

〔译文〕

后来,李陵又来到北海边,告诉苏武汉武帝已然去世。苏武一连数月,每天早晚面对南方号啕痛哭,甚至吐血。壶衍鞮单于即位后,其母阏氏行为不正,国内分崩离析,常常害怕汉军前来袭击,于是卫律为单于谋划,想要与汉朝和亲。汉使来到匈奴,要求放苏武等人回国,匈奴假称苏武已死。后来汉使又来到匈奴,常惠暗中面见汉使,教使者对单于说:“汉天子在上林苑射猎,射下一只大雁,雁脚上系着一块写字的绸缎,上面说苏武等人在某湖泽之地。”使者大喜,按常惠之言责问单于。单于环视左右侍从,大吃一惊,然后向汉使道歉说:“苏武确实还活着。”这才将苏武及马宏等人放还。马宏先前是汉朝派往西域各国的使者,为光禄大夫王忠的副使,因受到匈奴军队的拦截,王忠战死,马宏被俘,也不肯投降匈奴。所以匈奴这次将苏武、马宏二人放回,是想向汉朝表示他们的善意。于是,李陵摆设酒筵祝贺苏武说:“如今你返回祖国,名声传遍匈奴,功劳显扬于汉朝,即使是古代史书所记载、图画所描画的人物,又有哪个能超过子卿你啊！我虽然愚笨怯懦，假如当年汉朝能宽恕我的罪过，保全我的老母，使我能够忍辱负重，春秋时曹沫劫持齐桓公于柯盟的壮举正是我当时念念不忘的志向。谁知汉朝竟将我满门抄斩，这是当世最残酷的杀戮，我还能再顾念什么呢！如今一切都已过去，现在不过是想让你知道我的心意罢了！”李陵泪流满面，便与苏武告别。

单于召会武官属，前已降及物故，凡随武还者九人。既至京师，诏武奉一太牢谒武帝园庙[①]，拜为典属国[②]，秩中二千石[③]，赐钱二百万，公田二顷，宅一区。武留匈奴凡十九岁，始以强壮出，及还，须发尽白。霍光、上官桀与李陵素善[④]，遣陵故人陇西任立政等三人俱至匈奴招之[⑤]。陵曰：“归易耳，丈夫不能再辱！”遂死于匈奴。

〔注释〕

①太牢：古代祭祀，牛、羊、猪三牲具备谓之太牢。

②典属国：官名，秦始置，西汉因之。掌诸属国归附少数族事务，秩二千石。属官有九译令。武帝时增设诸属国以处内附匈奴，各置都尉，皆隶之，多以熟悉边事者充任。成帝河平元年(前28)省并大鸿胪。北魏复置，其职略同，亦称典属国下大夫。

③秩：古代官吏的俸禄。

④霍光：西汉河东平阳人，字子孟，霍去病异母弟。武帝时，为奉车都尉，甚见亲信。后元二年(前87)，为大司马大将军。昭帝年幼即位，光与桑弘羊等同受武帝遗诏辅政，封博陆侯。昭帝即位，光与上官桀、桑弘羊等争权有隙，后以结交燕王旦谋反罪名，杀桀等，专朝政。昭帝死，迎立昌

邑王刘贺，旋废之而迎立宣帝。前后秉政达二十年，卒谥宣成。上官桀：西汉陇西上邽人，字少叔。少为羽林期门郎，事武帝，迁未央厩令，后为侍中、太仆。帝病，封为左将军，与霍光同受遗诏辅少主。昭帝时，以捕得反者莽何罗封安阳侯。孙女为昭帝皇后。后因与霍光争权，昭帝亲光疏桀，桀遂结交燕王刘旦、盖长公主，谋杀光废帝。事发，族灭。

⑤任立政：字少公，西汉陇西（郡治今甘肃临洮）人。为李陵故交。昭帝即位，霍光、上官桀辅政，均素与陵相善，遣他率使者二人出使匈奴，欲招陵归汉。单于置酒宴使者，陵与卫律侍陪，他数以目示意，阴握陵足，谕其可返汉。后又乘间微言劝之，云汉已大赦，请归故乡。陵恐归再受辱，终不返。

〔译文〕

单于召集当年随苏武前来的汉朝官员及随从，除先前已归降匈奴和去世的以外，共有九人与苏武一同回到汉朝。苏武一行来到长安，汉昭帝诏令苏武用太牢之礼祭拜汉武帝的陵庙，封苏武为典属国，品秩为中二千石，并赏赐苏武钱二百万、公田二顷、住宅一所。苏武被扣留匈奴共十九年，去时正当壮年，归来时头发、胡须全都白了。霍光、上官桀一向都和李陵关系很好，所以特派李陵的旧友陇西人任立政等三人一同前往匈奴劝说李陵回国。李陵对他们说："回去很容易啊，但大丈夫不能两次受辱！"最终老死于匈奴。

## 赤壁之战

〔题解〕

此篇选自《汉纪五十七》。赤壁之战是中国历史上以少胜多的著名战争之一，也是三国时期“三大战役”中最为著名的一场。曹操败袁绍、破乌桓，基本统一北方后，于建安十三年(208)七月，自宛挥师南下，欲先灭刘表，再顺长江东进，击败孙权，以统一天下。九月，曹军进占新野，时刘表已死，其子刘琮不战而降。依附刘表屯兵樊城的刘备仓促率军民南撤。曹操收编刘表部众，号称八十万大军向长江推进。刘备在长坂被曹军大败后，于退军途中派诸葛亮赴柴桑会见孙权，说服孙权结盟抗曹。孙权命周瑜为主将，程普为副将，率三万精锐水军，联合屯驻樊口的刘备军，共约五万人溯长江西进，迎击曹军。十一月，孙刘联军与曹军对峙于赤壁。周瑜采纳部将黄盖所献火攻计，并令其致书曹操诈降，曹操中计。黄盖择时率蒙冲斗舰乘风驶入曹军水寨纵火。曹军船阵被烧，火势延及岸上营寨，孙刘联军乘势出击，曹军死伤过半，遂率部北退，留征南将军曹仁固守江陵。联军乘胜扩大战果，孙刘两军分占荆州要地。赤壁决战，曹操在有利形势下，轻敌自负，指挥失误，终致战败。孙权、刘备在强敌进逼关头，结盟抗战，扬水战之长，巧用火攻，终以弱胜强。此战为日后魏、蜀、吴三国鼎立奠定了基础。

初，鲁肃闻刘表卒[①]，言于孙权曰[②]：“荆州与国邻接，江山险固，沃野万里，士民殷富，若据而有之，此帝王之资也。今刘表新亡[③]，二子不协，军中诸将，各有彼此。刘备天下枭雄[④]，与操有隙[⑤]，寄寓于表，表恶其能而不能用也。若备与彼协心，上下齐同，则宜抚安，与结盟好；如有离违，宜别图之，以济大事。肃请得奉命吊表二子，并慰劳其军中用事者，及说备使抚表众，同心一意，共治曹操，备必喜而从命。如其克谐，天下可定也。今不速往，恐为操所先。”权即遣肃行。

〔注释〕

①鲁肃：三国吴临淮东城（今安徽定远）人，字子敬。初依袁术，后率部属从周瑜东渡归吴。汉献帝建安十三年（208），曹操率军南下，诸将议欲迎降，肃与瑜力主连刘拒曹，拜赞军校尉，助周瑜破曹军于赤壁。瑜卒，任奋武校尉，代领其众，继续与蜀和好。初住江陵，后屯陆口，众至万余，官至横江将军。为人方严，治军令行禁止。好读书，能属文。

②孙权：三国吴皇帝，吴郡富春人，字仲谋。东汉末，继其兄孙策据有江东六郡。汉献帝建安十三年（208），连接刘备，大破曹操于赤壁，据有江表。又在夷陵之战中，打败刘备。曹丕称帝，策为吴王。黄龙元年（229），称帝于武昌，国号吴，旋迁都建业。在位时曾遣船航海，至夷洲（今台湾）。又在山越地区设郡县，促进江南开发。设农官，行屯田。但赋役繁重，用刑残酷，人民反抗者多。在帝位二十四年，卒谥大皇帝。

③刘表：东汉末山阳高平（今山东邹城）人，字景升，皇族远支。献帝初平元年（190）为荆州刺史，得当地豪族支持，据今湖北、湖南地方。李傕、郭汜入长安，以表为镇南将军、荆州牧，封成武侯。不参与混战，爱民养士，从容自保。及曹操与袁绍相持于官渡，绍求助于表，表许而不至，亦不援曹操，欲观时变。操败绍后征表，未至，表病卒。子刘琮降曹。

④刘备：三国蜀皇帝，亦称先主，涿郡涿县人，字玄德。东汉远支皇族，少孤，贩履织席为生。东汉末起兵镇压黄巾军，先后依公孙瓒、陶谦、曹操、袁绍、刘表等。赤壁之战中，联合孙权，大破曹操，据荆州。旋取益州、汉中。汉献帝建安二十四年（219），自立为汉中王。曹丕代汉之次年称帝，国号汉，建都成都。章武初，率师伐吴，在夷陵之战中大败，卒于白帝城。在位三年，谥昭烈。枭（xiāo）雄：骁勇雄豪。

⑤操：魏武帝曹操。东汉末沛国谯人，字孟德，一名吉利，小名阿瞒。曹嵩子，少有权术。年二十举孝廉为郎，迁顿丘令。拜骑都尉，参与镇压

黄巾军,迁济南相。献帝初平三年(192),任兖州牧,分化诱降黄巾军,编其精锐为青州兵。建安元年(196),迎献帝都许,用献帝名义发号施令。先后破吕布、袁术、袁绍,逐渐统一北方。建安十三年(208)进位丞相,率军南下,在赤壁为孙权、刘备联军所败。封魏王。用人唯才,抑制豪强,加强集权,兴修水利,以利于社会经济之恢复与发展。精通兵法,著《孙子略解》《兵书接要》等。善诗文,多抒发政治抱负,反映东汉末人民苦难,词气慷慨。卒谥武,魏文帝黄初时追尊武帝,庙号太祖。今存《曹操集》。

[译文]

起初,鲁肃听到刘表去世,便对孙权说:"荆州与我国相邻,地理形势险要坚固,土地肥沃广阔,百姓富足,如果能占有这个地方,就奠定了成就帝王大业的基础。现在刘表刚死,他的两个儿子不和睦,军中将领也分为两派。刘备是天下的英雄人物,与曹操有仇怨,寄附于刘表,刘表嫉妒他的才干而不能加以重用。如果刘备与刘表的儿子齐心协力,上下团结,就应该安抚他们,共结盟好。如果刘备与他们离心离德,我们就该另做打算,以成就大业。我请求您派我去向刘表的两个儿子吊丧,并慰劳他们军中的主要将领。同时劝说刘备,让他安抚刘表的部众,同心一意,共同对付曹操,刘备一定会高兴地接受的。如果能达到目的,那么天下大局便可以定了。现在不赶快前去,恐怕就会让曹操占先。"孙权立即派鲁肃去荆州。

到夏口,闻操已向荆州,晨夜兼道,比至南郡,而琮已降①,备南走。肃径迎之,与备会于当阳长坂。肃宣权旨,论天下事势,致殷勤之意。且问备曰:"豫州今欲何至?"备曰:"与苍梧太守吴巨有旧②,欲往投之。"肃曰："孙讨虏聪明仁惠，敬贤礼士，江表英豪，咸归附之，已据有六郡，兵精粮多，足以立事。今为君计，莫若遣腹心自结于东，以共济世业。而欲投吴巨，巨是凡人，偏在远郡，行将为人所并，岂足托乎！"备甚悦。肃又谓诸葛亮曰："我，子瑜友也③。"即共定交。子瑜者，亮兄瑾也，避乱江东，为孙权长史。备用肃计，进住鄂县之樊口。

〔注释〕

①琮（cóng）：刘表少子，受到父母宠爱。表死，在蔡瑁、张允等人支持下继位，与其兄刘琦势同水火。曹操攻荆州，他率部迎降，被授为青州刺史，封列侯。

②吴巨：东汉末刘表部将，长沙人。刘表任为苍梧太守。因与刘表所遣交州刺史赖恭失和，举兵逐恭。建安十五年（210），孙权遣步骘（zhì）为交州刺史，吴巨外附内违。次年，为步骘诱杀。

③子瑜：诸葛瑾，字子瑜，三国吴琅邪阳都人，诸葛亮兄。汉末避乱江东，孙权重之，擢长史。汉献帝建安中使蜀，与弟亮公会相见，退无私面。从讨关羽，封宣城侯，领南郡太守，驻公安。权称帝，拜大将军、左都护，领豫州牧。

〔译文〕

到达夏口，鲁肃听说曹操大军已向荆州进发，便日夜兼程前往，等他到达南郡时，刘琮已经投降曹操，刘备向南撤退。鲁肃便直接去见刘备，在当阳的长坂与他相会。鲁肃传达了孙权的意思，与刘备讨论天下大事，向刘备表示真诚恳切的希望。并询问刘备说："刘豫州如今打算到什么地方去？"刘备说："苍梧郡太守吴巨是我的老朋友，打算去投奔他。"鲁肃说："孙将军聪明仁惠,敬重与优待贤能之士,江南的英雄豪杰都归附于他。现在已占有六郡的土地,兵精粮多,足以成就一番事业。如今为您打算,最好是派遣心腹之人到江东去与孙权将军联系,可以共建大业。而您却想投奔吴巨,吴巨不过是个凡夫俗子,又在偏远的边郡,即将被别人吞并,怎么可以托身于他呢?”刘备听后大为高兴。鲁肃又对诸葛亮说:“我是子瑜的朋友。”于是诸葛亮与鲁肃也成为朋友。子瑜就是诸葛亮的哥哥诸葛瑾,他避乱到江东,担任孙权的长史。刘备采纳鲁肃的计策,进驻鄂县的樊口。

曹操自江陵将顺江东下。诸葛亮谓刘备曰:“事急矣,请奉命求救于孙将军。”遂与鲁肃俱诣孙权。亮见权于柴桑,说权曰:“海内大乱,将军起兵江东,刘豫州收众汉南,与曹操共争天下。今操芟夷大难[①],略已平矣,遂破荆州,威震四海。英雄无用武之地,故豫州遁逃至此,愿将军量力而处之!若能以吴、越之众与中国抗衡,不如早与之绝;若不能,何不按兵束甲,北面而事之!今将军外托服从之名而内怀犹豫之计,事急而不断,祸至无日矣。”权曰:“苟如君言,刘豫州何不遂事之乎?”亮曰:“田横[②],齐之壮士耳,犹守义不辱;况刘豫州王室之胄,英才盖世,众士慕仰,若水之归海。若事之不济,此乃天也,安能复为之下乎!”权勃然曰:“吾不能举全吴之地,十万之众,受制于人。吾计决矣!非刘豫州莫可以当曹操者;然豫州新败之后,安能抗此难乎?”亮曰:“豫州军虽败于长坂,今战士还者及关羽水军精甲万人,刘琦合江夏战士亦不下万人[③]。曹操之众,远来疲敝，闻追豫州，轻骑一日一夜行三百余里，此所谓‘强弩之末势不能穿鲁缟’者也。故《兵法》忌之，曰‘必蹶上将军’④。且北方之人，不习水战；又，荆州之民附操者，逼兵势耳，非心服也。今将军诚能命猛将统兵数万，与豫州协规同力，破操军必矣。操军破，必北还；如此，则荆、吴之势强，鼎足之形成矣。成败之机，在于今日！”权大悦，与其群下谋之。

〔注释〕

①芟（shān）夷：铲除，削平。

②田横：秦末狄人，田荣弟。秦末从田儋起兵反秦，儋、荣死，收齐散兵，复定齐，立荣子广为齐王，自为相。后广为刘邦部将韩信击杀，自立为王。旋为汉军所破。高帝立，横率徒属五百余人入居海岛。后应召与二客诣洛阳，途中自杀，刘邦以王礼葬之。其留居海岛者闻讯亦皆自杀。

③刘琦：东汉山阳高平人，刘表子。表惑于后妻蔡氏之言，恶琦。琦尝与诸葛亮谋自安之术，亮谓居外而安，琦乃求出为江夏太守。表卒，次子刘琮举州降曹操。操败于赤壁，刘备表琦为荆州刺史，旋卒。

④蹶（jué）：挫折，失败

〔译文〕

曹操从江陵将要顺长江东下。诸葛亮对刘备说：“形势已非常危急了，让我奉命去向孙将军求救。”于是和鲁肃一起去见孙权。诸葛亮在柴桑见到孙权，对孙权说：“天下大乱，将军在长江以东起兵，刘豫州在汉水以南召集部众，一齐与曹操共同争夺天下。现在，曹操铲除削平了大的祸患，北方基本平定，接着南下攻破荆州，威势震动四海。在曹操大军面前，英雄无用武之地，所以刘豫州逃到这里，希望将军考量自己的实力来加以安排。如果将军想以江东的人马，与占据中原的曹操相抗衡，不如及早与曹操断绝关系；如果不能，为什么不早点放下武器、捆缚盔甲，向曹操面北称臣？现在，将军外表上假托服从朝廷，而心中犹豫不决，事情已到危急时刻而不果断处理，大祸马上就要降临了。”孙权说：“假如像你说的那样，刘豫州为什么不投降曹操？”诸葛亮说：“田横，齐国的壮士而已，还能坚守节义，不肯屈辱投降；何况刘豫州是大汉皇室后裔，英雄才略，盖世无双，众人对他的仰慕，如同流水归向大海。如果大事不成，这是天意，怎么能再居于曹操之下呢？”孙权勃然大怒，说：“我不能把吴国的全部土地和十万精兵拱手奉送，去受曹操的控制。我的主意已定！除刘豫州以外，没有能抵挡曹操的人，但刘豫州刚刚战败之后，怎么能扛得住曹操的进攻呢？”诸葛亮说：“刘豫州的军队虽然在长坂大败，但现在回来的兵士和关羽的水军精锐加起来有一万人，刘琦集结江夏郡的战士，也不下一万人。曹操的军队远道而来，已经疲惫。听说在追赶刘豫州时，轻骑兵一天一夜奔驰三百余里，这正是所谓‘强弩射出的箭，到了尽头，连鲁国生产的薄绸都穿不透’。所以《兵法》禁忌这样用兵，说‘必定会使上将军受挫’。而且，北方地区的人，不善于进行水战；另外，荆州地区的民众归附曹操，只是在他军队的威逼之下，并不是心悦诚服。如今，将军如能命令猛将统领数万大军，与刘豫州齐心协力，一定能打败曹军。曹操失败后，必然退回北方；这样荆州与东吴的势力就强大起来，可以形成鼎足三分的局势。成败的关键，就在于今天！”孙权听后非常高兴，就去与他的部属们商议。

是时，曹操遗权书曰："近者奉辞伐罪，旌麾南指[①]，刘琮束手。今治水军八十万众，方与将军会猎于吴。"权以示臣下，莫不响震失色。长史张昭等曰[②]："曹公，豺虎也，挟天子以征四方，动以朝廷为辞；今日拒之，事更不顺。且将军大势可以拒操者，长江也；今操得荆州，奄有其地，刘表治水军，蒙冲斗舰乃以千数[③]，操悉浮以沿江，兼有步兵，水陆俱下，此为长江之险已与我共之矣，而势力众寡又不可论。愚谓大计不如迎之。"鲁肃独不言。权起更衣，肃追于宇下。权知其意，执肃手曰："卿欲何言？"肃曰："向察众人之议，专欲误将军，不足与图大事。今肃可迎操耳，如将军不可也。何以言之？今肃迎操，操当以肃还付乡党，品其名位，犹不失下曹从事，乘犊车[④]，从吏卒，交游士林，累官故不失州郡也。将军迎操，欲安所归乎？愿早定大计，莫用众人之议也！"权叹息曰："诸人持议，甚失孤望。今卿廓开大计，正与孤同。"

〔**注释**〕

①旌麾：帅旗。

②张昭：字子布，彭城人。少好学，博览群书，知名当地。东汉末避乱江东，孙策任为长史、抚军中郎将，深受信任。策卒，辅立孙权，协助稳定内部，建立政权。赤壁战前，因主张投降曹操，为孙权不满。后官至辅吴将军。著有《春秋左氏传解》及《论语注》。卒后谥文侯。

③蒙冲：又作"艨艟"（méngchōng），古代战船，以生牛皮蒙船覆背，两厢开掣棹孔，左右有弩窗、矛穴。

④犊车：牛车。汉诸侯贫者乘之，后转为贵者乘用。

〔译文〕

这个时候，曹操派人送给孙权一封信，信上说："最近，我奉天子之命，讨伐有罪的叛逆，军旗指向南方，刘琮束手降服。如今，我统率水军八十万人，想要与将军在吴地一道打猎。"孙权把这封书信给部属们看，他们无不惊惶失色。长史张昭等人说："曹操是豺狼虎豹，挟持天子以征讨四方，动不动就用朝廷的名义来发布命令。今天我们如果进行抗拒，事情更为不利。况且将军可以抵抗曹操的有利地形，不过一条长江而已。现在曹操完全占据了荆州土地，刘表所训练的水军，大小战船以千数计，曹操将这些船全部布防在长江一线，再加上步兵，水陆并进，这样，长江天险已由曹操与我们共有，而双方势力的众寡又不能相提并论。因此，依我们的愚见，最好是迎降曹操。"只有鲁肃一人不说话。孙权起身上厕所，鲁肃追到房檐下，孙权知道鲁肃的来意，拉着鲁肃的手说："你想说什么？"鲁肃说："刚才，我仔细聆听了大家的议论，觉得他们只是想贻误将军，实在不值得与他们谋划大事。现在，像我鲁肃这样的人可以迎降曹操，但将军却不可以。为什么这样说呢？如果我鲁肃迎降曹操，曹操一定会把我交给乡里父老去评议，以确定名位，也还会做一个下曹从事，出去仍可乘坐牛车，有吏卒跟随，与士大夫们往来，积累资历逐渐升官，也能当上州、郡之类的长官。可是将军迎降曹操，打算到哪里去安身呢？希望将军能早定大计，不要听那些人的意见。"孙权叹息说："这些人的建议，太让我失望了。如今，你阐明利害，正与我想的一样。"

时周瑜受使至番阳，肃劝权召瑜还[①]。瑜至，谓权曰："操虽托名汉相，其实汉贼也。将军以神武雄才，兼仗父兄之烈，割据江东，地方数千里，兵精足用，英雄乐业，当横行天下，为汉家除残去秽；况操自送死，而可迎之邪！请为将军筹之：今北土未平，马超、韩遂尚在关西[②]，为操后患；而操舍鞍马，仗舟楫，与吴、越争衡，今又盛寒，马无藁草[③]；驱中国士众远涉江湖之间，不习水土，必生疾病。此数者用兵之患也，而操皆冒行之。将军禽操[④]，宜在今日。瑜请得精兵数万人，进住夏口，保为将军破之！"权曰："老贼欲废汉自立久矣，徒忌二袁、吕布、刘表与孤耳[⑤]；今数雄已灭，惟孤尚存。孤与老贼势不两立，君言当击，甚与孤合，此天以君授孤也。"因拔刀斫前奏案曰[⑥]："诸将吏敢复有言当迎操者，与此案同！"乃罢会。

〔注释〕

①瑜：周瑜，三国吴庐江舒人，字公瑾。少与孙策为友，从策征伐，为建威中郎将，助策在江东建立孙氏政权。策死，与张昭共辅孙权，任前部大都督。汉献帝建安十三年（208），曹操大军南下，率军与刘备合力破曹军于赤壁，复乘胜进击曹仁。拜偏将军，领南郡太守。拟取蜀，病卒。精音乐，时有"曲有误，周郎顾"之语。

②马超：三国蜀右扶风茂陵人，字孟起，马腾子。东汉末随父起兵，为偏将军。献帝建安十六年（211），与韩遂等联兵攻曹操，兵败，还据凉州。为杨阜所逐，奔汉中。时刘备攻益州，超请降，将兵至城下，刘璋即出降。蜀汉立，累迁骠骑将军，领凉州牧，封斄乡侯，卒谥威。韩遂：东汉金城人，字文约。本西凉豪强。尝说何进诛诸宦官，进未从。灵帝中平元年（184）

北宫伯玉等起事,奉边章、韩遂为军主攻杀金城太守,割据一方。边章卒,推遂为主。献帝兴平元年(194)与马腾率军与郭汜、樊稠战于长平观,败绩。献帝建安时,其军力扩展至关中,建安七年(202)曹操方用兵河北,乃表遂为征西将军以缓其进。建安十六年(211),与马超合军战操于渭南,败走西凉。未几,为部将所杀。

③藁(gǎo)草:草料。

④禽:通“擒”。

⑤二袁:指袁绍和袁术。袁绍,东汉汝南汝阳人,字本初。司空袁逢子。出身四世三公之大族,好交结养士。初为郎,灵帝时为侍御史、虎贲中郎将。灵帝死,绍劝何进召董卓诛宦官,事泄,进被杀,绍引兵入宫,尽诛宦官。卓至京师,欲废少帝另立,绍奔冀州,起兵讨卓,自为盟主,号车骑将军,领司隶校尉。后据冀、青、幽、并四州,献帝建安二年(197)称大将军,兼督四州。五年(200),与曹操争雄,战于官渡,兵败病发而死。袁术,东汉汝南汝阳人,字公路。司空袁逢子。少以侠气闻,举孝廉,累迁河南尹、虎贲中郎将。董卓专权,术奔南阳,得长沙太守孙坚之助,据有其地。与袁绍交恶,为绍及曹操所败,退据扬州。献帝建安二年,称帝于寿春,自号仲家。淫侈滋甚,媵妾数百食肉衣罗,而士民冻馁。旋为曹操所败,病死。吕布:东汉五原九原人,字奉先。善骑射,号飞将。初事丁原,任主簿,后杀原以事董卓,誓为父子,任骑都尉。迁中郎将,封都亭侯。后因失卓欢心,又与卓婢私通,初平三年(192),与王允合谋杀卓,任奋威将军,封温侯。为卓余党所败,乃割据徐州,连年与袁术、刘备、曹操混战。后为曹操所败,被缢杀于下邳。

⑥斫(zhuó):大锄,引申为用刀、斧等砍。

〔译文〕

当时周瑜奉命驻守番阳,鲁肃建议孙权把他召回来。周瑜到达后,对孙权说:“曹操虽然名义上是汉朝的丞相,实际上是汉朝的贼臣。将军凭借神武英雄的才略,又仰仗父、兄的基业,武力占据江东，统治的地区有几千里，士兵精良足够使用，英雄豪杰乐于效力，应当驰骋天下，为汉朝清除残暴、邪恶之人。何况曹操自己前来送死，怎么可以去迎降！请允许我为将军谋划这件事：如今北方尚未完全平定，马超、韩遂还驻兵函谷关以西，是曹操的后患；而曹操舍弃鞍马，依靠舟船，与生长在水乡的东吴人来决一胜负；现在正是寒冬，战马缺乏草料；而且，驱使中原的士兵远道跋涉来到江南多水地区，不服水土，必然会发生疾疫。这几方面是用兵的大禁忌，而曹操都贸然地干了。将军捉拿曹操，应该正在今天。我请求率领数万精兵，进驻夏口，一定为将军击破曹操。"孙权说："曹操老贼想要废掉汉朝皇帝，自己篡位已经很久了，只是顾忌袁绍、袁术、吕布、刘表与我而已；现在，那几个英雄都已被消灭，只剩下我还健在。我与老贼势不两立。你主张迎战曹军，正合我的心意，这是上天把你交给了我啊！"于是孙权拔出佩刀，砍向面前的奏案，说："各位文官武将，有胆敢再说投降曹操的，就与这个奏案一样！"于是散会。

是夜，瑜复见权曰："诸人徒见操书言水步八十万而各恐慑，不复料其虚实，便开此议，甚无谓也。今以实校之，彼所将中国人不过十五六万，且已久疲；所得表众亦极七八万耳，尚怀狐疑。夫以疲病之卒御狐疑之众，众数虽多，甚未足畏。瑜得精兵五万，自足制之，愿将军勿虑！"权抚其背曰："公瑾，卿言至此，甚合孤心。子布、元表诸人[①]，各顾妻子，挟持私虑，深失所望；独卿与子敬与孤同耳，此天以卿二人赞孤也。五万兵难卒合，已选三万人，船粮战具俱办。卿与子敬、程公便在前发[2]，孤当续发人众，多载资粮，为卿后援。卿能办之者诚决，邂逅不如意，便还就孤，孤当与孟德决之。”遂以周瑜、程普为左、右督，将兵与备并力逆操；以鲁肃为赞军校尉，助画方略。

〔注释〕

①元表：当为秦松。秦松，字文表，此处称“元表”，当是传写偶误。秦松是广陵人，侍奉孙策、孙权的谋士，孙策时期为谋主，在赤壁之战中和张昭等人均为主降派，早卒。

②程公：指程普，三国吴右北平土垠（今属河北唐山丰润区）人，字德谋。初为州郡吏，从孙坚镇压黄巾军，破董卓。后随孙策，力战有功，累迁吴郡都尉、零陵太守。策卒，与张昭等共辅孙权。赤壁之战中，率众大破曹军，又进攻南郡，击走曹仁。官至江夏太守。

〔译文〕

当天夜里，周瑜又去见孙权，说：“众人只看到曹操信中说有水、陆军八十万而各自惊恐，不再去考量其中的虚实，便提出投降的议论，很没道理。现在咱们按实际情况计算一下，曹操所率领的中原部队不过十五六万人，而且早已疲惫不堪；新接收的刘表的部队，至多有七八万人，仍然心怀猜疑。以疲惫的士卒，驾驭心怀猜疑的收编部众，人数虽多，却并没有什么可怕的。我只要有五万精兵，就足以制服敌军，希望将军不要顾虑！”孙权拍着周瑜的背说：“公瑾，你话说到这个地步，非常合我的心意。张昭、秦松等人，各顾自己的妻子儿女，怀有私心，使我非常失望；只有你与鲁肃和我的看法相同，这是上天派你们两个人来辅佐我的啊。五万精兵仓促间难以集结，已挑选了三万人，战船、粮草及武器装备都已备齐，你和鲁肃、程普率兵先行，我当继续调集人马，多多运载物资、粮草，作为你的后援。你能战胜曹军，就当机立断，万一遭遇失利，就退到我这里来，我当与曹操决一胜负。”于是，孙权任命周瑜、程普为左、右督，率兵与刘备合力迎战曹操；又任命鲁肃为赞军校尉，协助筹划战略。

刘备在樊口，日遣逻吏于水次候望权军。吏望见瑜船，驰往白备，备遣人慰劳之。瑜曰：“有军任，不可得委署①；傥能屈威②，诚副其所望。”备乃乘单舸往见瑜曰③：“今拒曹公，深为得计。战卒有几？”瑜曰：“三万人。”备曰：“恨少。”瑜曰：“此自足用，豫州但观瑜破之。”备欲呼鲁肃等共会语，瑜曰：“受命不得妄委署；若欲见子敬，可别过之。”备深愧喜。

进，与操遇于赤壁。

〔注释〕

①委署：谓擅离职守。

②傥（tǎng）：通“倘”，假使，如果。

③单舸（gě）：谓乘驾一条小船。

〔译文〕

刘备驻军樊口，每天派巡逻的吏兵在江边眺望孙权的军队。吏兵看到周瑜的船队，便飞驰回营报告刘备，刘备立刻派人前去慰劳。周瑜对慰劳的人说：“有军务在身，不能擅离职守；如果刘豫州能屈尊前来会面，确实符合我的愿望。”刘备就单独坐一艘船去见周瑜，说：“现在抵御曹操，实在是很明智的计策。不知您有多少士卒?”周瑜回答说:“三万人。”刘备说:“可惜太少了。”周瑜说:“这已足够用,豫州您只管看我去退曹军。”刘备想要招呼鲁肃等一起谈话,周瑜说:“鲁肃接受军令,不得擅离职守,如果您要见鲁肃,可以另去探访他。”刘备既觉得惭愧,又很高兴。

大军继续前进,在赤壁与曹操相遇。

时操军众,已有疾疫。初一交战,操军不利,引次江北。瑜等在南岸,瑜部将黄盖曰①:“今寇众我寡,难与持久。操军方连船舰,首尾相接,可烧而走也。”乃取蒙冲斗舰十艘,载燥荻、枯柴②,灌油其中,裹以帷幕,上建旌旗,豫备走舸,系于其尾。先以书遗操,诈云欲降。时东南风急,盖以十舰最著前,中江举帆,余船以次俱进。操军吏士皆出营立观,指言盖降。去北军二里余,同时发火,火烈风猛,船往如箭,烧尽北船,延及岸上营落。顷之,烟炎张天,人马烧溺死者甚众。瑜等率轻锐继其后,雷鼓大震,北军大坏。操引军从华容道步走,遇泥泞,道不通,天又大风,悉使羸兵负草填之③,骑乃得过。羸兵为人马所蹈藉,陷泥中,死者甚众。刘备、周瑜水陆并进,追操至南郡。时操军兼以饥疫,死者太半。操乃留征南将军曹仁、横野将军徐晃守江陵④,折冲将军乐进守襄阳⑤,引军北还。

〔**注释**〕

①黄盖:三国吴零陵泉陵人,字公覆。初为郡吏,从孙坚起兵,拜别部

司马。坚死，又随孙策、孙权，凡守九县，所在平定。赤壁之战，献火攻计，并诈降纵火，致曹军大败，拜武锋中郎将。后为郡守，镇压“武陵蛮”起事。官至偏将军。

②荻(dí)：多年生草本植物，生在水边，叶子长形，似芦苇，秋天开紫花，茎可以编席箔。

③羸(léi)：瘦弱。

④徐晃：三国魏河东杨(今属山西洪洞)人，字公明。汉末为郡吏，从杨奉，拜骑都尉。后归曹操，拜裨将军。数从征讨，有战功，累迁平寇将军。汉献帝建安二十四年(219)，曹仁为关羽所围。晃率军援之，与羽相持，围解。性谨慎，行军常远斥候，军营整齐。魏文帝时，为右将军，进封杨侯，徙封阳平侯，卒谥壮。

⑤乐进：东汉末阳平卫国(今属河南清丰)人，字文谦。有胆略。初为曹操帐下吏，遣还本郡募兵，得千余人。数从征伐，常先登力战。操表为折冲将军，迁右将军，封广昌亭侯。

〔译文〕

这时曹操的军队中已发生了疾病瘟疫。两军刚一交战，曹军失利，于是曹军退到长江北岸。周瑜等驻军在长江南岸，周瑜部将黄盖提议说：“如今敌众我寡，很难同曹军长期相持。曹军正好战船连在一起，首尾相接，用火攻，就可以击败曹军。”于是，选取蒙冲战船十艘，装上干荻和枯柴，在里边灌入油，外面用帷幕包裹，上边插上旌旗，预先备好轻快的小船，系在大船尾部。黄盖先派人送信给曹操，谎称想要投降。当时东南风正急，黄盖将十艘战船排在最前面，到江心时升起船帆，其余的船在后依次前进。曹操军中的将士都走出营来站着观看，指着船说黄盖来投降了。距离曹操军队还有二里多远，同时点火，火势很大，风势迅猛，船像箭一样向前飞驶，把曹军战船全部烧光，火势还蔓延到曹军陆地上的营寨。顷刻间,浓烟烈火,遮天蔽日,曹军人马烧死和淹死的不计其数。周瑜等率领轻装的精锐军队紧随在后,鼓声震天,奋勇向前,曹军大败。曹操带领残兵败将从华容道步行逃跑,遇到泥泞,道路不通,天又刮起大风。曹操让所有老弱残兵背草铺在路上,骑兵才勉强通过。老弱残兵被人马所践踏,陷在泥中,死了很多。刘备、周瑜水陆一起前进,追赶曹操直到南郡。这时,曹军又饿又病,死了一大半。曹操就留下征南将军曹仁、横野将军徐晃驻守江陵,折冲将军乐进把守襄阳,自己率残部返回了北方。

# 晋　纪

## 祖逖北伐

〔**题解**〕

此篇选自《晋纪》十、十二、十三、十四。永嘉之乱后，中原地区落入匈奴贵族之手。祖逖上书琅邪王司马睿，要求北伐，收复失土。313年，祖逖率宗族部曲渡江北上，在江阴铸造兵器，招募训练士兵，队伍扩展有两千余人。遂率军向今安徽、河南地区进发，得到各地人民支持，先后战败石勒、石虎军队，胜利进军至陈留、封丘一带。时司马睿已称帝，恐祖逖势力强大，难以控制，派戴渊任总领北方六州诸军事，牵制祖逖，阻止北伐。祖逖深感北伐无望，忧愤成疾，321年，病死于雍丘。祖逖死后，原来收复的地区又相继失去。

初，范阳祖逖[①]，少有大志，与刘琨俱为司州主簿[②]，同寝，中夜闻鸡鸣，蹴琨觉曰[③]："此非恶声也！"因起舞。及渡江，左丞相睿以为军咨祭酒[④]。逖居京口，纠合骁健，言于睿曰："晋室之乱，非上无道而下怨叛也，由宗室争权，自相鱼肉，遂使戎狄乘隙，毒流中土。今遗民既遭残贼，人思自奋，大王诚能命将出师，使如逖者统之以复中原，郡国豪杰，必有望风响应者矣！”睿素无北伐之志，以逖为奋威将军、豫州刺史，给千人廪⑤，布三千匹，不给铠仗，使自召募。逖将其部曲百余家渡江，中流，击楫而誓曰："祖逖不能清中原而复济者，有如大江！”遂屯淮阴，起冶铸兵，募得二千余人而后进（以上选自《晋纪十》）。

〔注释〕

①祖逖（tì）：东晋范阳遒（今属河北涞水）人，字士稚，祖纳弟。慷慨有节尚，与刘琨同为司州主簿，中夜闻鸡起舞，并有英气。西晋末京师大乱，率亲党数百家南徙。晋元帝时拜豫州刺史，力求北伐。永嘉七年（313），率部渡江，中流击楫，誓复中原。进屯雍丘，黄河以南尽为晋土。会闻晋室纷争，虑王敦内乱，忧愤而卒。

②刘琨（kūn）：西晋中山魏昌（今属河北无极）人，字越石。少负志气，与祖逖为友，希为世用。初为司隶从事，晋惠帝时，以迎驾功，封广武侯。晋怀帝永嘉元年（307），为并州刺史，加振威将军。愍帝立，任大将军，都督并州诸军事。元帝称制，遣使劝进，转太尉。为晋廷招抚流亡，孤守河北，与刘聪、石勒抗衡。为勒所败，奔鲜卑贵族幽州刺史段匹磾。匹磾忌之，遂被杀。有《刘越石集》辑本。

③蹴（cù）：踢，踏。

④睿：司马睿，字景文，司马懿曾孙。初袭封琅邪王，惠帝元康二年（292），拜员外散骑常侍。怀帝永嘉元年（307），任平东将军、都督扬州江南诸军事、假节，镇建邺。愍帝即位，加左丞相，进丞相、大都督中外军事。刘曜破长安，愍帝死，西晋亡，乃即位于建康，史称东晋。时中原大乱，偏安江东。永昌元年（322），大将军王敦以讨刘隗、刁协为名，起兵于武昌，

攻至石头城，挟制朝政，帝忧愤而卒。在位六年，庙号中宗。

⑤廪(lǐn)：米仓，亦指储藏的米。

〔译文〕

当初，范阳人祖逖，年轻的时候志向远大，曾同刘琨一起担任司州主簿，与刘琨同寝，半夜的时候听到公鸡打鸣，他踢醒刘琨，说："这不是令人厌恶的声音。"于是起床舞剑。渡江以后，左丞相司马睿任命他担任军咨祭酒。祖逖在京口居住，聚集起骁勇强健的壮士，对司马睿说："晋王室的变乱，不是君主无道使下民怨恨叛乱，而是皇亲宗室之间争夺权力，自相残杀，这样就使戎狄异族钻了空子，灾祸遍及中原。现在晋朝的遗民遭到摧残伤害后，大家都想着自强奋发，大王您如果真能够派遣大将率兵出师，使像我一样的人统领军队来光复中原，各地的英雄豪杰，一定会有闻风响应的人！"司马睿向来没有北伐的志向，他虽任命祖逖为奋威将军、豫州刺史，但仅仅拨给他千人的口粮，三千匹布，不提供兵器，让祖逖自己想办法募集。祖逖带领自己私家的军队及家属一百多户横渡长江，船行到江中，敲打着船桨说："祖逖如果不能使中原清明光复，就像大江一样有去无回！"于是驻扎到淮阴，建造熔炉铸造兵器，又招募了二千多人然后继续前进。

初，流民张平、樊雅各聚众数千人在谯，为坞主。王之为丞相也，遣行参军谯国桓宣往说平、雅[1]，平、雅皆请降。及豫州刺史祖逖出屯芦洲，遣参军殷乂诣平、雅[2]。乂意轻平，视其屋，曰："可作马厩。"见大镬，曰："可铸铁器。"平曰："此乃帝王镬，天下清平方用之，奈何毁之！”乂曰：“卿未能保其头，而爱镬邪！”平大怒，于坐斩乂，勒兵固守。逖攻之，岁余不下。乃诱其部将谢浮，使杀之；逖进据太丘。樊雅独据谯城，与逖相拒。逖攻之不克，请兵于南中郎将王含[③]。桓宣时为含参军，含遣宣将兵五百助逖。逖谓宣曰：“卿信义已著于彼，今复为我说雅。”宣乃单马从两人诣雅曰：“祖豫州方欲平荡刘、石[④]，倚卿为援；前殷乂轻薄，非豫州意也。”雅即诣逖降。逖既入谯城，石勒遣石虎围谯[⑤]，王含复遣桓宣救之，虎解去。逖表宣为谯国内史。

己巳，晋王传檄天下，称：“石虎敢帅犬羊，渡河纵毒，今遣琅邪王裒等九军[⑥]，锐卒三万，水陆四道，径造贼场，受祖逖节度。”寻复召裒还建康（以上选自《晋纪十二》）。

〔注释〕

①桓宣：东晋谯国铚（今属安徽濉溪）人。初为元帝丞相舍人，南中郎将王含请为参军。遣助祖逖降樊雅，迁谯国内史。成帝咸和二年（327），祖约、苏峻反，宣谏不听，遂投温峤。陶侃讨郭默，默求救于宣，宣伪许之，而遣子迎侃，侃上宣为武昌太守，迁监沔中军事、南中郎将。又从侃攻石勒，拔襄阳，侃使镇之。招怀初附，劝课农桑，简刑罚，十余年间甚有称绩。咸和九年（334），陶侃死，庾亮为荆州刺史，将谋北伐，宣为都督沔北前锋征讨军事，镇襄阳。庾翼代亮，宣为都督司梁雍三州四郡军事，梁州刺史，封竟陵县男。坐军败贬南郡太守，愤卒。

②殷乂（yì）：东晋官员，官任参军。豫州刺史祖逖出兵屯住芦洲时，派遣殷乂到张平、樊雅处。殷乂心中很看不起张平，致张平大怒，在座中斩杀殷乂。

③王含：东晋琅邪临沂（今属山东）人，字处弘，王敦兄。初为大将军掾，转主簿。为庐江郡，贪污狼藉。后仕卫将军、征东大将军，都督扬州诸军事等。晋明帝太宁中，从王敦举兵，与钱凤等率众逼建康，为温峤所败。敦死，复进至宣阳门，战败，奔江陵，为从弟荆州刺史王舒沉于江。

④刘、石：指刘聪、石勒。刘聪，十六国时汉国国君，匈奴族，字玄明，一名载，刘渊第四子。随渊还左国城，拜鹿蠡王。晋怀帝永嘉四年（310），杀兄刘和自立。遣刘曜等攻陷洛阳，俘晋怀帝，又鸩杀之。晋愍帝即位于长安，聪遣将攻陷之，俘愍帝。骄奢淫暴，杀戮无已，穷兵黩武，沉湎酒色。宠任太子刘粲，纵刘曜、石勒擅兵于外，身死国乱。在位八年。石勒，十六国时后赵建立者，字世龙，上党武乡（今属山西）人，羯族，小字匐勒。祖及父均为部族小帅。年少时行贩洛阳，为人耕作。及长雄健有胆识，勇武好骑射。为并州刺史掠卖至山东为奴。与牧马帅汲桑聚众反晋，始以石为姓。起事失败，投前赵刘渊为大将。渊卒，刘聪立，授征东大将军、并州刺史、汲郡公。转战冀、并、幽地区，屡败晋将，兼并其所部，渐成势力。东晋元帝大兴二年（319），据襄国自称赵王，建立政权，是为后赵。创建初，重用汉族士人张宾。晋成帝咸和四年（329）俘刘曜，灭前赵，占有冀、并、幽、司、豫、兖、青、徐、雍、秦十州之地，为十六国中最强盛之国。建平四年（333）卒，在位十五年。

⑤石虎：十六国时后赵国君，字季龙。石勒侄，羯族。性残忍，好驰猎，游逸无度。善骑射，勇力冠当时。勒称帝，为太尉，封中山王。勒卒，擅杀光禄大夫程遐、中书令徐光，胁勒子石弘继位，而自为丞相，总揽朝政。旋废杀弘，自立为大赵天王，迁都于邺。在位期间，穷兵黩武，大营宫室；刑苛政暴，酷虐荒淫，百姓无以为生。季年，戍卒梁犊等聚众起事于雍城，参加者数十万。东晋穆帝永和五年（349）卒。死后诸子争权，互相残杀，后赵亡。

⑥裒（póu）：司马裒，东晋元帝子，字道成。初继叔父长乐亭侯浑，后徙封宣城郡公，拜后将军。裒有成人之量，贤于其兄。帝拟立裒为太子，征询王导。导以"世子、宣城俱有朗俊之目，固当以年"对，乃更封裒为琅邪王，嗣恭王后。

〔译文〕

当初,流民张平和樊雅在谯地各自聚集数千人,自任坞主。晋王司马睿担任愍帝丞相时,曾派遣行参军、谯国人桓宣前往游说张平、樊雅,二人自己主动请求归降。等到豫州刺史祖逖出兵驻屯芦洲,派遣参军殷乂拜访张平和樊雅。殷乂意识里很轻视张平,参观张平的屋宇,说:“可以当马厩。”看见大锅,又说:“可以熔铸铁器。”张平说:“这是帝王的大锅,天下清平时才能使用,为什么要毁坏呢!”殷乂则说:“你不能保住自己的头颅,却爱惜什么铁锅!”张平大怒,在座位上斩杀了殷乂,率兵卒固守营地。祖逖领兵攻打他们,一年多了还没能攻下。祖逖便诱使张平手下将领谢浮,让他杀掉了张平,祖逖进军占据太丘。当时樊雅还占据着谯城,与祖逖对抗。祖逖久攻不下,向南中郎将王含请求援兵。桓宣当时任王含的参军,王含派遣桓宣率兵五百人协助祖逖。祖逖对桓宣说:“你的信义已为对方所了解,这次再为我劝说樊雅。”桓宣单人独骑,只带二个随从,进见樊雅说:“祖豫州正准备荡平刘聪、石勒,仰仗你为后援;之前殷乂轻薄无礼,并非祖豫州本意。”樊雅立即拜会祖逖,请求归降。祖逖进入谯城以后,石勒派遣石虎围攻谯城,王含又派桓宣率军救援,石虎解围而去。祖逖上表请求任命桓宣为谯国内史。

十八日,晋王向天下颁布檄文,内称:“石虎胆敢率领犬羊一样的乌合之众,渡过黄河荼毒民众,现派遣琅邪王司马裒等九军,精锐士卒三万,由水、陆四路直赴贼寇所在地,受祖逖指挥。”不久又召司马裒返回建康。

初,蓬陂坞主陈川自称陈留太守[1]。祖逖之攻樊雅也,川遣其将李头助之。头力战有功,逖厚遇之。头每叹曰:"得此人为主,吾死无恨。"川闻而杀之。头党冯宠帅其众降逖。川益怒,大掠豫州诸郡,逖遣兵击破之。夏,四月,川以浚仪叛[2],降石勒。

祖逖攻陈川于蓬关[3],石勒遣石虎将兵五万救之,战于浚仪,逖兵败,退屯梁国[4]。勒又遣桃豹将兵至蓬关[5],逖退屯淮南。虎徙川部众五千户于襄国[6],留豹守川故城。

〔注释〕

①蓬陂(pí)坞:在今河南开封南。

②浚(xùn)仪:古县名,西汉置,治今河南开封市,属陈留郡。北朝、隋、唐为陈留郡、梁州、汴州治所,五代、宋与开封县同为开封府治所,北宋大中祥符三年(1010)改名祥符。

③蓬关:在今河南开封南。

④梁国:西汉高祖五年(前202)封彭越为梁王,以秦砀郡置梁国,都定陶,辖境有睢阳以北至谷城地。十一年(前196)彭越被杀,改封子刘恢为梁王,增领东郡。文帝二年(前178)以后辖境缩小,十二年(前168)徙治睢阳县。景帝中元六年(前144),梁国分为五。至元延中,辖境相当今河南商丘、虞城,安徽砀山及河南民权、永城,山东曹县等部分地。其后辖境屡变,三国魏改梁郡,西晋复为国,南朝宋又改置为梁郡。

⑤桃豹:十六国时后赵范阳(今属河北)人,字安步。少以勇武称,善骑射。从石勒于武安,为"十八骑"之雄,以战功官魏郡太守。及勒称赵王,擢豫州刺史。石虎立,为横海将军。建武四年(338),从攻辽西鲜卑段辽,辽大败,弃令支,奔密云山。官至太保。

⑥襄国:古县名,公元前206年项羽改信都县置,治今河北邢台西南。西汉高帝时属邯郸郡,景帝时属赵国。魏晋属广平郡。十六国后赵石勒

建都于此，后为襄国郡治，后赵亡废。北魏复置，属广平郡，后属北广平郡。北齐属襄国郡。隋开皇九年(589)改名龙冈县。

〔译文〕

当初，蓬陂坞主陈川自称陈留太守，祖逖攻打樊雅之时，陈川派其手下将领李头助战。李头作战勇敢，屡建奇功，祖逖对他非常器重。李头常常感叹说："能得到祖逖做自己的主公，我即使死了也没有什么遗憾。"陈川听说之后，杀掉了李头。李头的党徒冯宠因此率领部众归降祖逖，陈川更加恼怒，大肆攻掠豫州诸郡，祖逖派兵打败了他。这年四月，陈川占据浚仪背叛，投降了石勒。

祖逖在蓬关攻打陈川，石勒派遣石虎带领五万士兵救援，两军在浚仪交战，祖逖兵败，退兵驻屯梁国。石勒又派桃豹率兵到达蓬关，祖逖退守淮南。石虎将陈川部众五千户迁徙到襄国，留下桃豹守卫陈川故城。

祖逖将韩潜与后赵将桃豹分据陈川故城，豹居西台，潜居东台，豹由南门，潜由东门，出入相守四旬。逖以布囊盛土如米状，使千余人运上台，又使数人担米，息于道。豹兵逐之，弃担而走。豹兵久饥，得米，以为逖士众丰饱，益惧。后赵将刘夜堂以驴千头运粮馈豹[①]，逖使韩潜及别将冯铁邀击于汴水[②]，尽获之。豹宵遁[③]，屯东燕城，逖使潜进屯封丘以逼之。冯铁据二台，逖镇雍丘，数遣兵邀击后赵兵，后赵镇戍归逖者甚多，境土渐蹙[④]。

〔注释〕

①后赵：十六国之一，羯族石勒所建，国号赵，史称后赵(319—351)。

②邀击：拦击，截击。汴(biàn)水：古水名，《汉书·地理志》作卞水，指今河南荥阳西南索河。《后汉书》始作汴渠，疑指卞水所入荥阳一带从黄河分出的狼汤渠(古鸿沟)。魏晋之际，自荥阳汴渠东循狼汤渠至今开封市，又自开封东循汳水、获水至今江苏徐州转入泗水，渐次代替了古代自狼汤渠南下颍水、涡水，成为当时从中原通向江南的水运干道。自晋以后，遂将这一运道全流各段统称为汴水。隋开通济渠后，开封以东一段汴水渐不为运道所经。唐宋人称通济渠为汴河，故有时改称这一段汴水为古汴河。金、元后全流皆为黄河所夺，汴水一名即废弃不用。隋开通济渠，因中间自今荥阳至开封一段就是原来的汴水，故唐、宋人遂将自河至入淮通济渠东段全流统称为汴水、汴河或汴渠。北宋亡后，南宋与金划淮为界，此渠不再为运道所经，不久即归湮废，今仅残存江苏泗洪境内一段，俗名老汴河，上承睢水，东南流注入洪泽湖。

③宵遁：乘夜逃跑。

④蹙(cù)：皱，收缩。

〔译文〕

祖逖的部将韩潜和后赵的将军桃豹分别割据占有陈川老城，桃豹占据西台，出入经由南门，韩潜占据东台，出入经由东门，双方相持坚守达四十天。祖逖用许多布袋装上土，好像盛满粮米的样子，派一千多人输运到台上，又派一些人挑着真米担，在路边休息。桃豹的士兵追来，祖逖的部下丢下担子就逃。桃豹的士卒挨饿已有很长时间，得到粮米，便以为祖逖的部众军粮丰足，心中更加恐惧。后赵将领刘夜堂用一千头驴子运来军粮，赠给桃豹，祖逖派遣韩潜和别将冯铁在汴水截击，全部截获。桃豹因此连夜遁逃，退守于东燕城。祖逖派遣韩潜进军，驻扎在封丘，进逼桃豹。冯铁占据了陈川老城的东、西二台，祖逖则镇守雍丘，经常调遣士兵截击后赵军队，后赵镇守戍卫的士卒很多都归降了祖逖，国土也日渐缩小。

先是，赵固、上官巳、李矩、郭默，互相攻击，逖驰使和解之，示以祸福，遂皆受逖节度。秋，七月，诏加逖镇西将军①。逖在军，与将士同甘苦，约己务施，劝课农桑，抚纳新附，虽疏贱者皆结以恩礼。河上诸坞，先有任子在后赵者②，皆听两属，时遣游军伪抄之，明其未附。坞主皆感恩，后赵有异谋，辄密以告，由是多所克获，自河以南，多叛后赵归于晋。

〔注释〕

①镇西将军：杂号将军名，东汉置，掌帅兵镇守一方。三国沿置，并与镇东、镇南、镇北三将军合称四镇将军。其后，晋、十六国、南北朝多沿置。

②任子：因父兄功绩保任授予官职。汉朝凡吏二千石以上任职满三年者，得任其同产（兄弟）若子一人为郎。任子一般为郎官，或太子官属。哀帝下诏废除，旋复。东汉因之，公卿、校尉、尚书均能任子弟为郎或舍人。东汉桓、灵时，宦官权势炽盛，任子弟为官，布满州郡。三国两晋南北朝时，常形成割据局面，下级向上级多送子为人质，故任子即质子，或置任子馆以处之。

〔译文〕

之前，赵固、上官巳、李矩、郭默等人互相攻战，祖逖前往协调使他们和解，剖析利害，这些人便都接受祖逖的调遣。秋七月，元帝下诏加封祖逖镇西将军。祖逖在军队中，与将士们同甘共苦，严于律己，宽以待人，鼓励、督促农业生产，抚慰安置新近归附的兵民，即使是关系疏远、地位低贱的人也施恩礼遇去结交他们。黄河流域的许多坞堡，只要是此前有人质被扣留在后赵的，都听任他们同时听命后赵和晋，并且不时派遣流动作战的军队佯装抄掠，以表明他们并未归附自己。坞主们都非常感激，只要后赵有任何举动，都秘密传告祖逖，因此战事经常获胜，俘获战利品也很多，黄河以南士民大多背叛后赵而归附东晋。

逖练兵积谷，为取河北之计。后赵王勒患之，乃下幽州为逖修祖、父墓，置守冢二家，因与逖书，求通使及互市。逖不报书，而听其互市，收利十倍。逖牙门童建杀新蔡内史周密[①]，降于后赵。勒斩之，送首于逖曰："叛臣逃吏，吾之深仇，将军之恶，犹吾恶也。"逖深德之，自是后赵人叛归逖者，逖皆不纳，禁诸将不使侵暴后赵之民，边境之间，稍得休息。

〔注释〕

①牙门：即牙门将，担任指挥防御任务的武将，三国魏文帝黄初中置，蜀、吴及两晋、十六国后赵、前凉、南燕、南朝宋等亦置。常简称牙门。位在裨将军下、郡守上。依任职地区不同，又有西戎牙门、淮南牙门将、扬州牙门将等名号。银章、青绶，冠服与将军同，魏、晋皆五品。

〔译文〕

祖逖操练兵士，蓄积粮食，为收复黄河以北的土地做准备。后赵王石勒很是忧虑，于是下令让幽州守吏为祖逖修葺祖父和父亲的陵墓，并安置两户人家看守坟冢。然后写信给祖逖，要求互通使节和开放贸易。祖逖不回复他的信，但是听任双方来往贸易，因而获取了十倍的利润。祖逖手下的牙门将童建杀死新蔡内史周密，投降后赵。石勒将童建斩首，把首级送给祖逖说："叛逃的大臣官吏，我是很痛恨的。将军憎恶的人，也是我所憎恶的。"祖逖深为感动，此后凡是后赵叛降归附的人，祖逖都不接纳，禁止众将侵犯、攻掠后赵民众，两国边境之间，逐渐得以休养生息。

秋，七月，甲戌，以尚书仆射戴渊为征西将军①、都督司兖豫并雍冀六州诸军事、司州刺史，镇合肥；丹杨尹刘隗为镇北将军②、都督青徐幽平四州诸军事、青州刺史，镇淮阴；皆假节领兵③，名为讨胡，实备王敦也。

八月，豫州刺史祖逖，以戴渊吴士，虽有才望，无弘致远识；且已翦荆棘、收河南地，而渊雍容，一旦来统之，意甚怏怏；又闻王敦与刘、刁构隙④，将有内难，知大功不遂，感激发病。九月，壬寅⑤，卒于雍丘。豫州士女若丧父母，谯、梁间皆为立祠。王敦久怀异志，闻逖卒，益无所惮。

〔注释〕

①戴渊：东晋广陵（今属江苏扬州）人，字若思。少好游侠，受知于陆机。举孝廉，为东海王司马越军咨祭酒，出补豫章太守，以功赐爵秣陵侯。晋元帝立，拜征西将军，都督兖、豫、幽、冀、雍、并六州诸军事。元帝永昌初，王敦反，诏进骠骑将军，与诸军攻石头而败。敦素忌渊，遂杀之。谥简。

②刘隗(wěi):晋彭城(今属江苏徐州)人,字大连。少有文翰,起家秘书郎,迁彭城内史。避乱渡江,琅邪王睿以为从事中郎,迁丞相司直,委以刑宪。大兴初,长兼侍中,赐爵都乡侯,寻为丹杨尹。与尚书令刁协并为元帝所宠。以荆州牧王敦威权太盛,终不可制,劝帝出心腹以镇方面。元帝即任之为镇北将军,青、徐、幽、平四州都督、青州刺史,率万人镇泗口。王敦甚恶之,永昌元年(322),以诛隗等为名,起兵攻建康。元帝召入卫,乃劝帝尽诛王氏,不许。及败投奔石勒,勒以为从事中郎、太子太傅。卒于后赵。

③假节:假以节杖。汉代指大臣临时持节出巡。三国魏、蜀、吴沿袭此制,然非临时性,无论在外掌军、在朝秉政,权臣均得假节,实际成为象征地位的政治待遇。至晋,地方性军事长官分为都督、监(军)、督(军)三等,职权范围也相应分为三等。都督有使持节、持节、假节之分,监、督军亦然。使持节得杀二千石以下,持节得杀无官位人,假节唯有军事得杀犯军令者,成为其地位、职权范围的标志之一。南北朝相沿此制。

④刘、刁:指刘隗、刁协。刁协,东晋渤海饶安(今属河北盐山)人,字玄亮。起家濮阳王文学,西晋时,累官颍川太守。避难渡江,晋元帝即位以为尚书左仆射,预定朝制。大兴初年,迁尚书令。性刚忤物,每崇上抑下。时王导、王敦兄弟专权,元帝以协为心腹,为王氏所疾。永昌初年,王敦以讨刁协、刘隗为名举兵入建康,元帝令出奔,被杀。

⑤壬寅:按,晋元帝大兴四年,即321年,当年九月,没有壬寅。

## [译文]

秋季,七月,甲戌,任命尚书仆射戴渊为征西将军,都督司、兖、豫、并、雍、冀六州诸军事,司州刺史,镇守合肥;任丹杨尹刘隗为镇北将军,都督青、徐、幽、平四州军务,青州刺史,镇守淮阴;此二人均持朝廷符节统领军队,名义上是征讨胡人,其实是防备王敦。

豫州刺史祖逖认为戴渊是吴地人,虽具有才能和名望,但没有伟大的抱负和远见卓识;而且自己披荆斩棘,收复河南失地,而戴渊却从容不迫,朝夕之间坐享其成,心中非常不高兴。又听说王敦与刘隗、刁协之间相互结怨,国家将有内乱,知道统一北方的大业终难成功,受到很大刺激,引发了重病。九月,壬寅,死于雍丘。豫州的男女百姓都像失去了自己的亲生父母,谯国、梁国之间都为祖逖建立祠堂。王敦很长时间以来就心怀不轨,听说祖逖去世,更加没有什么可以忌惮的了。

冬,十月,壬午,以逖弟约为平西将军[①]、豫州刺史,领逖之众。约无绥御之才[②],不为士卒所附。

初,范阳李产避乱依逖[③],见约志趣异常,谓所亲曰:“吾以北方鼎沸,故远来就此,冀全宗族。今观约所为,有不可测之志。吾托名姻亲,当早自为计,无事复陷身于不义也,尔曹不可以目前之利而忘长久之策。”乃帅子弟十余人间行归乡里。

〔注释〕

①约:祖约,东晋范阳遒人,字士少,祖逖弟。初以孝廉为成皋令。晋怀帝永嘉末,随逖渡江。逖卒,继任平西将军、豫州刺史,领其众。王敦之乱,率众卫京都,封五等侯。自以为功高不赏而怀怨,成帝咸和二年(327),与苏峻以讨庾亮为名反,次年破建康。为温峤、陶侃击败,奔后赵,为石勒所杀。

②绥御:抚慰统御。

③李产:字子乔,范阳(今属河北)人。初避乱依附于同郡祖逖部,后返回乡里,仕石赵。慕容儁南征,被俘降燕,历尚书、太子太保。性刚直,每上朝直言朝政得失。后辞官归家。

〔译文〕

冬季,十月,壬午,东晋让祖逖的弟弟祖约任平西将军和豫州刺史,统领祖逖的部众。祖约缺乏抚慰统御士众的才能,所以不受士卒拥戴。

当初,范阳人李产为避战乱附归祖逖,见祖约志趣不同寻常,便对自己亲近的人说:“我因为北方局势动荡,所以远远地来到这里,希望能保全宗族家人。现在我看祖约的所作所为,他的志向是不可预测的。我要以联结姻亲的名义,及早为自己安排脱身之计,不再侍奉使我再次陷身于不义境地的人了。你们这些人不可因为眼前的利益而忘却长久之计。”于是率领子弟十多人抄小路回归乡里。

祖逖既卒,后赵屡寇河南,拔襄城、城父[①],围谯。豫州刺史祖约不能御,退屯寿春[②]。后赵遂取陈留,梁、郑之间复骚然矣。

〔注释〕

①城父(fǔ):古邑名,又名夷,春秋陈邑,在今安徽亳州东南城父集,后入楚,秦置城父县。

②寿春:古邑名,战国楚邑,在今安徽寿县西南。

〔译文〕

祖逖死后,后赵屡次侵犯黄河以南,攻取襄城、城父,又围攻谯。豫州刺史祖约抵挡不住,退守寿春。后赵于是攻取了陈留,梁州、郑州地区的形势又变得动荡不安。

# 宋　纪

## 元嘉之治

〔题解〕

此篇选自《宋纪》二。宋武帝刘裕死后，长子刘义符即位。刘裕临终遗诏谢晦、傅亮、徐羡之、檀道济四位大臣辅政。宋少帝刘义符登基时十七岁，游戏无度，不事朝政。几位辅政大臣认为他才能不堪大任，将其废黜。之后百官迎武帝第三子宜都王刘义隆至建康，即皇帝位，改元元嘉，是为宋文帝。元嘉年间，刘宋朝廷虽纷争不断，但是刘义隆继续实行刘裕的治国方略，在位三十年励精图治，劝课农桑，奖励垦荒，采取减轻农民负担的政策，发展生产，开创东晋南北朝国力最为强盛的历史时期，史称"元嘉之治"。

刘义隆继位之后，先以高官厚禄稳住几位大臣，任徐羡之为司徒，王弘为司空，傅亮加开府仪同三司，谢晦加封卫将军，檀道济进号征北将军。徐羡之、傅亮上表归政，文帝假意不允，两人再三上表才答应。见时机成熟，刘义隆下诏宣布徐、傅、谢数人罪恶，命令有司捉拿法办。徐羡之闻讯心惊胆战，上吊而死。傅亮在逃跑的路中被抓，遭诛杀。刘义隆虽然年轻，但是少年老成，他认为王弘、檀道济是武将，废立弑君之谋不是由他俩兴起，因此对两个人招抚必能得其势力。于是又派王弘、檀道济等人一齐攻打谢晦。谢晦仅带着兄弟子侄七人想逃往北朝魏国，被追兵执捕，送至建康，兄弟子侄皆被斩于闹市。

元嘉三年(丙寅、426)

春，正月，谢晦弟黄门侍郎瞬驰使告晦①，晦犹谓不然，以傅亮书示咨议参军何承天曰②："计幼宗一二日必至③。傅公虑我好事，故先遣此书。"承天曰："外间所闻，咸谓西讨已定，幼宗岂有上理！"晦尚谓虚妄，使承天豫立答诏启草，言伐虏宜须明年。江夏内史程道惠得寻阳人书，言"朝廷将有大处分，其事已审"，使其辅国府中兵参军乐冏封以示晦。晦问承天曰："若果尔，卿令我云何？"对曰："蒙将军殊顾，常思报德。事变至矣，何敢隐情！然明日戒严，动用军法，区区所怀，惧不得尽。"晦惧曰："卿岂欲我自裁邪？"承天曰："尚未至此。以王者之重，举天下以攻一州，大小既殊，逆顺又异。境外求全，上计也。其次，以腹心将兵屯义阳，将军自帅大众战于夏口；若败，即趋义阳以出北境，其次也。"晦良久曰："荆州用武之地，兵粮易给，聊且决战，走复何晚！"乃使承天造立表檄；又与卫军咨议参军琅邪颜邵谋举兵④。邵饮药而死。

〔注释〕

①谢晦：南朝宋陈郡阳夏(今属河南太康)人，字宣明，谢朗之孙，谢重之子，谢瞻之弟。涉猎文义，博赡多通。初为孟昶建威府中兵参军，刘穆

之荐于刘裕，累迁太尉主簿。然议事常与穆之不同，穆之怒之，抑不得迁。穆之死，转从事中郎。从刘裕征伐关洛，委以要任。入宋，封武昌县公，总统宿卫。武帝死(426)，少帝立，与徐羡之等共辅政。旋共废杀少帝，迎立文帝。后出为荆州刺史。文帝元嘉三年，诛杀羡之等，并遣檀道济讨晦，晦兵败被杀。皭(jiào)：谢晦弟，字宣镜，历史上出名的孝子。他侍奉母病，尝药捧膳，十年如一日，极尽孝心。

②傅亮：南朝宋北地灵州(今属陕西耀县)人，字季友，晋司隶校尉傅咸玄孙，傅迪弟。博涉经史，尤善文辞。晋末，为建威将军。桓玄废晋安帝自立，选为秘书郎。后附刘裕从征关、洛。入宋，以佐命功，入直中书省，专典诏命，转尚书仆射。刘裕死，与徐羡之、谢晦受顾命辅少帝。后与徐羡之等废杀少帝，迎立文帝。文帝即位，加左光禄大夫，开府仪同三司。后因杀少帝罪，被文帝处死。明人辑有《傅光禄集》。何承天：南朝宋东海郯(tán，今属山东郯城)人，徐广甥。五岁丧父，承母教，儒史百家，莫不概览。仕晋为太学博士。入宋，为尚书祠部郎，与傅亮共撰朝仪。性刚愎，颇以所长侮同列。出为衡阳内史，不能公清，被收系狱，赦免。文帝元嘉十六年(439)，除著作佐郎，撰国史。国子学立，领博士。官至御史中丞。善弈棋，能弹筝，精历算，改定《元嘉历》，计算冬至时日更为准确。奉命纂修《宋书》，未成而卒。另撰有《春秋前传》等。

③幼宗：万幼宗，外监。《南史》记载，制局监外监领器仗兵役，多以嬖倖为之。

④颜卲：南朝宋琅邪临沂人，颜延之族人。宋武帝时为谢晦领军司马。徐羡之、谢晦等废少帝立文帝，与定参谋。晦镇江陵，以为咨议参军，领录事，悉委军府之务。虑晦将有祸，求为竟陵太守。未及之郡，值晦见讨，饮药死。

〔译文〕

元嘉三年(丙寅、426)

春季，正月，谢晦的弟弟黄门侍郎谢皭，派使者骑快马去警告谢晦,但谢晦仍以为不至于此,并拿出傅亮的书信给咨议参军何承天看,说:“估计万幼宗一两天之内必然到达。傅亮怕我招惹是非,所以先送此信。”何承天说:“我在外面听到的,都说向西讨伐我们的计划已经确定,万幼宗怎么还会有到这里来的道理!”谢晦仍然认为谣言虚妄不可信,就命何承天预先起草回答诏书的奏章,建议朝廷如果讨伐北魏,最好等到明年。江夏内史程道惠收到一封寻阳人送来的信,信中说“朝廷将有大的非常行动,事情已经明确了”。程道惠派辅国府中兵参军乐冏,把信封好送给谢晦。谢晦问何承天:“如果真的是这样,你认为我该怎么办呢?”何承天说:“我蒙受将军您的特殊恩惠,常想报答您的大德。事情发展到今天的地步,怎么敢隐瞒真实的想法!可是,如果明天下令戒严,动用军法惩处,我心中想说的话,恐怕不能说尽。”谢晦惊恐地问道:“你难道是让我自杀吗?”何承天说:“还不至于如此。以帝王的威严和全国的力量去进攻一个州,实力悬殊,民心逆顺又迥异不同。到国境外保全性命,是上策。其次,派心腹将领驻军义阳,将军您亲率大军在夏口进行决战;如果失败,可以取道义阳北上出境,这是中策。”谢晦沉吟良久才说:“荆州是军事要地,兵力和粮草都容易供给,不妨先来一次决战,战败了再走也不晚。”于是,命令何承天撰写檄文;又与卫军咨议参军琅邪人颜邵商讨起兵反抗。颜邵服毒自杀。

晦立幡戒严,谓司马庾登之曰[①]:“今当自下,欲屈卿以三千人守城,备御刘粹[②]。”登之曰:“下官亲老在都,又素无部众,情计二三,不敢受此旨。”晦仍问诸将佐:“战士三千足守城否?”南蛮司马周超对曰[③]:“非徒守城而已,若有外寇,可以立功。”登之因曰:“超必能辨，下官请解司马、南郡以授之。”晦即于坐命超为司马，领南义阳太守。转登之为长史，南郡如故。登之，蕴之孙也[4]。

〔注释〕

①庾登之：南朝宋颍川鄢陵（今河南鄢陵）人，字元龙，江州刺史庾冰曾孙。少以强济自立，初为刘裕镇军参军，预讨桓玄功，封曲江县五等男，累迁新安太守。宋文帝元嘉元年（424），谢晦为荆州刺史，请为长史，意甚不惬。元嘉二年（425），文帝出兵讨晦，晦拒战，欲登之留守，不允。晦败被杀，登之以无任免官还家。后为司徒长史。时彭城王刘义康专权，登之性刚，每陈己意，义康不悦，出为吴郡太守。坐免。后拜豫章太守，迁江州刺史卒。

②刘粹：字道冲，祖籍沛郡萧县（今安徽萧县），徙居京口。初为州从事，后随刘裕起兵平定桓玄。北伐南燕，西征刘毅，以战功升至豫州刺史。文帝时为雍州刺史，元嘉三年（426）从征荆州刺史谢晦，于沙桥大败，降号宁朔将军，次年卒。

③周超：宋文帝时为南蛮司马，元嘉三年（426），文帝遣兵讨伐荆州刺史谢晦。谢晦令其留守江陵，于沙桥大败雍州军。谢晦兵败后，他投降到彦之，后与谢晦一起被杀。

④蕴：庾蕴，南朝宋颍川鄢陵人，江州刺史庾冰子，官至广州刺史。

〔译文〕

谢晦竖起大旗，下令戒严，对司马庾登之说：“我现在要亲自东下出征，打算委屈你以三千人守卫江陵，防备刘粹。”庾登之说：“我的双亲年纪都很大了，且身在建康，我自己又从来没有过直属的部队，我考虑再三，不敢接受这个命令。”谢晦又问其他将领和佐臣：“战士三千人够守城吗？”南蛮司马周超说：

"不仅足够守城,如有敌人从外面攻击,还可以建立军功。"庾登之于是说:"周超一定能够胜任,我愿意解除司马和南郡太守两个职务转授给他。"谢晦当即就在座位上任命周超为司马,兼领南义阳郡太守。改庾登之为长史,仍任南郡太守如初。庾登之是庾蕴的孙子。

帝以王弘、檀道济始不预废弑之谋[①],弘弟昙首又为帝所亲委[②],事将发,密使报弘,且召道济,欲使讨晦。王华等皆以为不可[③],帝曰:"道济止于胁从,本非创谋,杀害之事,又所不关;吾抚而使之,必将无虑。"乙丑,道济至建康。

〔注释〕

①王弘:字休元,琅邪临沂(今属山东)人。初为东晋会稽王司马道子骠骑参军主簿,后辅佐刘裕以宋代晋,文帝时官至司徒。在任曾修订同伍犯法连坐律;提高百姓服役年龄。为官不谋财利,家无余财。元嘉九年(432)死,谥称文昭公。檀道济:南朝宋高平金乡(今属山东)人,檀韶弟。东晋末,从刘裕平京城,参裕建武军事,累迁太尉参军。晋安帝义熙十二年(416),从刘裕攻后秦,为前锋,兵进洛阳,所俘皆释,中原感悦,归者甚众。长安平,以为琅邪内史。入宋,转护军将军,封永修县公。宋武帝临终,与徐羡之等同受顾命,亦参与废杀少帝之事。宋文帝立,仍重用,元嘉八年(431),率众北伐,因粮尽南撤,全军而返。进司空,镇寻阳。有威名,魏人惮之。朝廷疑忌之,被杀。

②昙首:王昙首,南朝宋琅邪临沂人。幼有素尚,兄弟分财,昙首唯取图书。初辟晋琅邪王大司马属。后随刘义隆为长史,深被知遇。及宋世徐羡之等废杀少帝,迫立义隆,议者致疑,义隆犹豫未决,昙首力劝,遂即帝位,是为文帝。以佐命功,擢侍中。后参与诛羡之等人,官至太子詹事。

与兄王弘共执朝政,又结好彭城王刘义康,深受文帝宠信。

③王华:字子陵,琅邪临沂人。初为徐州主簿,宋文帝刘义隆为荆州刺史时,以为司马、南郡太守,总理州事。少帝被害,他劝刘义隆入京。文帝即位,召为侍中、护军,辅佐政事。元嘉四年(427)卒。元嘉九年(432),追封新建县侯,谥宣侯。

〔译文〕

宋文帝认为王弘、檀道济在开始并没有参与废弑刘义真、刘义符的阴谋,王弘的弟弟王昙首又是宋文帝亲近信任的心腹。所以,在开始行动之前,宋文帝秘密派人告诉王弘,并且召见檀道济,打算派他去讨伐谢晦。王华等宋文帝身边的大臣都坚决反对,宋文帝说:"檀道济当初只不过是被胁迫而随从徐羡之等行事,原本不是他主动提出的,而谋杀的事,更与他没有关系。我安抚并使用他,不必有其他顾虑。"乙丑,檀道济抵达建康。

丙寅,下诏暴羡之、亮、晦杀营阳、庐陵王之罪①,命有司诛之,且曰:"晦据有上流,或不即罪,朕当亲帅六师为其过防。可遣中领军到彦之即日电发②,征北将军檀道济骆驿继路③。符卫军府州,以时收翦,已命雍州刺史刘粹等断其走伏。罪止元凶,余无所问。"

〔注释〕

①羡之:徐羡之,南朝宋东海郯(今山东郯城)人,字宗文,东晋末,官至吏部尚书,丹阳尹。为刘裕心腹,及裕代晋称帝,封南昌县公,扬州刺史。武帝死,与傅亮、谢晦等同受顾命,辅立少帝。后因少帝游戏无度,废杀少帝及庐陵王刘义真。宜都王刘义隆即位,是为文帝,改封南平郡公。

元嘉三年(426)追讨其弑逆罪,自杀而死。

②到彦之:南朝宋彭城武原(今江苏沛县)人,字道豫。东晋末,从刘裕镇压孙恩起事,迁司马、南郡太守。入宋,随刘义隆西镇,为南蛮校尉,佐守荆楚,垂二十载,为士庶所怀。宋文帝即位,为中领军,委以戎政,封建昌县公。元嘉三年(426)迁南豫州刺史。七年率军北伐,攻取北魏滑台、虎牢、洛阳。至冬,河水冰封,魏兵反攻,军实尽弃,败归,下狱免官。明年,起为护军将军。

③骆驿:连续不断。

〔译文〕

丙寅,宋文帝下诏公布徐羡之、傅亮、谢晦杀害营阳王刘义符、庐陵王刘义真的罪状,命令有关部门逮捕诛杀,并且说:“谢晦据守长江上游,或许不会立即伏法。我将亲自统率朝廷的大军前往讨伐。可派中领军到彦之即日火速出发,征北将军檀道济陆续出发为后继。符卫军府及荆州官属,应及时逮捕并诛杀谢晦。已命雍州刺史刘粹等截击,切断其逃跑或潜伏的道路。罪犯只限谢晦一人,其他胁从者一律不加追究。”

是日,诏召羡之、亮。羡之行至西明门外,谢皭正直,遣报亮云:“殿内有异处分。”亮辞以嫂病暂还,遣使报羡之,羡之还西州,乘内人问讯车出郭,步走至新林,入陶灶中自经死。亮乘车出郭门,乘马奔兄迪墓[①],屯骑校尉郭泓收之。至广莫门,上遣中书舍人以诏书示亮,并谓曰:“以公江陵之诚,当使诸子无恙。”亮读诏书讫,曰:“亮受先帝布衣之眷,遂蒙顾托。黜昏立明,社稷之计也。欲加之罪,其无辞乎!”于是诛亮而徙其妻子于建安；诛羡之二子，而宥其兄子佩之②。又诛晦子世休，收系谢皭。

〔注释〕

①迪：傅迪，字长猷，傅亮兄。长于儒学，官至五兵尚书。永初二年（421）卒，追赠太常。

②宥（yòu）：宽容，饶恕，原谅。

〔译文〕

这天，文帝下诏召见徐羡之、傅亮。徐羡之走到建康城西明门外，谢皭正在值班，派人飞报傅亮说："殿内举动异常！"傅亮马上借口嫂嫂生病，暂时回家，派人通知徐羡之，徐羡之回到西城，乘坐宫廷内部人出差的车逃出建康城，又步行走到新林，进入一个烧陶器的窑里，自缢身死。傅亮乘车逃出建康城，又骑马跑到其兄傅迪的墓园，屯骑校尉郭泓将他逮捕。到建康城北门广莫门，文帝派中书舍人拿诏书给傅亮看，对他说："因你当初在江陵迎驾时，态度至为诚恳，所以赦免你的儿子们不死。"傅亮读过诏书说："我出身平民，承蒙先帝垂爱，承担了托孤大任。废黜昏君，迎立明主，都是为了国家谋划长久之计啊。想要将罪过强加在我身上，还怕没有借口吗？"于是，傅亮被杀，他的妻子和子女被放逐到建安；又斩杀了徐羡之的两个儿子，而饶恕了他兄长的儿子徐佩之。又诛杀了谢晦的儿子谢世休，逮捕了谢皭。

帝将讨谢晦，问策于檀道济，对曰："臣昔与晦同从北征，入关十策，晦有其九。才略明练，殆为少敌。然未尝孤军决胜，戎事恐非其长。臣悉晦智，晦悉臣勇。今奉王命以讨之，可未陈而擒也[①]。”丁卯，征王弘为侍中、司徒、录尚书事、扬州刺史，以彭城王义康为都督荆湘等八州诸军事、荆州刺史[②]。

〔注释〕

①陈：同“阵”。

②义康：刘义康，南朝宋宗室，彭城人，小字车子，武帝子。初封彭城王，文帝元嘉时征为侍中、司徒，与王弘共辅政。及王弘死，专总朝权，势倾天下。义康素无术学，后改授江州刺史。以范晔谋迎立事，免为庶人。后数年，被逼自杀。

〔译文〕

宋文帝将要讨伐谢晦，向檀道济询问策略，檀道济回答说：“我当年与谢晦一同北伐，当时得以入关的十项计策，有九项是谢晦提出来的。谢晦才略精明老练，大约很少有敌手。但他从没有单独带领部队打过胜仗，战场上的军事行动，恐怕不是他所擅长的。我了解谢晦的才智，谢晦也了解我的勇敢。今天我奉皇帝的命令来讨伐他，可以在他没有摆开阵势以前，就把他擒获。”丁卯，宋文帝召见王弘，并任命他为侍中、司徒、录尚书事和扬州刺史，任命彭城王刘义康为都督荆、湘等八州诸军事和荆州刺史。

乐冏复遣使告谢晦以徐、傅及瞬等已诛。晦先举羡之、亮哀，次发子弟凶问，既而自出射堂勒兵[①]。晦从高祖征讨，指麾处分，莫不曲尽其宜，数日间，四远投集，得精兵三万人。乃奉表称羡之、亮等忠贞，横被冤酷。且言："臣等若志欲执权，不专为国，初废营阳，陛下在远，武皇之子尚有童幼，拥以号令，谁敢非之！岂得溯流三千里，虚馆七旬，仰望鸾旗者哉②！故庐陵王，于营阳之世积怨犯上，自贻非命。不有所废，将何以兴！耿弇不以贼遗君、父③，臣亦何负于宋室邪！此皆王弘、王昙首、王华险躁猜忌，谗构成祸。今当举兵以除君侧之恶。"

〔注释〕

①射堂：古时习射的场所。

②鸾旗：天子仪仗中的旗子，上绣鸾鸟，故称。亦泛指一般仪仗的旗子。

③耿弇：东汉扶风茂陵（今属陕西兴平）人，字伯昭，耿况子。少好将帅之事。初为刘秀门下吏，后拜大将军，发幽州十郡兵，乘胜南下，镇压铜马、高湖等部，常率精骑为军前锋。光武即位，拜建威大将军，封好畤侯。击破彭宠、张步，又西击隗嚣，十年之间凡所平郡四十六，屠城三百，未尝挫折。建武十三年（37），封还大将军印绶，以列侯奉朝请卒，谥愍。

〔译文〕

乐冏又一次派人报告谢晦，说徐羡之、傅亮、谢皭等已被杀。于是，谢晦先为徐羡之、傅亮举哀，接着发布弟弟及儿子死讯，然后亲自走出射堂誓师军队。谢晦当年随宋武帝南征北讨，经验丰富，所以发号施令，指挥调度，没有不切实妥当的，几天之间，人们从四面八方投奔谢晦，很快就聚集了精兵三万人。于是，谢晦上表，盛赞徐羡之、傅亮等都是忠贞之臣，却遭受横暴的冤杀。

又说："我们这些人如果想长久地把握权柄，不全心全意为国家着想，当初在废黜营阳王时，陛下您远在荆州，武皇帝的儿子中还有幼童，我们完全可以拥戴小皇帝，发号施令，谁敢说个不字！怎么会逆流而上三千里，虚位七十多天，去迎接陛下的鸾旗！已故的庐陵王刘义真，当营阳王在位的时候，就曾积恨，冒犯皇上，是他自己死于非命，不有所废黜，怎么会有兴起！耿弇不曾把贼寇遗留给君王，我又有什么地方辜负了宋皇室！这都是因为王弘、王昙首、王华一伙阴险狂暴、多所猜忌和挑拨离间造成的灾祸。现在，我要发动大军，以清除陛下身边的邪恶之徒。"

谢晦自江陵东下，何承天留府不从。晦至江口，到彦之已至彭城洲，庾登之据巴陵，畏懦不敢进。会霖雨连日①，参军刘和之曰："彼此共有雨耳；檀征北寻至，东军方强，惟宜速战。"登之恇怯②，使小将陈祐作大囊，贮茅悬于帆樯，云可以焚舰；用火宜须晴，以缓战期。晦然之，停军十五日，乃使中兵参军孔延秀攻将军萧欣于彭城洲，破之。又攻洲口栅，陷之。诸将咸欲退还夏口，到彦之不可，乃保隐圻③。晦又上表自讼，且自矜其捷，曰："陛下若枭四凶于庙庭④，悬三监于绛阙⑤，臣便勒众旋旗，还保所任。"

〔注释〕

①霖雨：连绵大雨。

②恇(kuāng)怯：懦弱，胆怯。

③隐圻(qí)：又称隐矶，在今湖南临湘东北的长江南岸。

④枭(xiāo):古代刑罚,把头割下来悬挂在木上。四凶:相传为尧舜时代四个恶名昭彰的部族首领,后世多用以比喻凶狠贪婪的朝臣。

⑤三监:周武王灭商后,以商旧都封给纣子武庚,并以殷都以东为卫,由武王弟管叔监之;殷都以西为鄘,由武王弟蔡叔监之;殷都以北为邶,由武王弟霍叔监之;总称三监。绛阙:宫殿寺观前的朱色门阙,亦借指朝廷、寺庙、仙宫等。

〔译文〕

谢晦从江陵东下,何承天留守江陵没有随从。谢晦抵达西江口,到彦之的军队已开进彭城洲,庾登之据守巴陵,畏缩怯懦不敢前进。当时正赶上大雨连绵,好几天都不停,参军刘和之告诫说:"我们与敌人都遭遇了大雨;征北将军檀道济的大军不久就要到了,官军实力正强,我们应该速战速决。"庾登之仍是畏惧不敢战,命令手下的小军官陈祐制作大型口袋,装满茅草悬挂在桅杆之上,声称可以用来焚毁敌人的舰船;用火攻必须等到天晴,他用这个办法延缓会战的日期。谢晦同意了庾登之的做法,逗留了十五日,才派中兵参军孔延秀进攻驻扎在彭城洲的将军萧欣,大败萧欣的军队。又进攻彭城洲口官军营垒阵地,一举攻克。官军的大小将领都主张退守夏口,到彦之不同意,于是退守隐圻。谢晦又上疏为自己辩护,并且骄傲地夸赞自己在军事上的胜利,说:"陛下如果在庙庭把'四凶'斩首,把'三监'的人头悬挂在宫墙上,我就率领军队回转旌旗,返回我的任所。"

初,晦与徐羡之、傅亮为自全之计:以为晦据上流,而檀道济镇广陵,各有强兵,足以制朝廷;羡之、亮居中秉权,可得持久。及闻道济帅众来上,惶惧无计。

道济既至,与到彦之军合,牵舰缘岸。晦始见舰数不多,轻之,不即出战。至晚,因风帆上,前后连咽;西人离沮[①],无复斗心。戊辰,台军至忌置洲尾[②],列舰过江,晦军一时皆溃。晦夜出,投巴陵,得小船还江陵。

〔注释〕

①离沮(jǔ):分崩离析,涣散。

②台军:六朝时对官军的称谓。忌置洲:在今湖南岳阳北长江中,江北为忌置山。

〔译文〕

当初,谢晦与徐羡之、傅亮为了保全自己谋划了如下计策:用谢晦把守长江上游,又把檀道济安置在广陵,使他们各自拥有强兵,足以挟制朝廷;而徐羡之、傅亮在朝中居高官、掌实权,可以维持长久的安定。等到谢晦听说檀道济率兵来攻打自己,十分惊惶恐惧,束手无策。

檀道济的军队一到隐圻,立即与到彦之的军队合兵一处,战舰沿岸停泊。谢晦最初看见战舰不多,毫不在意,也不马上发动攻击。到了晚上,东风大起,官军的船舰,帆篷满张,陆续抵达,前后相连,塞满江面;谢晦的军队士气涣散,军心沮丧,斗志全无。戊辰(十九日),官军舰队挺进忌置洲尾,战舰排列着渡过长江,谢晦的军队一触即溃。谢晦连夜逃出,投奔巴陵,乘一艘小船回到江陵。

先是,帝遣雍州刺史刘粹自陆道帅步骑袭江陵,至沙桥；周超帅万余人逆战，大破之，士卒伤死者过半。俄而晦败问至。初，晦与粹善，以粹子旷之为参军；帝疑之，王弘曰："粹无私，必无忧也。"及受命南讨，一无所顾，帝以此嘉之。晦亦不杀旷之，遣还粹所。

晦至江陵，无他处分，唯愧谢周超而已。其夜，超舍军单舸诣到彦之降。晦众散略尽，乃携其弟遁等七骑北走。遁肥壮，不能乘马，晦每待之，行不得速。己卯，至安陆延头①，为戍主光顺之所执②，槛送建康。

〔注释〕

①延头：在今湖北大悟东南。
②戍主：古代驻守一地的长官。

〔译文〕

在此以前，文帝派遣雍州刺史刘粹从陆路，率领步骑兵袭击江陵，刚到沙桥，周超就率军一万多人迎战，刘粹军大败，死伤的士卒在一半以上。不久，就传来谢晦战败的消息。最初，谢晦与刘粹私交甚好，用刘粹的儿子刘旷之为参军；文帝猜疑刘粹，王弘说："刘粹没有私心，一定不会出问题。"等到刘粹接受朝廷的命令讨伐谢晦，义无反顾，文帝因此倍加赞许。谢晦也没有杀刘旷之，将其遣送回刘粹那里。

谢晦逃回江陵，也没有做其他部署，只是惭愧地向周超道歉。当天晚上，周超舍弃他指挥的军队，一个人乘舟前往到彦之的营地请降。谢晦的部众全部散尽，于是，谢晦携同他的弟弟谢遁等人共七匹马向北逃去。谢遁身体肥胖，不能骑马，谢晦每每要停下来等候，因此他们的速度很慢。己卯（三十日），谢晦一行才到达安陆延头，被当地戍守的将领光顺之俘虏，用囚车送到京师建康。

到彦之至马头，何承天自归。彦之因监荆州府事，以周超为参军；刘粹以沙桥之败告，乃执之。于是诛晦、瞬、遁及其兄弟之子，并同党孔延秀、周超等。晦女彭城王妃被发徒跣，与晦诀曰："大丈夫当横尸战场，奈何狼藉都市！"庾登之以无任，免官禁锢；何承天及南蛮行参军新兴王玄谟等皆见原[①]。晦之走也，左右皆弃之，唯延陵盖追随不舍[②]，帝以盖为镇军功曹督护。

晦之起兵，引魏南蛮校尉王慧龙为援[③]。慧龙帅众一万拔思陵戍[④]，进围项城，闻晦败，乃退。

〔注释〕

①王玄谟：南朝宋太原祁（今山西祁县）人，字彦德。东晋末，刘裕辟为从事史。宋文帝元嘉中，为汝阴太守。屡请北伐，元嘉二十七年（450），率主力军，围攻滑台，数月不下，乘机搜刮，大失人心，为魏所败。刘劭杀文帝自立，刘骏起兵讨之，玄谟将兵应骏。及骏称帝，除徐州刺史。预讨刘义宣、臧质，封曲江县侯。孝武帝大明元年（457），为雍州刺史，不顾豪族反对，力行土断。将侨置三郡并为一郡，流寓之人都编入户籍。孝武帝死，受顾命。以严直不容，徙青、冀二州刺史。少帝狂悖，玄谟屡表谏诤。明帝时官至南豫州刺史。卒谥庄。

②延陵盖：南朝宋人，为荆州刺史谢晦部下，谢晦兵败，左右皆逃走，唯他追随不舍。文帝嘉其忠主，以为长沙王刘义欣镇军功曹督护。

③王慧龙：北魏太原晋阳（今山西太原）人，东晋尚书仆射王愉孙。愉合家为刘裕所杀，慧龙为僧彬所匿，得免，后奔后秦主姚兴。东晋安帝义

熙十三年(417),后秦灭,归北魏,授洛城镇将。北魏太武帝即位,以其南人,免官。久之,授南蛮校尉、安南大将军左长史。太武帝时,大破宋将王玄谟于滑台,授龙骧将军,任荥阳太守,在任十年,有善政。后又败宋将到彦之、檀道济,宋文帝惮之,行反间计,太武帝不信。又遣人行刺,为慧龙所执,复释之。官至使持节、宁南将军、虎牢镇都副将。自以遭难流离,常怀忧悴,尝作《祭伍子胥》文以寄意。

④思陵戍:在今河南淮阳西北。

〔译文〕

到彦之的军队进抵马头,何承天自己主动投降。到彦之于是监管荆州政务,任命周超为参军;等到刘粹把沙桥之败的情形上报,周超才被逮捕。于是,文帝下令斩杀谢晦、谢皭、谢遁以及他们兄弟的儿子,同时被斩杀的还有谢晦的同党孔延秀、周超等人。谢晦的女儿、彭城王妃披散头发,光着双脚,与父亲诀别,她说:"大丈夫应当战死沙场,为什么要在都城的市上被斩杀狼藉而死!"庾登之因为在谢晦军中没有实权,所以被免除官职,监禁起来;何承天及南蛮行参军、新兴人王玄谟等都得到朝廷的赦免。谢晦败逃的时候,左右亲信都抛弃他各自逃命,唯独延陵盖一人追随谢晦不肯离去,文帝感其忠诚,又命延陵盖为镇军功曹督护。

谢晦起兵之时,曾联络北魏南蛮校尉王慧龙为外援。王慧龙率军队一万人,攻陷思陵戍,进而包围了项城,等到听说谢晦战败,才退回北魏境内。

益州刺史张茂度受诏袭江陵①;晦败,茂度军始至白帝。议者疑茂度有贰心,帝以茂度弟邵有诚节,赦不问，代还。

夏，五月，乙未，以檀道济为征南大将军、开府仪同三司、江州刺史，到彦之为南豫州刺史。遣散骑常侍袁渝等十六人分行诸州郡县，观察吏政，访求民隐；又使郡县各言损益。丙午，上临延贤堂听讼，自是每岁三讯。

左仆射王敬弘，性恬淡，有重名；关署文案[②]，初不省读。尝预听讼，上问以疑狱，敬弘不对。上变色，问左右："何故不以讯牒副仆射？"敬弘曰："臣乃得讯牒读之，正自不解。"上甚不悦，虽加礼敬，不复以时务及之。

〔注释〕

①张茂度：张裕，字茂度，吴郡吴县（今江苏苏州）人。初为琅邪王卫军参军，出为晋安太守。卢循据江州，为其调发征役，卢循事平，免官。后复为始兴相、广州刺史，绥抚百越，政事清明。宋文帝时，官至会稽太守。元嘉十九年（442）卒，谥恭子。

②关署：签署批复。

〔译文〕

益州刺史张茂度也奉文帝之命去袭击江陵；谢晦战败的时候，张茂度的军队才到白帝城。议政的大臣们怀疑张茂度对朝廷有二心，文帝因为张茂度的弟弟张邵忠诚有节操，对张茂度的行为不加追究，只是派人接替他，然后将他召回京师。

夏季，五月，乙未（十七日），文帝任命檀道济为征南大将军、开府仪同三司、江州刺史，任命到彦之为南豫州刺史。又派遣散骑常侍袁渝等十六人,分别巡察各州郡县,考察官员的政绩,访求民间无处申诉的疾苦;文帝还命郡县上疏奏报当地的行政得失。丙午(二十八日),文帝亲自到延贤堂听取诉讼。从此,文帝每年三次听讼。

左仆射王敬弘,性情恬然,甘于淡泊,名重一时;可是在签署批复文稿时,从来不事先审阅。有一次,他随同文帝听取民间诉讼,文帝就一件有疑问的案件询问王敬弘,王敬弘回答不上来。文帝脸色大变,问左右侍臣:“你们为什么不把案卷的副本送给王仆射?”王敬弘回答说:“我已看到了案卷的副本,可是看不懂。”文帝非常不高兴,虽然对他仍然礼敬有加,却不再与他讨论国家大事。

六月,以右卫将军王华为中护军,侍中如故。华以王弘辅政,王昙首为上所亲任,与己相埒[①],自谓力用不尽,每叹息曰:“宰相顿有数人,天下何由得治!”是时,宰相无常官,唯人主所与议论政事、委以机密者,皆宰相也,故华有是言。亦有任侍中而不为宰相者;然尚书令仆、中书监令、侍中、侍郎、给事中,皆当时要官也。

华与刘湛、王昙首、殷景仁俱为侍中[②],风力局干[③],冠冕一时。上尝与四人于合殿宴饮,甚悦。既罢出,上目送良久,叹曰:“此四贤,一时之秀,同管喉唇,恐后世难继也。”

〔注释〕

①相埒(liè):相等。

②刘湛：南朝宋南阳涅阳（今河南邓州）人，字弘仁，小字班虎。博涉史传，不为文章，不喜谈议。初为刘裕太尉行参军，入宋，为彭城王刘义康长史，领历阳太守。为人刚正，执法尚严。宋文帝时，义康专执朝权，湛以旧情为义康心腹。帝忌之，下狱死。殷景仁：南朝宋陈郡长平（今河南西华）人。才思敏捷，熟谙国典朝仪。为宋武帝太尉行参军，历中书侍郎。少帝即位，以为黄门侍郎。文帝元嘉初，与王华、王昙首、刘湛并为侍中，深受信用。累迁尚书仆射，后拜扬州刺史。卒谥文成公。

③局干：度量和才干。

〔译文〕

六月，文帝任命右卫将军王华为中护军，同时仍兼任侍中。王华认为司徒王弘是辅政文帝的大臣，侍中王昙首又是皇上十分信任的心腹，他们的地位与自己相当，因此，王华认为自己的才能无法完全施展，他常常叹息着说："朝中宰相，一时之间多达数人，天下怎么能够治理！"当时，朝中没有固定的宰相，只要谁与皇帝讨论国家大事，国家机要大事交给谁办，谁就是宰相，所以王华才有这样的言论。当时也有任侍中的职务而不是宰相的人；然而，尚书令、仆射、中书监、中书令、侍中、侍郎、给事中等都是重要的官职。

王华与刘湛、王昙首、殷景仁担任侍中的职务，他们风采气度卓然，才干能力出众，荣显一时。文帝曾经在合殿设宴款待他们四人，与他们共同欢饮，特别高兴。筵席散后，文帝目送他们好久，叹息道："这四位贤才，是一时的俊杰，一起作为我的喉唇，恐怕后世很难再出现这样的人才了。"

黄门侍郎谢弘微与华等皆上所重[①]，当时号曰五臣。弘微，琰之从孙也[②]。精神端审，时然后言，婢仆之前不妄语笑；由是尊卑大小，敬之若神。从叔混特重之③，常曰："微子异不伤物，同不害正，吾无间然。"

上欲封王昙首、王华等，拊御床曰："此坐非卿兄弟，无复今日。"因出封诏以示之。昙首固辞曰："近日之事，赖陛下英明，罪人斯得；臣等岂可因国之灾以为身幸！"上乃止。

〔注释〕

①谢弘微：南朝宋陈郡阳夏(今河南太康)人，本名密，以字行，谢景仁从子。东晋末，袭爵建昌县侯。出身士族，起家员外散骑侍郎，与谢灵运等族兄弟随叔谢混居乌衣巷，以文义赏会，常共宴处，时称"乌衣之游"。及混被杀，诏命混妻晋陵公主改嫁，公主以家事悉委弘微，弘微善于经营，然一介不取，曾祖谢安、祖谢琰遗产应属弘微者，亦一无所争。宋文帝立，迁尚书吏部郎，与王华、王昙首、殷景仁、刘湛等，号曰五臣，共参机密。历位侍中，领太子右卫率。

②琰(yǎn)：谢琰，东晋陈郡阳夏人，字瑗度，谢安子。拜著作郎，迁侍中。淝水之战中，与从兄谢玄率精卒击破苻坚，封望蔡公。安帝隆安三年(399)孙恩起事，再攻会稽，琰为会稽内史、都督五郡军事，为孙恩击杀，谥忠肃。

③混：谢混，东晋陈郡阳夏人，字叔源，小字益寿，谢安孙，孝武帝婿。少有美誉，善属文。袭父爵，累迁中书令、尚书左仆射。坐党刘毅，为刘裕所杀。

〔译文〕

黄门侍郎谢弘微与王华等都深得文帝的器重，当时他与王华、刘湛、王昙首、殷景仁等号称五臣。谢弘微，是谢琰的侄孙。他一向端重严谨，在适当的时机，才开口说话，在仆役奴婢面前也从不随便说笑，因此不论尊卑大小，都像对待神明一样恭敬他。他的堂叔谢混对他格外推崇敬重，常常说："谢弘微这人，与别人相异时不会伤害别人，与别人相同时也不会违背正道，找不到他的毛病。"

文帝打算册封王昙首、王华等人爵位，并抚摸着御座说："这个宝座，如果不是你们，我今天就不可能坐上。"于是，文帝就拿出封爵的诏书给他们看。王昙首坚决辞让说："近来发生的事，全仰赖陛下英明决断，使罪人得到应有的惩罚；我们怎么可以因为国家的灾难而让自己得到好处！"文帝这才作罢。

# 齐 纪

## 魏迁洛阳

〔题解〕

此篇选自《齐纪》四、五、六。北魏的建立者是鲜卑族拓跋部。在十六国之乱中，鲜卑族拓跋部于386年建立北魏。北魏天兴元年(398)时，黄河以北诸州均为北魏所有，为便于统治，道武帝拓跋珪决定迁都平城(今山西大同)。490年，冯太后死，北魏孝文帝亲政，继续进行汉化改革。太和十八年(494)，孝文帝把都城由平城迁到洛阳，改变了过去对中原遥控的形势，有利于整个国家的控制和政策的继续进行，也摆脱了一百多年来鲜卑贵族保守势力在平城形成的羁绊和干扰。迁都本身虽不属于制度的改革，却是孝文帝改革总体工作中的一个重要环节。

孝文帝迁都洛阳后，实施了一系列汉化措施，这些措施顺应了时代潮流，促进了鲜卑族和北方各族同汉族的友好往来，推动了民族大融合和经济社会的全面发展。

世祖武皇帝永明十一年(癸酉、493)

魏主以平城地寒[①]，六月雨雪，风沙常起，将迁都洛阳；恐群臣不从，乃议大举伐齐，欲以胁众。斋于明堂左个[②]，使太常卿王谌筮之[③]，遇《革》[④]，帝曰："'汤、武革命，应乎天而顺乎人。'吉孰大焉！"群臣莫敢言。尚书任城王澄曰[⑤]："陛下奕叶重光[⑥]，帝有中土；今出师以征未服，而得汤、武革命之象，未为全吉也。"帝厉声曰："繇云[⑦]：'大人虎变'，何言不吉！"澄曰："陛下龙兴已久，何得今乃虎变！"帝作色曰："社稷我之社稷，任城欲沮众邪[⑧]！"澄曰："社稷虽为陛下之有，臣为社稷之臣，安可知危而不言！"帝久之乃解，曰："各言其志，夫亦何伤！"

〔注释〕

①魏主：名宏，拓跋弘长子。五岁即位，政事由祖母冯太后主持，相继颁行班禄制、三长制、均田令等。太和十四年（490）亲政，更定律令，整吏治，迁都洛阳。禁朝中说鲜卑语，迁洛鲜卑人以洛阳为籍贯。改鲜卑姓为汉姓，拓跋氏改姓元氏。为诸弟聘汉士族女为妻，禁穿鲜卑服。杀反对迁都的穆泰等，处死太子恂。数率军攻南齐。死于军中，谥孝文皇帝，庙号高祖。平城：古县名，秦置，治今山西大同东北。秦、汉属雁门郡，西汉又为郡东部都尉治。东汉末移治今代县东北，属新兴郡。北魏天兴元年（398），自盛乐迁都于此，又为司州、代郡治。延和元年（432）至太和十七年（493），曾改名万年县。太和十九年（495），孝文帝迁都洛阳后，为恒州及代郡治。孝昌二年（526），被六镇军攻破，州、郡、县并废。

②明堂：古代帝王宣明政教的地方，凡朝会、祭祀、庆赏、选士、养老、教学等大典，都在此举行。

③太常：官名，两汉皆置。汉初名奉常，景帝中元六年（前144）改名太常，掌宗庙礼仪。有丞，属官有太乐、太祝、太宰、太史、太卜、太医六令丞，

均官、都水两长丞，诸庙寝园食官令、长、丞等。王莽时改称秩宗。东汉称太常，卿一人，俸中二千石，掌礼仪、祭祀。每祭祀，先奏其礼仪；及行事，常赞天子。每选试博士，奏其能否。大射、养老、大丧，皆奏其礼仪。每月前晦，察行陵庙。丞一人，俸比千石，掌行礼及祭祀小事，总管曹事，其官署掾史，无固定人数，随事而定。魏晋沿置。其后改称太常卿或太常寺。

④革：《周易》卦名，其《彖》辞有云："天地革而四时成，汤武革命，顺乎天而应乎人。革之时大矣哉！"北魏孝文帝所言正是此卦《彖》辞。

⑤澄：拓跋澄，北魏宗室，鲜卑族，字道镇，拓跋云子。少好学，父卒，袭封任城王，加征北大将军。讨柔然及抚安氏、羌，有功，累迁为尚书令。孝文帝谋迁都洛阳，澄赞成其事，并至代旧都援引古今，晓以大计，说服旧臣。宣武帝时镇寿春，累败梁兵，除太子太保。时高肇当朝，猜忌皇族，澄为肇所间，惧，乃常酣饮以示荒败。孝明帝初任尚书令，加侍中，迁司徒。事有不便，必谏争不已，内外咸敬惮之。卒谥文宣。

⑥奕(yì)叶：累世，代代。

⑦繇(yáo)：卦兆的占词。《革》卦第五爻的爻辞为"大人虎变，未占有孚"。

⑧沮(jǔ)：阻止。

## ［译文］

齐武帝永明十一年(癸酉、493)

魏孝文帝因为平城气候寒冷，夏季六月时都会下雪，且经常有大风沙，所以，想迁都到洛阳；但他又担心文武官员不同意，于是提议大规模进攻南齐，打算以这种名义胁迫大家。在明堂南厢东边的偏殿斋戒之后，让太常卿王谌占卜，得到"《革》卦"，孝文帝说："'商汤王和周武王进行变革，是适应上天之命，顺应百姓之心的。'没有比这更吉祥的了。"文武官员没有人敢说什么。尚书、任城王拓跋澄说："陛下继承几代累积下来的大业，并使之发扬光大，拥有了中原土地，如今将要讨伐还没有臣服的对象，在这时得到了商汤王和周武王变革的象辞，恐怕这并不全是吉利。”孝文帝大声严厉地说：“繇辞说：‘大人物的行动就像老虎身上的斑纹那样变幻莫测。’你为什么要说这不吉利呢？”拓跋澄说：“陛下作为飞龙兴起已经很久了，怎么到今天又实施如同老虎一样的变革？”孝文帝脸上现出怒色说：“国家，是我的国家，任城王打算要阻止大家吗？”拓跋澄说：“国家虽然是陛下所有，而我是国家的臣属，怎么可以明知危险而不说出来呢？”孝文帝过了很长时间才缓和了怒气，说：“不过是各自表明自己的看法而已，这又有什么关系！”

既还宫，召澄入见，逆谓之曰：“向者‘《革》卦’，今当更与卿论之。明堂之忿，恐人人竞言，沮我大计，故以声色怖文武耳。想识朕意。”因屏人谓澄曰：“今日之举，诚为不易。但国家兴自朔土，徙居平城；此乃用武之地，非可文治。今将移风易俗，其道诚难，朕欲因此迁宅中原，卿以为何如？”澄曰：“陛下欲卜宅中土以经略四海[①]，此周、汉所以兴隆也。”帝曰：“北人习常恋故，必将惊扰，奈何？”澄曰：“非常之事，故非常人之所及。陛下断自圣心，彼亦何所能为！”帝曰：“任城，吾之子房也！[②]”

〔**注释**〕

①卜宅：占卜决定建都的地方。经略四海：经营治理天下。

②子房：张良，字子房，汉初著名谋士。张良曾赞同汉高祖刘邦迁都长安，故孝文帝有此比喻。

〔译文〕

孝文帝回宫，立刻召见拓跋澄，迎上去对他说："刚才关于'《革》卦'的事，现在要进一步和你讨论一下。明堂上我之所以大怒，是因为害怕大家争先恐后地发言，阻挠了我一个重大的决策，所以，我就声色俱厉以吓唬那些文武官员罢了。我想你会明白我的用心。"于是屏退左右侍从，对拓跋澄说："今天我所要做的这件事，确实是很不容易的。我们国家是在北方疆土上建立起来的，后来又迁都到平城；但是，平城只是用武力开疆拓土的地方，而不宜进行治理教化。现在，我打算进行改变风俗习惯的重大变革，这条路走起来确实困难，我因此想将京都迁到中原，你认为怎么样？"拓跋澄说："陛下您打算迁都中原，用以扩大疆土，征服四海，这一想法也正是以前周王朝和汉王朝兴盛不衰的原因。"孝文帝说："北方人习惯留恋于旧有的生活方式，那时，他们一定会惊恐骚动起来，怎么办？"拓跋澄回答说："不平凡的事，原来就不是平凡的人所能做得了的。陛下的决断，是出自您圣明的内心，他们又能有什么办法呢？"孝文帝高兴地说："任城王真是我的张子房呀！"

六月，丙戌，命作河桥，欲以济师。秘书监卢渊上表①，以为："前代承平之主，未尝亲御六军，决胜行陈之间；岂非胜之不足为武，不胜有亏威望乎！昔魏武以弊卒一万破袁绍，谢玄以步兵三千摧苻秦②，胜负之变，决于须臾，不在众寡也。"诏报曰："承平之主，所以不亲戎事，或以同轨无敌，或以懦劣偷安。今谓之同轨则未然，此之懦劣则可耻,必若王者不当亲戎,则先王制革辂[3],何所施也？魏武之胜,盖由仗顺;苻氏之败,亦由失政;岂寡必能胜众,弱必能制强邪!”丁未,魏主讲武,命尚书李冲典武选[4]。

〔注释〕

①卢渊:北魏范阳涿(今河北涿州)人,字伯源,小名阳乌,卢度世子,袭侯爵。由主客令历迁秘书监、本州大中正,尝表谏孝文帝立冯后、伐南齐二事。后以持节、安南将军攻南齐之南阳,兵败免官爵。后为徐州京兆王兼长史。以诚信御物,甚得民和。宣武帝景明初除秘书监,卒官。工书法,代京宫殿,多其所题。

②谢玄:东晋陈郡阳夏(今河南太康)人,字幼度,谢安从子。有经国才略,桓温辟为掾。前秦数入寇,玄拒之,拜建武将军。孝武帝太元八年(383),淝水之战,玄统兵大破苻坚。复率军收复兖、青、司、豫诸州,封康乐县公。时司马道子执政,忌谢氏势盛,使玄还镇淮阴,后改会稽内史。卒官,谥献武。苻秦:晋时五胡十六国中之前秦,为苻氏所建,故称苻秦,此处当指前秦王苻坚。苻坚,前秦国君,略阳临渭(今甘肃秦安)人,氐族,一名文玉,字永固,苻雄子。博学多才,有经世志。初为东海王,苻健入关,拜龙骧将军。东晋穆帝升平元年(357),杀苻生自立,去帝号,称大秦天王,改元永兴。重用王猛等人掌机要,参国事,抑制豪酋,强化王权,劝课农桑,兴修水利,提创儒学,整饬军政。先后攻灭前燕、前凉、代国,威服诸邻国,统一北方大部,并夺东晋之益州。建元十九年(383),征调步骑九十万南攻东晋,于淝水为东晋军所败,各族首领乘机叛而自立。建元二十一年(385),为后秦姚苌擒杀。在位二十七年,前秦由是瓦解。

③革辂(lù):亦作“革路”,五路之一,古代帝王所乘的一种兵车。覆之以革,无他饰,用于作战或巡视诸侯国土或四境。

④李冲:北魏陇西狄道(今甘肃临洮)人,字思顺,李宝子。献文帝末为中书学生。孝文帝初,典禁中文事,以敏慧迁内秘书令、南部给事中。

北魏建国后,以宗主督护为治民基础,民多隐冒,太和十年(486)上书议立三长制代替宗主督护制,便于查检户籍,均徭省赋,抑制宗主豪强多占民户。又建议颁行新租调制,革除宗主中饱之弊,增加朝廷收入。得冯太后信重,迁南部尚书,晋爵陇西公。后佐孝文帝议定礼仪律令,主持营建洛阳新都。帝南攻萧齐,委冲留守洛阳。迁尚书仆射。后以愤李彪倨傲无礼见负,发病卒。

〔译文〕

六月,丙戌(初七),孝文帝下令在黄河上修筑大桥,准备让南下大军由桥上渡过黄河。秘书监卢渊上书,认为:"以前太平时代的君主,从来没有过亲自统率大规模军队作战,在双方交战阵地上决一胜负的,还不是因为胜利了并不足以显示勇敢,而失败了则会使自己的威望受到损失吗?以前,曹操统率一万名疲惫不堪的士卒打败了袁绍,谢玄率领三千名步兵,摧毁了苻坚的大军,胜利与失败的变化,往往就在转眼的工夫,而不在于人数多少。"孝文帝下诏回答说:"太平时代的君主,之所以不亲自统率军队作战,有的是因为天下已经统一,没有了敌人;有的是因为懦弱卑怯,贪图安逸。现在说是天下已经统一、太平,实际上并不是这样;与懦弱卑劣的人为伍,又是十分可耻的。如果太平时期的君主一定不应该亲自统率军队作战,那么,古代的君王特意制造的战斗时使用的革车,又会有什么用呢?曹操之所以能取得胜利,是因为他依仗名正言顺;苻坚之所以失败了,其根源也是由于他失德无道;怎么能是人数少就一定能战胜人数多,力量弱就一定能战胜力量强的呢?"丁未(二十八日),孝文帝讲论武事,命令尚书李冲负责选拔武将。

魏主自发平城至洛阳,霖雨不止。丙子,诏诸军前发。丁丑，帝戎服，执鞭乘马而出，群臣稽颡于马前①。帝曰："庙算已定②，大军将进，诸公更欲何云？"尚书李冲等曰："今者之举，天下所不愿，唯陛下欲之；臣不知陛下独行，竟何之也！臣等有其意而无其辞，敢以死请！"帝大怒曰："吾方经营天下，期于混壹，而卿等儒生，屡疑大计；斧钺有常，卿勿复言！"策马将出，于是安定王休等并殷勤泣谏③。帝乃谕群臣曰："今者兴发不小，动而无成，何以示后！朕世居幽朔，欲南迁中土；苟不南伐，当迁都于此，王公以为何如？欲迁者左，不欲者右。"南安王桢进曰④："'成大功者不谋于众。'今陛下苟辍南伐之谋，迁都洛邑，此臣等之愿，苍生之幸也。"群臣皆呼万岁。时旧人虽不愿内徙，而惮于南伐，无敢言者。遂定迁都之计。

〔注释〕

①稽颡(qǐsǎng)：颡，额，脑门儿。稽颡，古代一种跪拜礼，屈膝下拜，以额触地，表示极度虔诚。

②庙算：朝廷或帝王对战事进行的谋划。

③安定王休：安定王拓跋休，北魏皇族，鲜卑族，拓跋晃子。献文帝皇兴二年(468)封安定王，拜征南大将军，外都大官。孝文帝时，柔然犯边，休出为抚冥镇大将，击退之。入为内都大官，迁太傅。孝文帝南征，休领大司马，严而秉法。定都洛阳，从帝至邺。以疾卒。

④南安王桢：南安王拓跋桢，北魏皇族，鲜卑族，拓跋晃子。献文帝皇兴二年(468)封南安王，中都大官，迁内都大官。孝文帝时，累迁长安镇都大将、雍州刺史。以聚敛贪黩，削爵以庶人归第，禁锢终身。从孝文帝至洛，议迁都事，桢首从大计，因复封，出为镇北大将军、相州刺史。后以知

恒州刺史穆泰谋反而不告，虽死，犹被追夺封爵。

〔译文〕

孝文帝从平城出发抵达洛阳，天一直下雨，没有停过。丙子（二十八日），诏令各路大军继续向南进发。丁丑（二十九日），孝文帝身穿军服，手持马鞭，骑马出发，文武官员拦住马头，不断叩拜。孝文帝说："朝廷的作战计划已经决定，大军将要继续前进，你们还想要说什么呢？"尚书李冲等人说："现在的行动，全国上下都不愿意，只有陛下一个人想这样做；臣不知道陛下一个人走，将要到什么地方去。我们有一心报国效忠皇上的心愿，却无法表达出来，只好冒死向陛下请求。"孝文帝大怒，说："我现在正要征服外邦，希望统一天下，可你们这些儒生，却多次怀疑这一重大决策；杀人用的斧钺有它们经常使用的地方，你们不要再多说什么了！"说完，又纵马要走，这时，安定王拓跋休等人一齐来好言劝谏，流泪阻止。孝文帝于是对文武官员说："这一次，我们出动军队的规模不小，出动而没有什么成果，我们将来拿什么让后人看？我世世代代居住在遥远的北方，一直想要南迁到中原；如果我们不再向南征伐，那么，我们就应该把京都迁到这里，各位王公认为这样做怎么样？同意迁都的人站在左边，不同意迁都的人站在右边。"南安王拓跋桢靠近孝文帝说："'成就大事业的人，并不向众人征询意见。'如今，陛下如果能停止南征，将京都迁到洛阳，这正是我们所希望的，是老百姓的幸运。"文武官员都高呼万岁。当时，鲜卑人虽然不愿意向南迁移，但是又害怕再向南征伐，所以，也就没有人敢说些什么。于是迁都大计确定了下来。

李冲言于上曰："陛下将定鼎洛邑①，宗庙宫室，非可马上游行以之。愿陛下暂还代都，俟群臣经营毕功，然后备文物、鸣和鸾而临之[②]。”帝曰：“朕将巡省州郡，至邺小停[③]，春首即还，未宜归北。”乃遣任城王澄还平城，谕留司百官以迁都之事，曰：“今日真所谓革也。王其勉之！”

帝以群臣意多异同，谓卫尉卿、镇南将军于烈曰[④]：“卿意如何？”烈曰：“陛下圣略渊远，非愚浅所测。若隐心而言，乐迁之与恋旧，适中半耳。”帝曰：“卿既不唱异，即是肯同，深感不言之益。”使还镇平城，曰：“留台庶政，一以相委。”烈，栗磾之孙也[⑤]。

〔**注释**〕

①洛邑：一作雒邑。《史记·周本纪》载：武王灭商以后，“营周居于雒邑而后去”。故址疑在今河南洛阳市东北汉魏故城内。周公在平定武庚的叛乱后营建的成周，亦称洛邑，或称新邑洛，故址在今洛阳市附近。此处指洛阳。

②文物：此词并非今天意义上的文物，而是指车服、旌旗、仪仗之类。和鸾：古代车上的铃铛，挂在车前横木上称“和”，挂在轭首或车架上称“鸾”。

③邺(yè)：古邑名，春秋齐邑。相传齐桓公始筑城，在今河北临漳县邺镇东，后属魏。战国魏置县，文侯曾都于此。西门豹、史起先后在此引漳水溉田。

④于烈：北魏代人，于洛拔子。善射。沉默寡言，有不可犯之色。少拜羽林中郎，孝文帝太和初迁司卫监，总督禁军。从幸中山还，平沙门法秀起事。时冯太后称制，受知于太后，赐金策。从驾南征，加镇南将军。孝文帝迁都洛阳，留烈镇代旧都。帝嘉其勋诚，迁光禄卿。太和十九年

(495)大选百官,烈子登引例求进,烈上表请黜落。帝赞其有识,加散骑常侍。穆泰、陆叡谋反旧京,代人旧族追随者多,唯烈一宗无预其谋,帝益重之,诏除领军将军。宣武帝即位,以宰辅咸阳王元禧等专擅,即与烈共谋废之。自是烈长在禁中,参与机密。

⑤栗磾(dī):于栗磾,北魏代(今属山西山阴)人。武艺过人,能左右驰射,道武帝登国中拜冠军将军。尝自太原依汉韩信所开故道辟井陉路,袭后燕慕容宝于中山,为帝所称。明元帝时屡受命征讨,有功,留镇平阳,后迁河内镇将。作战好持黑稍,刘裕尝遗书栗磾称为黑稍公,帝因授栗磾为黑稍将军。帝南巡幸盟津,栗磾以大舟编次为桥架于冶坂之河上,六军得济,帝叹美之。太武帝时,从征赫连昌,平统万,为虎牢镇大将,累迁至外都大官。卒年七十五。

〔译文〕

李冲对孝文帝说:"陛下将要迁都洛阳,可是皇家祖庙和皇宫、府宅都要重新建造,我们不能只骑在马上走来走去,等待它们建成。希望陛下暂时回到代都,等到文武百官把这一切事情做好之后,陛下再备齐仪仗,在銮铃声中莅临新的京都。"孝文帝说:"朕正要到各个州郡巡查,现在正好可以利用这个机会,先到邺城,暂作停留,明年初春就返回,而不应该先回北方。"于是,派遣任城王拓跋澄返回平城,向留守在那里的官员们宣布迁都的事宜,对任城王说:"如今才是'《革》卦'上真正的'革',你要努力把事情办好。"

由于文武官员的意见并不一致,孝文帝对卫尉卿、镇南将军于烈说:"你的意见是什么呢?"于烈回答说:"陛下圣明的谋略,是为了国家长远的利益,这不是愚陋、浅薄的人所能预测得到的。但如果推测一下大家的心意,愿意迁都的人和依恋故土的人,正好各占一半。"孝文帝说:"你既然没有公开说自己反对,那就是表示认同了，我深感你不说话的好处。”于是，派于烈回到平城镇守，说：“留守在朝廷里的一切事情，全都托付给你了。”于烈，是于栗磾的孙子。

冬，十月，戊寅朔，魏主如金墉城①，征穆亮②，使与尚书李冲、将作大匠董尔经营洛都③。己卯，如河南城；乙酉，如豫州；癸巳，舍于石济。乙未，魏解严，设坛于滑台城东，告行庙以迁都之意④。大赦。起滑台宫。任城王澄至平城，众始闻迁都，莫不惊骇。澄援引古今，徐以晓之，众乃开伏。澄还报于滑台。魏主喜曰：“非任城，朕事不成。”

〔注释〕

①金墉城：三国魏明帝时筑，为洛阳城（今河南洛阳市东）西北角上一小城。魏晋时被废的帝后，都安置于此。城小而固，为攻战戍守要地，北魏初年为“河南四镇”之一。隋洛阳城西迁后，遂在洛阳之东。隋末，瓦岗起义军据此进逼洛阳。唐贞观后废。今称故址为阿斗城。

②穆亮：北魏代（今山西大同）人，字幼辅，初字老生。献文帝时，起家侍御中散，尚中山长公主，拜驸马都尉，封赵郡王，徙封长乐王。孝文帝时，除秦州刺史，有名声，征为殿中尚书，累除征南大将军、领护西戎校尉、仇池镇将，击走吐谷浑。孝文帝南迁，以亮录尚书事，镇洛阳，累官征北大将军、开府仪同三司、冀州刺史。宣武帝时，迁定州刺史，寻除骠骑大将军、尚书令，转司空公。

③将作大匠：官名，秦称将作少府，掌治宫室，有两丞、左右中侯。景帝中六年（前144），改称将作大匠，属官有石库、东园主章、左右前后中校七令丞。东汉沿置，俸二千石，掌修作宗庙、路寝、宫室、陵园土木工程，并种植桐梓之类于道侧。有丞一人，六百石。属官有左校令、右校令等。

④行庙：天子巡幸或大军出征临时所立的庙。

〔译文〕

冬季，十月，戊寅朔（初一），孝文帝前往金墉城，征召穆亮，命令他和尚书李冲、将作大匠董尔一起负责营建洛阳都城。己卯（初二），前往河南城；乙酉（初八），前往豫州；癸巳（十六日），住宿在石济。乙未（十八日），下令北魏境内解除戒严，在滑台城东边兴筑祭台，向随行的祖宗牌位禀告迁都计划。下令实行大赦。兴筑滑台宫。任城王拓跋澄回到平城，大家刚刚听到要迁都时，没有不感到震惊的。于是，拓跋澄引经据典，慢慢地解释开导，让大家明白这样做的好处，最后，大家终于接受了。拓跋澄回到滑台向孝文帝汇报了这一情况。孝文帝高兴地说："没有任城王，我迁都的事就办不成。"

癸卯，魏主如邺城。王肃见魏主于邺①，陈伐齐之策。魏主与之言，不觉促席移晷②。自是器遇日隆，亲旧贵臣莫能间也。魏主或屏左右与肃语，至夜分不罢，自谓君臣相得之晚。寻除辅国将军、大将军长史。时魏主方议兴礼乐，变华风，凡威仪文物，多肃所定。

乙巳，魏主遣安定王休帅从官迎家于平城。

〔注释〕

①王肃（464—501）：字恭懿，琅邪郡临沂（今山东临沂）人。北魏名臣，东晋丞相王导后人，南齐尚书左仆射王奂之子。少聪辩，涉猎经史，有大志。初仕萧齐，太和十七年父兄并为齐所杀，投奔北魏。积功为豫州刺史、扬州大中正，封昌国县开国侯、出为散骑常侍，持节都督淮南诸军事、

扬州刺史。景明二年卒,追赠侍中、司空公,谥号宣简。

②促席:座席互相靠近。移晷(guǐ):日影移动,犹言经过了一段时间。

〔译文〕

癸卯(二十六日),孝文帝前往邺城。王肃在邺城觐见孝文帝,向他陈述讨伐南齐的策略。孝文帝和他谈着谈着,不知不觉地把自己的座席往前移,时间不知不觉地过去了很久。从那以后,孝文帝对王肃的器重和恩遇一天比一天隆厚,无论是亲信故旧还是重臣,都无法离间这君臣二人之间的关系。孝文帝有时让左右侍从退下,单独和王肃谈话,谈到半夜,仍不停止,他认为和王肃相见太晚了。不久,任命王肃为辅国将军、大将军长史。这时,孝文帝正打算推广使用礼仪和雅乐,将鲜卑人传统的风俗习惯变成和汉人一样,所以大多数展示帝王威严仪容的仪仗制度,都是由王肃来确定。

乙巳(二十八日),孝文帝派安定王拓跋休率领侍从官员,到平城迎接眷属。

建武元年(甲戌、494)

戊申,魏主亲告太庙,使高阳王雍、于烈奉迁神主于洛阳[①];辛亥,发平城。

己巳,魏主如信都。庚午,诏曰:"比闻缘边之蛮,多窃掠南土,使父子乖离,室家分绝。朕方荡壹区宇,子育万姓,若苟如此,南人岂知朝德哉!可诏荆、郢、东荆三州,禁勒蛮民,勿有侵暴。"

魏主至洛阳,欲澄清流品[②],以尚书崔亮兼吏部郎[3]。亮，道固之兄孙也[4]。

魏主欲变易旧风，壬寅，诏禁士民胡服。国人多不悦。

〔注释〕

①高阳王雍：元雍，字思穆，司州洛阳（今河南洛阳）人。北魏宗室大臣，献文帝拓跋弘之子，孝文帝元宏之弟。太和中拜中护军，封高阳王。孝文帝南征时，负责留守事宜，迁相州刺史。孝明帝时，拜侍中、太师、录尚书事，与江阳王元叉把持朝政，荣贵之盛。死于河阴之变，追赠假黄钺、相国，谥号文穆。神主：古代为已死的君主、诸侯做的牌位，用木或石制成。后民间亦立神主祭祀死者。

②流品：等级，本指官阶，后亦泛指门第或社会地位。

③崔亮：北魏清河东武城（今河北故城）人，字敬儒。居家贫，佣书自业。李冲荐为中书博士，寻迁尚书二千石郎。参选事将十年，廉慎明决。为尚书郭祚所委。历吏部郎、度支尚书、吏部尚书，创"停年格"，专以资历取官，时人谓魏之失才，自此始。时刘腾擅权，亮谄附之，官至尚书仆射，加散骑常侍。

④道固：崔道固，北魏清河东武城人，字季坚，崔琰八世孙。美容姿，善举止，便弓马，好武事。初仕南朝宋，为徐、兖二州刺史刘骏之从事，迁青州刺史主簿、治中，后为宋诸王参军。尝被遣向青州募人，长史已下皆诣道固。迁冀州刺史，镇历城。以拥立萧子勋，战败归魏。南朝宋明帝招之，复投宋。北魏献文帝皇兴元年（467），面缚请罪于北魏，帝恕其罪，迁为平齐太守。孝文帝延兴中卒，年五十。

〔译文〕

建武元年（甲戌、494）

戊申（初七），孝文帝亲自到太庙祭告，派高阳王拓跋雍和于烈奉迁祖宗神位到洛阳;辛亥(初十),开始从平城出发。

己巳(二十八日),孝文帝到达信都。庚午(二十九日),发布诏令:"近来听说边境上的蛮人,经常劫掠南方人,使他们父子相离,家庭破碎。我正要统一天下,像对子女一样安抚百姓,如果这样的话,南方人怎么能知道我们魏朝的仁德呢?所以应该诏令荆州、郢州、东荆州三个地方,要对那些蛮民严加禁止,不许再对江南人进行强暴掠夺。"

孝文帝到达洛阳,想整理朝纲,澄清流品,就让尚书崔亮兼任吏部郎。崔亮是崔道固哥哥的孙子。

孝文帝想改革旧的风俗习惯,壬寅(初二)发布诏令,禁止士大夫与民众穿胡服,鲜卑族人大多不乐意。

甲午,魏太子冠于庙[①]。魏主欲变北俗,引见群臣,谓曰:"卿等欲朕远追商、周,为欲不及汉、晋邪?"咸阳王禧对曰[②]:"群臣愿陛下度越前王耳。"帝曰:"然则当变风易俗,当因循守故邪?"对曰:"愿圣政日新。"帝曰:"为止于一身,为欲传之子孙邪?"对曰:"愿传之百世。"帝曰:"然则必当改作,卿等不得违也。"对曰:"上令下从,其谁敢违!"帝曰:"夫'名不正,言不顺,则礼乐不可兴'。今欲断诸北语,一从正音。其年三十已上,习性已久,容不可猝革。三十已下,见在朝廷之人,语音不听仍旧;若有故为,当加降黜。各宜深戒!王公卿士以为然不?"对曰:"实如圣旨。"帝曰:"朕尝与李冲论此,冲曰:'四方之语,竟知谁是;帝者言之,即为正矣。'冲之此言,其罪当死!"因顾冲曰:"卿负社稷,当令御史牵下!”冲免冠顿首谢。又责留守之官曰:“昨望见妇女犹服夹领小袖,卿等何为不遵前诏!”皆谢罪。帝曰:“朕言非是,卿等当庭争。如何入则顺旨,退则不从乎!”六月,己亥,下诏:“不得为北俗之语于朝廷,违者免所居官。”

〔注释〕

①冠:男子成年所举行的加冠礼,行礼年龄及具体仪式因时、因阶层而有不同。周代仅限于贵族男子于二十岁时行冠礼。天子、诸侯则十二岁即可行之。礼仪一般由父或兄主持,于春二月选定吉日,在宗庙举行。行冠礼前三日,又以蓍草占卦,从父兄的僚友中选定“宾”(负责加冠者)和“赞”(协助加冠者)。行冠礼时,由宾在阼阶(主人之阶)上为受冠者加三次冠:加缁布(黑布)冠,表示从此有治人之权;加皮弁,表示从此有服兵役的义务;加爵弁,表示从此有参加祭祀的资格。加冠后,由宾为受冠者取字,作为其日后在社会上的正式称呼。后代冠礼,也行及庶民。

②咸阳王禧:咸阳王拓跋禧,北魏宗室,字永寿,一作思永。孝文帝长弟,封咸阳王,加侍中、骠骑大将军,后除司州牧。赞同改鲜卑语。及宣武帝立,受遗诏辅政,为宰辅之首。骄奢贪淫,不亲政务,后帝亲政,削其权,乃欲废帝自立,因谋泄被诛。

〔译文〕

甲午(二十六日),北魏皇太子在太庙举行了加冠之礼。孝文帝想要改变北方风俗,于是召见文武群臣,问他们:“各位希望我远追商、周呢?还是想让我连汉、晋都比不上呢?”咸阳王拓跋禧回答说:“群臣都愿陛下能超越前王。”孝文帝接着又问道:“那么应当改变风俗习惯呢?还是因循守旧呢?”拓跋禧再回答:“愿意移风易俗,圣政日新。”又问:“只是愿意自身实行呢？还是希望传之于子孙后代呢?”回答说：“愿意传之于百世万年。”于是，孝文帝说道：“那么，我将下令开始实施，你们一定不得有违。”拓跋禧回答：“上令而下从，有谁敢违抗呢?”孝文帝又说：“‘名不正，言不顺，则礼乐不能兴。’现今我想要禁止使用鲜卑语，全部改用汉语。年龄在三十岁以上的，由于习性已久，可以宽容他们不必一下子就改换过来。但是年龄在三十岁以下的人，现在朝廷中为官的，不能允许他们仍然还讲过去的语言，如果有谁故意不改，就一定要降免其官职。所以，各位应当严加自戒。对此，各位王公卿士同意不同意呢?”拓跋禧回答：“无不遵从圣旨。”孝文帝接着讲道：“朕曾经与李冲谈过这件事，李冲说：‘四方之人，言语不同，故不知应该以谁的为是；做皇帝的人说的，就是标准。’李冲此话，其罪行应当处死。”因此看着李冲又说道：“你有负于社稷，应当命令御史把你牵下去。”李冲摘下帽子磕头谢罪。孝文帝又指责出巡时留守洛阳的官员：“昨天，我望见妇女还穿着夹领小袖衣服，你们为什么不遵行我之前的诏令呢?”这些官员都磕头谢罪不已。孝文帝继续讲道：“如果我讲的不对，你们可以当庭争辩，为什么上朝时顺从我的旨意，退朝后就不听从呢?”六月己亥(初二)，孝文帝下令：“在朝廷中不得讲鲜卑语，违背者免去所任官职。”

# 梁纪

## 侯景之乱

〔题解〕

此篇选自《梁纪》十五、十六、十七。南朝梁武帝末年，北齐降将侯景发动叛乱。侯景原为东魏大将，武定五年(547)，侯景以其领有的河南七州十三镇之地，叛魏降梁。梁武帝贪图土地，派萧渊明率兵北上接应，遭东魏军袭击，萧渊明战败被俘，东魏大将高澄向梁朝表示，愿以萧渊明换回侯景，梁武帝答应高澄要求。侯景进退两难，遂于太清二年(548)八月，在寿阳(今安徽寿县)起兵反梁，并与梁朝临贺王萧正德勾结，很快攻下建康(今江苏南京)，进围皇宫所在地台城，久攻不下。侯景下令解放奴隶，使军队数日内猛增至十余万人，太清三年(549)三月，台城陷落，侯景纵兵烧杀抢掠，建康城化为焦土，百余万人口仅剩下二三万，梁武帝被软禁于台城文德殿饿死。大宝二年(551)，侯景自立为汉帝，改元太始，发兵三吴，肆意烧杀。梁湘东王萧绎派陈霸先、王僧辩率兵攻建康，侯景战败，率兵东逃，企图入海亡命，途中为部下所杀。侯景之乱，前后凡三年，给江南人民带来极大灾难。

东魏司徒、河南大将军、大行台侯景①,右足偏短,弓马非其长,而多谋算。诸将高敖曹、彭乐等皆勇冠一时②,景常轻之,曰:"此属皆如豕突③,势何所至!"景尝言于丞相欢④:"愿得兵三万,横行天下,要须济江缚取萧衍老公⑤,以为太平寺主。"欢使将兵十万,专制河南,杖任若己之半体。

〔注释〕

①侯景:南北朝时魏朔州(今山西朔州)人,字万景。善骑射,选为北镇戍兵。魏末北方大乱,事边将尔朱荣,以军功擢为定州刺史,魏相高欢诛尔朱氏,景率众降,旋拥兵十万,为东魏河南道大行台,专制河南。及高欢死,景惧祸,于梁武帝太清初降梁,封河南王。太清二年(548),举兵反,围建业,陷台城,武帝饿死。景立简文帝,寻废之,立豫章王萧栋。简文帝大宝二年(551),杀简文帝,废萧栋,自立,改元太始,国号汉,史称侯景之乱。王僧辩等讨之,败逃被杀。

②高敖曹:东魏渤海蓨(今河北景县)人,名昂,字敖曹,高乾弟。少有勇力,专事驰骋。北魏末,与兄弟共在乡里招集部曲起兵。后随高欢讨尔朱氏,屡立战功,官至侍中、司徒。后为西南道大都督,攻克上洛,俘西魏洛州刺史及将帅数十人。复为军司大都督,统七十六都督,为鲜卑权贵所惮服之唯一汉将。东魏孝静帝元象元年(538),封京兆郡公。后与侯景等共攻独孤如愿于金墉城,邙山之役,为西魏宇文泰援军所杀。彭乐:北齐安定(今甘肃泾川)人,字兴。初随杜洛周,后降尔朱荣,从攻葛荣。为都督,从高欢,后又投河北韩楼,封北平王。及魏大都督侯渊来攻,叛楼降渊,旋随高欢出山东,累有功,爵汨阳郡公,除肆州刺史。东魏孝静帝元象元年,与西魏战于邙山,乐以数千精骑冲入西魏军,宇文泰几落其手。齐文宣帝天保初,封陈留王,迁太尉。以谋反被杀。

③豕突：谓像野猪一样奔突窜扰。

④丞相欢：丞相高欢。东魏渤海蓨(今河北景县)人，一名贺六浑。世居怀朔镇，遂习鲜卑风俗。北魏孝明帝孝昌元年(525)，参与杜洛周起义军，后归葛荣，旋又叛降尔朱荣，为亲信都督、晋州刺史。荣为孝庄帝所杀，欢奉尔朱兆命破步藩，遂统率六镇起事余众及葛荣旧部入山东。时尔朱氏残暴，吏民苦之，欢起兵讨灭尔朱氏，废节闵帝及后废帝，立魏孝武帝，自为大丞相。及孝武帝图谋攻欢失败，西奔长安，欢另立孝静帝。自是魏分东西，高氏执东魏政十六年，与西魏连年作战，互有胜负。死后，其子高洋代东魏称北齐帝，追尊为神武帝，庙号高祖。

⑤萧衍：南朝梁开国君主，南兰陵(今江苏丹阳)人，字叔达，小字练儿。仕齐为雍州刺史，镇守襄阳。齐末，皇室内乱，起兵入京，独揽政权，封梁王，旋废齐和帝自立，改国号梁。即位后，重儒兴学，改定"百家谱"，设谤木，断贡献，政甚可观。后重用士族，信奉佛教，大建寺院，并三次舍身同泰寺。中大同二年(547)，接纳东魏叛将侯景归降，旋又许东魏求和，景疑作乱，京都陷，饥困而死。在位四十八年，庙号高祖。擅长文学，精乐律，善书法，著述甚多，已佚，明人辑有《梁武帝御制集》。

〔译文〕

东魏司徒、河南大将军、大行台侯景，右脚比较短，不擅长骑马射箭，但是足智多谋。高敖曹、彭乐等都是当时勇猛异常的将领，侯景常常很轻视他们，对人说："这些人就像受惊的野猪一样奔突窜扰，能有什么作为？"侯景曾对丞相高欢说："我愿意率领三万人马，横扫天下，定当渡过长江把萧衍那老头子绑来，让他做太平寺的寺主。"高欢派他带领十万兵马，全权管理黄河以南地区，对他的依靠、任用，就像自己的半个身体一样。

景素轻高澄[①]，尝谓司马子如曰[②]："高王在，吾不敢有异；王没，吾不能与鲜卑小儿共事！”子如掩其口。及欢疾笃，澄诈为欢书以召景。先是，景与欢约曰：“今握兵在远，人易为诈，所赐书皆请加微点。”欢从之。景得书无点，辞不至；又闻欢疾笃，用其行台郎颍川王伟计③，遂拥兵自固。

〔注释〕

①高澄：东魏渤海蓨（今河北景县）人，字子惠，高欢长子。高欢执魏政，委以重任。东魏孝静帝元象初，摄吏部尚书，废停年之制，罗致人才。武定五年（547），欢死，代为大丞相、都督中外诸军、录尚书事、大行台、渤海王。孝静帝密谋杀澄，事泄，反遭幽禁。七年（549），澄进位相国，封齐王，镇晋阳，翦除魏室旧臣，密谋受禅，为膳奴所杀。弟高洋建北齐，追谥文襄帝。

②司马子如：东魏河内温（今河南温县）人，字遵业。初为怀朔镇省事，与高欢结托甚深。魏孝明帝孝昌中，北州陷落，南奔肆州，为尔朱荣所礼遇，仕魏官兼尚书右仆射。高欢入洛，以为大行台尚书，参知军国。东魏孝静帝天平初，除左仆射，与高岳、孙腾等共知朝政。高澄辅政，以赃贿削官，未几起行冀州事。北齐建，以功除司空，坐事免。官至太尉。

③王伟：南朝梁陈留（今属河南开封）人。少有才学，通《周易》。初仕魏为行台郎，及侯景叛梁，依附景，凡表、启、书、檄，皆其所制。梁简文帝大宝二年（551），与彭等害死简文帝。景既得志，规摹篡夺，皆伟创谋。景败伏诛。

〔译文〕

侯景向来轻视高澄，他曾对司马子如说：“高王在世的时候，我不敢存有异心；如果高王去世了，我不能同那个鲜卑小子共事！”司马子如赶快捂住了他的嘴。等到高欢病势危重的时候,高澄便假借高欢的名义写信召侯景前来。之前,侯景曾与高欢有过约定,他对高欢说:“现在我远离朝廷掌握军队,人们很容易从中使诈,以后凡是您赐给我的书信都请您加一个小点。”高欢同意了侯景的要求。现在,侯景拿到了高欢的书信后,信上却没有小点,便托词没有去;后来他又听说高欢的病情已经很严重了,就采纳了他的行台郎颍川人王伟的计谋,聚集军队,巩固自己的势力。

欢谓澄曰:“我虽病,汝面更有余忧,何也?”澄未及对,欢曰:“岂非忧侯景叛邪?”对曰:“然。”欢曰:“景专制河南,十四年矣,常有飞扬跋扈之志①,顾我能畜养,非汝所能驾御也。今四方未定,勿遽发哀②。库狄干鲜卑老公③,斛律金敕勒老公④,并性遒直,终不负汝。可朱浑道元、刘丰生,远来投我,必无异心。潘相乐本作道人,心和厚,汝兄弟当得其力。韩轨少戆⑤,宜宽借之。彭乐心腹难得,宜防护之。堪敌侯景者,唯有慕容绍宗⑥,我故不贵之,留以遗汝。”又曰:“段孝先忠亮仁厚⑦,智勇兼备,亲戚之中,唯有此子,军旅大事,宜共筹之。”又曰:“邙山之战,吾不用陈元康之言⑧,留患遗汝,死不瞑目。”相乐,广宁人也。

〔注释〕

①飞扬跋扈(hù):谓意气举动,越出常轨,不受约束。

②遽(jù):急,仓促。

③库狄干:北魏恒州刺史,大都督;东魏太保、太傅、太师、广平公、开

府仪同三司;北齐太宰、章武王。谥号为“景”,又称章武景王。

④斛律金:北齐朔州(今山西朔州)敕勒部人,本名敦,字阿六敦。善骑射,行兵用匈奴法,望尘识马步多少,嗅地知军度远近。六镇起事时,随破六韩拔陵。后降魏,授第二领民酋长,秋朝京师,春还部落,号曰“雁臣”。从尔朱荣击葛荣、元显,以功加镇南大将军。尔朱兆等作乱,金随高欢起兵,屡立战功,为北齐开国勋臣,官至左丞相、封咸阳郡王。子孙为公侯,女为后妃,一门贵显。性质直,不识字。尝奉高欢命以鲜卑语唱《敕勒歌》,此歌因传世。卒谥武。

⑤韩轨:北齐太安狄那(今山西寿阳)人,字伯年,一作百年。高欢镇晋州,引为镇城都督。欢起兵,赞划其谋。从破尔朱兆,迁秦州刺史。历位中书令、司徒。北齐建,封安德郡王,后拜大司马。从文宣帝征柔然,卒于军,谥肃武。戇(zhuàng):刚直。

⑥慕容绍宗:北齐昌黎棘城(今辽宁义县)人,慕容恪之后。初从尔朱荣,荣入洛,欲因百官出迎,尽诛之,绍宗谏之,不听。后以军功封索卢县侯,累迁并州刺史。尔朱兆以为长史,兆败,归高欢。东魏孝静帝元象初,以军功晋爵为公。侯景叛,绍宗以东南道行台讨之于涡阳,大捷。又为南道行台攻西魏王思政于颍川,死于斯役,谥景惠。

⑦段孝先:段韶,字孝先,小名铁伐,北齐姑臧武威(今属甘肃武威)人,段荣子。袭父爵,从高欢战于邙山,又从战于玉壁。历事高澄、文宣帝、废帝、孝昭帝、武成帝、后主。武成帝河清二年(563),北周引突厥兵攻齐,逼晋阳。次年,韶总督齐军大破周军。旋周军复围洛阳,与兰陵王高长恭、斛律光再败之。韶出总军旅,入参帷幄,长于计略,功高望重,然好色吝财,官至左丞相、封平原郡王,别封永昌、乐陵等数郡公爵。卒于军中,谥忠武。

⑧陈元康:北齐广宗(今河北威县)人,字长猷。颇涉文史,机敏有干用。东魏孝静帝天平元年(534),修起居注。后为高欢大丞相功曹,内掌机密,深得信待,为主要谋士。累迁大行台左丞。复为高澄所亲待。高澄遇刺时,元康以身扞蔽,伤重卒。元康溺于财利,受纳金帛,不可胜纪,为时论所讥。谥文穆。

〔译文〕

高欢问高澄："虽然是我病了，可你的脸上却有多余的忧虑，为什么？"没等高澄回答，高欢又说："莫不是担心侯景反叛？"高澄回答说："是的。"高欢又说："侯景专制河南已有十四年了，他一直飞扬跋扈，有夺取天下的志向。只有我能控制他，你很难驾驭他。现在，天下还没有安定，如果我死了，你不要立刻发丧。库狄干这位鲜卑老人，斛律金这位敕勒老人，他们俩都是性格耿直、强劲有力的人，一定不会辜负你。可朱浑道元、刘丰生两人远道前来投奔我，一定没有背离我们的心意。潘相乐原来是个道人，心地和善厚道，你们兄弟几个人会得到他的帮助的。韩轨稍微有点耿直愚鲁，你们应宽容待他。彭乐的内心很难推测，应该提防他。能够抗衡侯景的人，只有慕容绍宗，我故意不重用他，就是要把他留下给你。"高欢接着又说："段孝先这个人忠实正直，仁慈厚道，有勇有谋，在所有内外亲属中，只有这个人，军机大事要和他一起商量。"高欢又说道："邙山战役时，我没有采纳陈元康的忠告，给你留下了隐患，我死不瞑目。"潘相乐，是广宁人。

太清元年（丁卯、547）

丙午，东魏勃海献武王欢卒。欢性深密，终日俨然，人不能测，机权之际[①]，变化若神。制驭军旅，法令严肃。听断明察，不可欺犯。擢人受任，在于得才，苟其所堪，无问厮养[②]，有虚声无实者，皆不任用。雅尚俭素，刀剑鞍勒无金玉之饰。少能剧饮，自当大任，不过三爵[3]。知人好士，全护勋旧；每获敌国尽节之臣，多不之罪。由是文武乐为之用。世子澄秘不发丧，唯行台左丞陈元康知之。

〔注释〕

①机权：机智权谋。

②厮养：犹厮役。

③爵：古代饮酒的器皿，三足，以不同的形状显示使用者的身份。

〔译文〕

太清元年（丁卯、547）

丙午（初八），东魏勃海献武王高欢去世。高欢性格深沉谨细，整日一副庄重严肃的样子，谁也猜测不到他内心想些什么，机智权谋方面，千变万化，有如神人。在治理、驾驭军队方面，法令严格。听取和断决事情，明察秋毫，谁也不敢冒犯、欺骗他。提升任用官员，注重其才能，如果能担当此任，不注重他的身份；那些徒有虚名而无实际能力的，都不被任用。高欢极崇尚节俭朴素，所用的刀、剑、马鞍以及缰绳都没用金银玉器装饰。他年轻时很能饮酒，自从担当大任之后，饮酒便不超过三杯。他了解下属，喜欢人才，对有功勋者和老部下都极力保护、成全；每次俘获到敌国的那些为本国尽忠尽节的大臣，大多不处罚他们。由于这样，文武百官都乐意被他任用。长子高澄对高欢去世的消息秘而不宣，只有行台左丞陈元康知道。

侯景自念己与高氏有隙，内不自安。辛亥，据河南叛，归于魏，颍州刺史司马世云以城应之[1]。景诱执豫州刺史高元成、襄州刺史李密、广州刺史怀朔暴显等②。遣军士二百人载仗暮入西兖州，欲袭取之。刺史邢子才觉之③，掩捕，尽获之，因散檄东方诸州，各为之备，由是景不能取。

〔注释〕

①司马世云：东魏河内温（今河南温县）人，司马子如兄司马纂子。累迁颍州刺史。所在聚敛，肆行奸秽，将受推察，遂从侯景反。景败于涡阳，世云复有异志，为景所杀。

②李密：北齐平棘（今河北赵县）人，字希邕。母疾积年，名医治疗不愈，乃精习经方，洞晓针药，母病得愈，由是以医术知名。属尔朱兆弑逆，乃阴结豪右，与渤海高昂为报复计。后从高欢起兵，封容城县侯，位襄州刺史。文宣帝天保初，位散骑常侍。

③邢子才：邢邵，字子才，小字吉，北齐河间鄚（今河北任丘）人。邢臧弟。十岁能属文，有才思。文章典丽，既赡且速。仕北魏，释褐宣武帝挽郎。孝庄帝永安初，累迁中书侍郎。尔朱荣入洛，邵与杨愔避于嵩山。节闵帝普泰中，除给事黄门侍郎。为高澄所征，与温子昇共为侍读。其后除骠骑、西兖州刺史，有善政。还都，历中书令、太常卿兼中书监，摄国子祭酒，授特进。有文名，富藏书，为北齐私家之冠。尝与杜弼共论名理，认为"神之在人，犹光之在烛，烛尽则光穷，人死则神灭"。有《邢特进集》明人辑本。

〔译文〕

侯景自己考虑到与高家有隔阂，心里感到很不安。辛亥（十三日），侯景占据河南而反叛东魏，归降西魏，颍州刺史司马世云带领全城军民响应他的行动。侯景引诱并捉住了豫州刺史高元成、襄州刺史李密、广州刺史怀朔人暴显等人。他派遣了二百人的军队，用车载着兵器在黄昏时分进入了西兖州，想要偷袭夺取这个地方。西兖州刺史邢子才发觉了阴谋，乘其不备将二百人全部捕获，于是邢子才向东方的各个州都散发了檄文，这些州各自都做了准备，因此侯景未能夺取这些地方。

诸将皆以景之叛由崔暹①，澄不得已，欲杀暹以谢景。陈元康谏曰："今虽四海未清，纲纪已定；若以数将在外，苟悦其心，枉杀无辜，亏废刑典，岂直上负天神，何以下安黎庶！晁错前事②，愿公慎之。"澄乃止。遣司空韩轨督诸军讨景。

〔注释〕

①崔暹(xiān)：字季伦，博陵安平(今河北安平)人。少依高乾，结姻高氏。高欢初用为丞相长史，后迁左丞、吏部郎，为高澄亲信。常厉色谏止澄，澄亦能听其言。东魏武定初，为御史中尉，纠弹魏宗亲元坦及功臣可朱浑道元，受高欢赞赏。澄执政，用为度支尚书、兼仆射，权威日重，引用多为士人。北齐初，文宣帝听司马子如谗言，令人搜暹家，知其家贫，唯存高欢、高澄与其论国事书信千余封，犹流放马城为苦役。后复用为太常卿，帝以澄女嫁暹子。文宣末，位至尚书右仆射、仪同三司。卒，谥贞节。

②晁错：姓一作鼌(cháo)，西汉颍川(今河南禹州)人。习申不害、商鞅刑名之术。文帝时，以文学为太常掌故，奉命受今文《尚书》于伏生。累迁太子家令，为太子(景帝)信用，号智囊，迁中大夫。上书言事，主张徙民备边，抵御匈奴侵扰，削诸侯王权，以固朝廷。景帝立，任内史，迁御史大夫。景帝采纳其意见，更定法令，削诸侯枝郡。景帝三年(前154)，吴楚七国以诛错"清君侧"为名，起兵反。为袁盎所谗，被腰斩于市。

〔译文〕

各位将领都认为侯景之所以反叛是由崔暹引起的，高澄不得已，想要杀掉崔暹，以此向侯景谢罪。陈元康劝谏高澄说："虽然现在天下还未太平，但国家法纪已经确定。如果因为几个将领外叛，为了讨得他们的欢心，便枉杀无辜、破坏刑典，岂止有负于上苍神灵，而且又用什么来安抚黎民百姓呢！汉代晁错被枉杀的事情是前车之鉴，希望您慎重处理此事。"高澄听完这番话，便打消了杀崔暹的念头。高澄派遣司空韩轨，督率各路军队去讨伐侯景。

魏以开府仪同三司若干惠为司空①，侯景为太傅、河南道行台、上谷公。

庚辰，景又遣其行台郎中丁和来，上表言："臣与高澄有隙，请举函谷以东，瑕丘以西②，豫、广、郢、荆、襄、兖、南兖、济、东豫、洛、阳、北荆、北扬等十三州内附，惟青、徐数州，仅须折简③。且黄河以南，皆臣所职，易同反掌。若齐、宋一平④，徐事燕、赵。"上召群臣廷议。尚书仆射谢举等皆曰⑤："顷岁与魏通和，边境无事，今纳其叛臣，窃谓非宜。"上曰："虽然，得景则塞北可清；机会难得，岂宜胶柱⑥！"

〔注释〕

①若干惠：西魏代郡武川（今属内蒙古）人，字惠保。弱冠从尔朱荣征战，以功拜中坚将军。复以别将从贺拔岳镇压万俟丑奴，以功封北平县男，累迁金紫光禄大夫。后从宇文泰平侯莫陈悦，拜直阁将军。从擒窦泰，预弘农、沙苑之役，每先登陷阵，又数败高欢军。累迁司空，爵长乐郡公。卒谥武烈。

②瑕（xiá）丘：古县名，春秋鲁负瑕邑，西汉置县，治今山东兖州东北。

晋废,隋复置。宋大观四年(1110)为避孔丘讳,改为瑕县。隋以后,历为鲁郡及兖州治所。

③折简:谓裁纸写信。

④齐、宋:齐谓青州,宋谓徐州。

⑤谢举:南朝梁陈郡阳夏(今河南太康)人,字言扬,谢览弟。幼好学,与览齐名,为沈约、江淹、昭明太子、任昉等赏识。起家秘书郎,累官晋陵太守、尚书右仆射。武帝太清二年(548),迁尚书令。适侯景攻台城,卒于围内。长于玄理及释氏义,注《净名经》,常自讲说。为晋陵郡时,常与义学僧递讲经论。

⑥胶柱:胶住瑟上的弦柱,以致不能调节音的高低,比喻固执拘泥,不知变通。

〔译文〕

西魏任命开府仪同三司若干惠为司空,侯景为太傅、河南道行台、上谷公。

庚辰,侯景又派遣他的行台郎中丁和到梁朝,上表陈说道:“我与高澄之间有嫌隙,请允许我率领函谷关以东,瑕丘以西,豫州、广州、郢州、荆州、襄州、兖州、南兖州、济州、东豫州、洛州、阳州、北荆州、北扬州十三个州来归附,而青州、徐州等几个州,我只要写封信过去就能来归降。况且黄河以南,都是我管辖的范围,想得到那里易如反掌。倘若青州、徐州一旦平定,就可以随后慢慢图谋燕、赵河北之地了。”梁武帝召集大臣们来朝廷商议此事。尚书仆射谢举等人都说:“近年来,我们与魏友好往来,边境地区一直相安无事,现在若要收留其反叛之臣,我们私下都认为不太合适。”梁武帝回答说:“尽管如此,如果得到侯景的话,塞北就可以到手了;机会难得,怎么能固执拘泥而不知变通呢。”

是岁,正月,乙卯,上梦中原牧守皆以其地来降,举朝称庆。旦,见中书舍人朱异①,告之,且曰:“吾为人少梦,若有梦必实。”异曰:“此乃宇宙混壹之兆也。”及丁和至,称景定计以正月乙卯,上愈神之。然意犹未决,尝独言:“我国家如金瓯②,无一伤缺,今忽受景地,讵是事宜③?脱致纷纭,悔之何及?”朱异揣知上意,对曰:“圣明御宇,南北归仰,正以事无机会,未达其心。今侯景分魏土之半以来,自非天诱其衷,人赞其谋,何以至此!若拒而不内,恐绝后来之望。此诚易见,愿陛下无疑。”上乃定议纳景。

〔注释〕

①朱异:字彦和,吴郡钱唐(今浙江杭州)人。涉猎文史,兼通博弈书算。历太学博士、中书舍人、太子右卫率、中领军。普通五年(524),率军接应魏徐州刺史元法僧降。太清二年(548),劝武帝受降侯景。任职掌权三十余年,善阿谀以迎合帝意,累受宠任。又广受贿赂,财富般积。侯景反,惭愧发病卒。所撰《礼》《易》讲疏及仪注、文集共百余篇,于战乱中多散佚。

②金瓯(ōu):金制的盆、盂之属,比喻疆土之完固,亦用以指国土。

③讵(jù):岂,怎。

〔译文〕

这一年,正月,乙卯(十七日),梁武帝梦见中原地区的牧守们都献地来投降,举朝上下一片欢庆。早晨起来,梁武帝遇见中书舍人朱异,便把做梦的事告诉了他,并说:“我这个人很少做梦,如果做了梦,梦中之事就一定会应验。”朱异忙说:“这是天下要统一的征兆。”等到丁和前来告诉梁武帝，说侯景定下计策要在正月乙卯（十七日）这天行动，梁武帝就更相信这个梦是天神的授意。但是他的决心还没有完全定下，曾自言自语地说：“我的国家像金瓯一样，没有一处伤缺的地方，现在忽然要接受侯景送来的土地，这难道是合乎事理的吗？倘若因此而引起混乱，后悔怎么来得及呢？”朱异揣摩到了梁武帝的心思，便对梁武帝说：“陛下圣明无比，君临天下，南北方的人都仰慕、归心于您，只是因为没有机会侍奉您，所以其心意一直没有实现。现在，侯景把魏的一半土地分割出来归附您，如果不是天意引导他的心，人们又赞助他的打算，怎么会走到这一步呢！如果拒绝侯景，不收留他，恐怕就会断绝了其他随后准备来归降的人的希望。这些实在是显而易见的，希望陛下您不要犹豫。”梁武帝听完这席话，最终决定接纳侯景。

壬午，以景为大将军，封河南王，都督河南北诸军事、大行台，承制如邓禹故事[①]。平西咨议参军周弘正[②]，善占候，前此谓人曰：“国家数年后当有兵起。”及闻纳景，曰：“乱阶在此矣！”

甲辰，遣司州刺史羊鸦仁督兖州刺史桓和、仁州刺史湛海珍等[③]，将兵三万趣悬瓠[④]，运粮食应接侯景。

高澄遣武卫将军元柱等将数万众昼夜兼行以袭侯景，遇景于颍川北，柱等大败。景以羊鸦仁等军犹未至，乃退保颍川。

〔注释〕

①邓禹：东汉南阳新野（今河南新野）人，字仲华。少游学长安，与刘

秀亲善。新莽末，从刘秀镇压铜马军，劝秀以河北为基地，收民心，待机取天下，得信任。又以前将军破刘玄之将王匡、成丹等。光武帝即位，拜大司徒，封酂侯，渡河入关，多方招降，所部号称百万。后屡为赤眉军所败，被免大司徒。复拜右将军，击破延岑。封高密侯，行司徒事。明帝时拜太傅。卒谥元。

②周弘正：南朝陈汝南安成（今河南汝南东南）人，字思行，周颙孙。年十岁，通《老子》《周易》。十五，补国子生。起家梁太学博士，累迁国子博士，于士林馆讲授，听者倾朝野。博学，善谈玄及占候，兼明释典，当世名僧亦多请质疑滞。侯景占建康，附景为太常，掌礼仪。后投元帝，授黄门侍郎，迁左户尚书，加散骑常侍，校雠秘府图籍。入陈，累迁侍中、尚书右仆射，侍东宫讲《论语》《孝经》。撰有《周易讲疏》等。

③羊鸦仁：南朝梁泰山钜平（今山东泰安）人，字孝穆。少骁果有胆力，梁武帝普通中，率兄弟自魏归梁，封广晋县侯。征伐青、齐间，有功绩，历官北司州刺史。侯景乱起，为景所败，留为五兵尚书。常思奋发，出奔途中，为北徐州刺史荀伯道诸子所害。

④悬瓠（hù）：又作悬壶城，即今河南汝南县，东晋、南北朝时为南北军事要地，置重兵戍守于此。

〔译文〕

壬午，梁武帝任命侯景为大将军，封他为河南王，让他担任都督河南、北诸军事及大行台之职，并特意授权他可以如后汉邓禹那样秉承皇帝的旨意发号施令。平西咨议参军周弘正擅长观察天象变化以预测吉凶，之前曾对人说："几年之后国家将有兵戈之乱。"等他听说梁武帝接纳了侯景，便说："祸乱原因就在这里了。"

甲辰，梁武帝派司州刺史羊鸦仁督率兖州刺史桓和、仁州刺史湛海珍等人，带领三万人马向悬瓠城方向靠近，运送粮食以接应侯景。

东魏高澄派遣武卫将军元柱等人率领几万大军日夜兼程去

袭击侯景，在颍川北面与侯景相遇，元柱等人惨败。侯景因为羊鸦仁等人的军队还没有赶到，于是便退守颍川。

韩轨等围侯景于颍川。景惧，割东荆、北兖州、鲁阳、长社四城赂魏以求救。尚书左仆射于谨曰[①]："景少习兵，奸诈难测，不如厚其爵位以观其变，未可遣兵也。"荆州刺史王思政以为[②]："若不因机进取，后悔无及。"即以荆州步骑万余从鲁阳关向阳翟。丞相泰闻之[③]，加景大将军兼尚书令，遣太尉李弼、仪同三司赵贵将兵一万赴颍川[④]。

〔注释〕

①于谨：字思敬，河南洛阳人，鲜卑族。魏末为元纂参军事，继为广阳王元渊部别将。庄帝时归尔朱天光部，为征虏将军，封石城县伯。天光被高欢击败，入关中附贺拔岳。宇文泰为夏州刺史时，任为长史。岳死，向泰建议拥魏帝都关中，复至洛阳说孝武帝西行。西魏初，为北雍州刺史，晋爵蓝田县公，后晋位柱国大将军。554 年，率军攻破江陵，擒杀梁元帝萧绎。泰死，率先拥戴宇文护执政。周初，封燕国公、太傅。位高而谦恭，朝野敬重。武帝天和三年(568)，卒，谥文。

②王思政：山西太原祁(今山西祁县)人，解褐为员外散骑侍郎。魏孝武帝为平阳王时，引为宾客。孝武帝初，封祁县侯，后为中军大将军、大都督，领宿卫军。建议孝武帝依宇文泰抗高欢，大统初，封太原郡公。河桥之战受重伤，因作战常穿旧甲，不类将帅，得脱身。大统十四年(548)，以八千人入守颍川城，东魏军以十万余人引洧水灌城，其百计防守，击杀东魏慕容绍宗等大将，因无外援终于出降。后为北齐都官尚书、仪同三司。卒，追赠本官，加兖州刺史。

③泰：宇文泰，字黑獭，武川(今内蒙古武川西)人，鲜卑族。随父入鲜

于修礼军。十八为葛荣军将帅，降尔朱荣。随贺拔岳入关中攻讨万俟丑奴，岳死，诸将推其为帅，击败侯莫陈悦，占据关中。535年，魏孝武帝西奔长安，依泰拒高欢，遂总揽朝政，毒死孝武帝，先后立文帝、废帝、恭帝，史称西魏。泰用苏绰等，改革官制，颁行均田制。广募关陇豪强武装，创立府兵制。恭帝元年(554)，攻克江陵，杀梁元帝，立梁国为附庸。恭帝三年(556)卒。同年，其子觉称帝，国号周，追尊为文皇帝，庙号太祖。

④李弼：北周辽东襄平(今辽宁辽阳)人，字景和。初从尔朱天光为别将，以功拜征虏将军，封石门县伯。后隶侯莫陈悦，为大都督。及悦杀贺拔岳，宇文泰自平凉攻悦，弼知悦必败，乃拥众归泰。屡从征战，平窦泰、平弘农等。西魏文帝大统间，历官雍州刺史，晋位骠骑大将军，转太尉、太保。北周孝闵帝即位，除太师，封赵国公。卒谥武。赵贵：北周天水南安(今甘肃天水)人，字元贵。北魏末，从尔朱荣讨元颢有功，封燕乐县子。从贺拔岳平关中，累迁大都督。岳为侯莫陈悦所杀，贵诈降悦，收岳尸，奔平凉，首议迎宇文泰，宇文泰以贵为大都督。后以预立西魏文帝勋，晋爵为公。后拜柱国大将军，赐姓乙弗氏。北周孝闵帝时，迁大冢宰，进封楚国公。以谋杀宇文护，事觉被诛。

〔译文〕

韩轨等人率军把侯景包围在颍川。侯景见状很恐惧，便把东荆、北兖州、鲁阳、长社四座城割让给了西魏，以取得其援救。西魏尚书左仆射于谨说："侯景在少年时就习武练兵，为人奸诈，难以揣测，所以不如加封他爵位，看看他的变化再说，先不要派兵去援救他。"荆州刺史王思政却认为："如果不抓住时机进取，后悔就来不及了。"于是便派荆州的一万多名步兵和骑兵经鲁阳关向阳翟进发。西魏丞相宇文泰知道情况之后便封侯景为大将军兼尚书令，并派遣太尉李弼、仪同三司赵贵率领一万人马赶赴颍川。

景恐上责之，遣中兵参军柳昕奉启于上，以为："王旅未接，死亡交急，遂求援关中，自救目前。臣既不安于高氏，岂见容于宇文！但螫手解腕[①]，事不得已，本图为国，愿不赐咎！臣获其力，不容即弃，令以四州之地为饵敌之资，已令宇文遣人入守。自豫州以东，齐海以西，悉臣控压；见有之地，尽归圣朝，悬瓠、项城、徐州、南兖，事须迎纳。愿陛下速敕境上，各置重兵，与臣影响[②]，不使差互[③]！"上报之曰："大夫出境，尚有所专；况始创奇谋，将建大业，理须适事而行，随方以应。卿诚心有本，何假词费！"

〔注释〕

①螫(shì)手解腕：比喻为了顾全大局而忍痛牺牲局部。

②影响：呼应，策应。

③差互：错过时机，差错。

〔译文〕

侯景怕梁武帝责怪他向西魏求援，便派中兵参军柳昕向梁武帝送去一封信，信中说道："陛下您派出的军队还没有来到，而我这里生死攸关，情况十分危急，便向关中求援，以便挽救自己所面临的危机。我既不能安处于高澄手下，又怎么会被宇文泰所容纳？但是手遭毒蛇螫咬而连同去掉手腕，这是万不得已之事，本来想着为国，希望您不要怪罪我！我得到了关中的帮助，所以不能马上就背弃他们，现在我把四个州的地方当作引敌人上钩的诱饵，已经让宇文泰派了军队进入颍川，帮助我守卫这里。从豫州以东到齐海以西的地区，都在我的控制范围之内；我的这些现在实有的土地，都归于梁朝所有，悬瓠、项城、徐州、南究这些地方，只需要派人去加以接管就可以了。希望陛下您迅速向边境下发命令，让它们各置重兵，与我呼应，相互之间不要发生差脱误会！"梁武帝回答说："大夫离开国境，还有自作主张的权限呢；何况你始创奇谋，将建大业，理应根据事情的发展而行事，随机应变。你一片诚意，何须多加解释呢？"

东魏韩轨等围颍川，闻魏李弼、赵贵等将至，乙巳，引兵还邺。侯景欲因会执弼与贵，夺其军；贵疑之，不往。贵欲诱景入营而执之，弼止之。羊鸦仁遣长史邓鸿将兵至汝水，弼引兵还长安。王思政入据颍川。景阳称略地，引兵出屯悬瓠。

景复乞兵于魏，丞相泰使同轨防主韦法保及都督贺兰愿德等将兵助之。大行台左丞蓝田王悦言于泰曰①："侯景之于高欢，始敦乡党之情，终定君臣之契，任居上将，位重台司；今欢始死，景遽外叛，盖所图甚大，终不为人下故也。且彼能背德于高氏，岂肯尽节于朝廷！今益之以势，援之以兵，窃恐贻笑将来也。"泰乃召景入朝。

〔注释〕

①王悦：字众喜，京兆蓝田（今属陕西）人。宇文泰据关中，聚乡兵从军，有战功，为大行台左丞。先后领所部从杨忠、达奚武作战，位至大行台尚书、兼行梁州刺史。西魏废帝时，取消行台尚书职，遂以仪同领兵还乡，父子骄纵乡里，欺凌军士，免官，配流远防。后随军，留防江陵。周初复官，为开府仪同三司、司宪中大夫，赐姓宇文氏，封河北县公。保定六年（566）卒。

〔译文〕

东魏的韩轨等人包围了颍川，得知西魏的李弼、赵贵等人将要领兵到来，乙巳，带领军队撤回了邺城。侯景想趁机抓获李弼和赵贵二人，夺取他们的军队；赵贵对侯景产生了怀疑，没去颍川。赵贵想把侯景诱入军营趁机拘捕他，李弼制止了赵贵。这时，羊鸦仁派长史邓鸿率领军队到了汝水，李弼便率领军队回到了长安。王思政带兵占据了颍川。侯景假称要攻取州郡，带领军队出颍川城，驻扎于悬瓠。

侯景又向西魏乞求援兵，丞相宇文泰让同轨郡的防主韦法保以及都督贺兰愿德等人率领军队前去帮助他。大行台左丞蓝田人王悦对宇文泰说："侯景同高欢之间，开始是亲密的乡党关系，最终变成了君臣关系，侯景位居上将，权势比宰辅大臣还大；而今高欢刚刚死去，侯景便很快外叛，这是因为他的图谋很大，终不甘居人下的缘故。况且他能对高氏背信弃义，又怎么会为本朝尽忠尽节呢？现在您扩大他的势力，派兵去援助他，我私下担心这样会让后人耻笑的。"于是宇文泰便派人召侯景入朝。

景阴谋叛魏，事计未成，厚抚韦法保等，冀为己用，外示亲密无猜间。每往来诸军间，侍从至少，魏军中名将，皆身自造诣。同轨防长史裴宽谓法保曰："侯景狡诈，必不肯入关，欲托款于公，恐未可信。若伏兵斩之，此亦一时之功也。如其不尔，即应深为之防，不得信其诳诱，自贻后悔。"法保深然之，不敢图景，但自为备而已；寻辞还所镇。王思政亦觉其诈，密召贺兰愿德等还，分布诸军，据景七州、十二镇。景果辞不入朝，遗丞相泰书曰："吾耻与高澄雁行①，安能比肩大弟！"泰乃遣行台郎中赵士宪悉召前后所遣诸军援景者。景遂决意来降。魏将任约以所部千余人降于景。

泰以所授景使持节、太傅、大将军、兼尚书令、河南大行台、都督河南诸军事回授王思政，思政并让不受；频使敦谕，唯受都督河南诸军事。

〔注释〕

①雁行：《礼记·王制》："父之齿随行，兄之齿雁行，朋友不相逾。"陈澔说："父之齿，兄之齿，谓其人年与父等，或与兄等也。随行，随其后也。雁行，并行而稍后也。"后因以比喻兄弟。

〔译文〕

侯景暗中打算反叛西魏，但计划没有实现，便优抚韦法保等人，希望他们能为己所用，对外表现出亲密无间的样子。侯景每每来往于各个军队之间，带的侍从极少，西魏军中的著名将领，他都亲自去拜访。同轨防长史裴宽对韦法保说："侯景为人奸诈狡猾，一定不肯应宇文丞相之召而入关，他肯定想通过您向朝廷讲情，恐怕不可以相信他。如果埋伏兵士斩杀了他，这也是一时的功劳啊。如果你不这样，我们就应该好好地提防他，不能轻信他的欺骗和引诱，为自己留下悔恨。"韦法保非常赞同裴宽的话，但不敢杀掉侯景，只是自己加强防卫罢了。后来，他找了个借口便回自己的镇所去了。王思政也觉得侯景在欺骗他，就秘密召贺兰愿德等人回来，分别部署了各路军队，占领了侯景所管辖的七个州和十二个镇。侯景果然托词不肯入朝，他在给宇文泰的信中说:“我耻于同高澄并行,又怎么能同大弟您比肩呢!”宇文泰收到了这封信后,便派行台郎中赵士宪将以前派去的救援侯景的各路军队全部召回。于是,侯景便决心投降梁朝。西魏将领任约带领所属的一千多名将士归降了侯景。

宇文泰把以前授给侯景的使持节、太傅、大将军、兼尚书令、河南大行台、都督河南诸军事等官职收回并转授给了王思政,王思政一并推辞不受;宇文泰频繁地派人敦促劝谕王思政接受所封,最后,王思政只接受了都督河南诸军事这一职务。

或告东魏大将军澄云:“侯景有北归之志。”会景将蔡道遵北归,言“景颇知悔过”。景母及妻子皆在邺,澄乃以书谕之,语以阖门无恙,若还,许以豫州刺史终其身,还其宠妻、爱子,所部文武,更不追摄。景使王伟复书曰:“今已引二邦,扬旌北讨,熊豹齐奋;克复中原,幸自取之,何劳恩赐!昔王陵附汉①,母在不归,太上囚楚,乞羹自若,矧伊妻子②,而可介意!脱谓诛之有益,欲止不能,杀之无损,徒复坑戮,家累在君,何关仆也!”

**[注释]**

①王陵:秦末汉初沛县(今属江苏)人。始为县中豪强,秦末陈胜起义,他聚众数千人据居南阳。楚汉战争中,以兵归刘邦,转战各地。汉朝建立,封安国侯。曹参死后,继任右丞相。因反对吕后封诸吕为王,被罢相,迁为太傅,谢病不朝,后病死。

②矧(shěn):况且。

**[译文]**

有人告诉东魏大将军高澄:“侯景有北归的意向。”这时正好侯景的将领蔡道遵回到了东魏,说道:“侯景有所悔过。”侯景的母亲和妻子儿女都住在邺城,高澄便写信告诉侯景,说他的全家人都安然无恙,如果他肯回到东魏,许诺让他终身担任豫州刺史,并归还他宠妻、爱子,对于他手下的文武官员,更是既往不咎。侯景指使手下人王伟给高澄回信说:“现在,我已经带领梁和西魏的军队,举旗北伐,兵卒们士气高涨;恢复中原地区,我希望能自己攻取,怎么会有劳您来恩赐给我呢!从前王陵归附了刘邦,母亲被项羽抓去他仍不肯回去;刘邦的父亲被项羽囚禁了,项羽威胁要烹杀其父,刘邦却坦然地向项羽讨要煮他父亲的肉汤喝,父母尚且如此,何况是妻子儿女,就更不介意了!如果说杀掉我的妻子和孩子对你有利的话,我想阻止你也是阻止不了的,如果杀掉他们对我毫无损害,那么您杀戮了他们也是徒然,反正我的家室全在您手中,如何处置,与我有什么相关啊!”

东魏大将军澄使大都督高岳救彭城[①],欲以金门郡公潘乐为副[②]。陈元康曰:“乐缓于机变,不如慕容绍宗;且先王之命也。公但推赤心于斯人,景不足忧也。”时绍宗在外,澄欲召见之,恐其惊叛。元康曰:“绍宗知元康特蒙顾待,新使人来饷金;元康欲安其意,受之而厚答其书,保无异也。”乙酉,以绍宗为东南道行台,与岳、乐偕行。初,景闻韩轨来,曰:“啖猪肠儿何能为[③]!”闻高岳来,曰:“兵精人凡。”诸将无不为所轻者。及闻绍宗来,叩鞍有惧色,曰:“谁教鲜卑儿解遣绍宗来!若然,高王定未死邪?”

〔注释〕

①高岳:北齐宗室,字洪略,高欢从弟。欢起兵信都,除散骑常侍、镇东将军。累积战功,历冀、晋二州刺史、西南道大都督,有绥边之称。欢死,与慕容绍宗大破梁军于彭城,俘梁将萧渊明。败侯景于涡阳。又败西魏王思政,克颍川。高洋出抚晋阳,岳以本官兼尚书左仆射,入北齐,封清河郡王。以累积军功,威名诸王莫及。卒为文宣帝(高洋)所忌,被鸩死。

②潘乐:北齐广宁石门(今山西寿阳)人,本姓破多罗氏,字相贵。初从葛荣起事,后归尔朱荣,为别将。后为高欢镇城都将,从破尔朱兆。累军功拜东雍州刺史。北齐建立,封河东郡王,迁司徒。又为南道大都督讨侯景。除瀛州刺史。

③啖(dàn)猪肠儿:吃猪肠的小子,轻蔑他人的话。贬义,多用于谩骂。

〔译文〕

东魏大将军高澄派遣大都督高岳去援救彭城,并想让金门郡公潘乐担任高岳的副手。陈元康对高澄说:“潘乐反应比较迟缓,不能随机应变,不如慕容绍宗;并且让慕容绍宗去对付侯景也是先王的命令。您只要开诚布公地对待慕容绍宗,侯景是不足为虑的。”当时慕容绍宗正在外地,高澄想召见他,但又怕他受惊起疑心而反叛。陈元康对高澄说:“慕容绍宗知道我特别受您的照顾和优待,最近他又派人来馈赠我黄金;我为了让他放心,便接受了这些黄金,并在给他的回信中厚谢了他,所以可以保证他不会有别的想法。”乙酉,东魏让慕容绍宗担任了东南道行台,使他与高岳、潘乐一起去援救彭城。当初,侯景听说韩轨要来,便说:“这个吃猪肠子的小子能干些什么!”当侯景听说高岳要来,又说:“兵士倒是很精锐,但领兵的人很一般。”各位将领没有不被侯景轻视的。等到听说慕容绍宗要来时，便敲打着马鞍，脸上露出恐惧的神色，说："谁使高澄这个鲜卑小子懂得派遣慕容绍宗来呢！如果这样，高王就一定还活着吧？"

初，侯景常戒梁人曰："逐北不过二里。"绍宗将战，以梁人轻悍，恐其众不能支，一一引将卒谓之曰："我当阳退，诱吴儿使前，尔击其背。"东魏兵实败走，梁人不用景言，乘胜深入。魏将卒以绍宗之言为信，争共掩击之，梁兵大败，贞阳侯渊明及胡贵孙、赵伯超等皆为东魏所虏①，失亡士卒数万人。羊侃结陈徐还②。

〔注释〕

①渊明：萧渊明，字靖通，南朝梁南兰陵中都里（今属江苏常州）人，萧朗弟，封贞阳侯。梁武帝太清元年（547），为豫州刺史。明年，为都督率师北伐，军败被俘。元帝承圣末，北齐强盛，立渊明为梁帝，送之南还。梁将王僧辩惧，迎入建康即位。陈霸先寻袭杀僧辩，黜渊明为太傅、建安王。明年，齐人征渊明，疽发背死。北齐追谥闵皇帝。赵伯超：南朝梁人，尝为谯州刺史。侯景兵围台城，随萧纶击景，兵败投景。景败，囚于江陵，饿死狱中。

②羊侃：南朝梁泰山梁甫（今山东新泰）人，字祖忻。膂力过人，好《左氏春秋》及《孙吴兵法》。随父仕于北魏，曾镇压秦州羌人起义，射杀义军首领莫折天生，迁征东大将军、泰山太守。梁武帝大通二年（528），率军降梁，授徐州刺史。随太尉元法僧北讨，军罢，入为侍中。又平定闽越等地叛乱。太清二年（548），侯景进逼建康，受命副宣城王都督守城，苦战中病死。善音律，家有乐舞，自造《采莲》《棹歌》两曲，甚有新致，闻名于时。

〔译文〕

当初，侯景常常告诫梁朝人说："追杀溃退的军队不要超过二里地。”慕容绍宗将要出战，他认为梁朝士兵轻巧灵活，作战勇敢，担心自己的军队打不过他们，便一一召见手下的将士们，对他们说：“我假装败退，引诱吴地的人向前追，你们从背后攻打他们。”交战中，东魏的军队果真败退逃跑，梁朝军队没有听从侯景的话，乘胜而深入追击。东魏的将士都听信了慕容绍宗的话，争相从背后对梁朝军队发起突然攻击，梁朝军队大败，贞阳侯萧渊明以及胡贵孙、赵伯超等人都被东魏俘虏，失散伤亡的士兵有几万之多。羊侃摆开了阵势，缓缓撤退而返。

侯景围谯城不下，退攻城父，拔之。壬申，遣其行台左丞王伟等诣建康说上曰：“邺中文武合谋，召臣共讨高澄，事泄，澄幽元善见于金墉①，杀诸元六十余人。河北物情，俱念其主，请立元氏一人以从人望，如此，则陛下有继绝之名，臣景有立功之效，河之南北，为圣朝之邾、莒②，国之男女，为大梁之臣妾。”上以为然，乙亥，下诏以太子舍人元贞为咸阳王③，资以兵力，使还北主魏。须渡江，许即位，仪卫以乘舆之副给之。贞，树之子也。

〔注释〕

①元善见：东魏孝静帝，元怿孙，元亶子。年十岁，高欢拥为帝，以邺城为都城。欢父子相继执政。高澄骂帝为“狗脚朕”，并命崔季舒击帝三拳。欲做地道出宫，事觉，被幽禁。北齐立国，封为中山王。次年被毒死，谥为孝静皇帝。

②邾(zhū)、莒(jǔ)：春秋二小国名。

③元贞：北魏宗室，邺王元树之子。大同中，求随魏使崔长谦至邺葬父，还拜太子舍人。太清初，侯景降，请元氏戚属，愿奉为主，诏封贞为咸

阳王,以天子之礼遣还北,会景败而返。

〔译文〕

侯景围攻谯城,没有攻下,便退攻城父,攻克了该城。壬申,侯景派遣他的行台左丞王伟等人到建康游说梁武帝说:“邺城中的文武百官一起谋划,召我与他们一起讨伐高澄,事情泄露了,高澄把元善见囚禁在金墉城,杀死了六十多个元氏家族的人。河北的民心所向,都思念他们的主人,请求立元氏一人为主,以顺应百姓的愿望,这样一来,陛下有兴亡继绝之美名,臣侯景也有立功建勋的成就,黄河的南边和北边,便成为圣朝的附属国,那里的男男女女,都成为大梁的臣妾。”梁武帝认为侯景讲的是对的,乙亥,颁布诏书封立太子舍人元贞为咸阳王,并给他军队,让他回到北方入主魏国。等到元贞渡过了长江,梁武帝就允许他登上王位,按仅次于皇帝的规格配给他仪仗和卫士。元贞是元树的儿子。

慕容绍宗引军击侯景,景辎重数千两,马数千匹,士卒四万人,退保涡阳[①]。绍宗士卒十万,旗甲耀日,鸣鼓长驱而进。景使谓之曰:“公等为欲送客,为欲定雌雄邪?”绍宗曰:“欲与公决胜负。”遂顺风布陈。景闭垒,俟风止乃出。绍宗曰:“侯景多诡计,好乘人背。”使备之,果如其言。景命战士皆被短甲,执短刀,入东魏陈,但低视,斫人胫马足。东魏兵遂败。绍宗坠马,仪同三司刘丰生被伤[②],显州刺史张遵业为景所擒[③]。

〔注释〕

①涡(guō)阳:北魏置,为谯州南谯郡治,治所在今安徽蒙城县东北涡河北岸刘寨村,后移今蒙城县。

②刘丰生:刘丰,字丰生,普乐(今宁夏灵武)人。魏庄帝永安初,为灵州镇城大都督。与刺史曹浧附高欢,被宇文泰军围攻,遂率户数万东奔,欢任为南汾州刺史。历战有功,为左卫将军、殷州刺史。随慕容绍宗攻西魏颍川,倡议引水灌城。与绍宗同船巡视,船漂至城下,被北周军杀死,谥忠。

③张遵业:东魏代人,张琼次子。以讨元颢功封固安县子、云州大中正,迁建州刺史,孝静帝武定中,随刘丰讨侯景,为景所擒,杀于涡阳。

〔译文〕

慕容绍宗带领军队袭击侯景,侯景带着几千辆辎重,几千匹马,四万名兵卒,退守涡阳。慕容绍宗统率十万士兵,旌旗铠甲在阳光下闪闪发光,敲着战鼓长驱直进。侯景派人对慕容绍宗说:“你们这是想送客人,还是想决一雌雄?”慕容绍宗回答说:“想和你决一胜负。”于是,他顺着风势摆好阵势,侯景关闭了营垒,等风停了才出来。慕容绍宗说:“侯景诡计多端,喜欢背后偷袭。”他派人加强防备,结果确如他所说的那样。侯景命令战士们身披短小的铠甲,手持短刀,从背后进入了东魏军队的阵营,只是低头观看,砍削东魏士兵的小腿和马腿。东魏的军队于是溃败了。慕容绍宗从马上掉下来,仪同三司刘丰生被砍伤,显州刺史张遵业被侯景擒获。

绍宗、丰生俱奔谯城。裨将斛律光、张恃显尤之[①],绍宗曰:“吾战多矣,未见如景之难克者也。君辈试犯之！”光等被甲将出，绍宗戒之曰：“勿渡涡水②。”二人军于水北，光轻骑射之③。景临涡水谓光曰：“尔求勋而来，我惧死而去。我，汝之父友，何为射我？汝岂自解不渡水南，慕容绍宗教汝也。”光无以应。景使其徒田迁射光马，洞胸，光易马隐树，又中之，退入于军。景擒恃显，既而舍之。光走入谯城，绍宗曰：“今定何如，而尤我也！”光，金子之也。

开府仪同三司段韶夹涡而军，潜于上风纵火，景帅骑入水，出而却走，草湿，火不复然。

〔注释〕

①斛律光：北齐朔州（今山西寿阳）敕勒部人，字明月，斛律金长子。工骑射，初为侯景部下，后事高欢，称“射雕手”。高澄为世子时，光为亲信都督。北齐时历位太子太保尚书令，屡败周师，高湛河清三年（564），大败尉迟迥于芒山。高纬武平元年（570），破宇文桀于宜阳，周人惧惮之，以功拜左丞相。后被祖珽所谗，高纬疑之，被杀。

②涡水：涡河的古称。《汉书·地理志》淮阳国扶沟：“涡水首受狼汤渠，东至向入淮。”《说文解字》《水经注》作過水。故道自今河南扶沟东分狼汤渠（魏晋以后称蔡水），东流经太康北、鹿邑县南，以下循今涡河至怀远县入淮，为中原地区水运航道之一。东汉建安十四年（209）、三国魏黄初六年（225），曹操、曹丕向东南用兵，均由此道。唐宋时代如逢汴河运道受阻，亦赖此河沟通南北。元以后，黄河屡屡南决，夺蔡、涡入淮，蔡河淤断，太康以上涡河上源时有变迁。清以后始成今状。

③轻骑：单骑。

〔译文〕

慕容绍宗、刘丰生一起逃往谯城。裨将斛律光、张恃显责怪他们,慕容绍宗说:“我经历过很多次战斗,没有见到像侯景这样难以对付的敌手。你们试着去斗他一斗吧!”斛律光等人披上铠甲将要出战,慕容绍宗告诫他们说:“不要渡过涡水。”斛律光与张恃显两个人把军队驻扎在涡水北面,斛律光单骑用弓箭射侯景,侯景在涡水边对斛律光说:“你为求取功勋而来,我因害怕死而离去。我是你父亲的朋友,你为什么用箭射我?你哪里能懂得不可渡涡水到南面来的道理,一定是慕容绍宗教你的。”斛律光无言以对。侯景让他的手下人田迁用箭射斛律光的马,箭穿透了马的胸膛。斛律光换了匹马躲在树后,田迁的箭又射中了他的马,斛律光便退回了军营。侯景捉住了张恃显,很快又放了他。斛律光跑到了谯城,慕容绍宗说:“今天你们交战究竟如何?你还责怪我!”斛律光是斛律金的儿子。

开府仪同三司段韶驻军于涡水两岸,偷偷地顺风放火,侯景率领骑兵进入水中,从水中出来向后撤退,草被打湿以后,火便不再燃烧。

太清二年(戊辰、548)

春,正月,己亥,慕容绍宗以铁骑五千夹击侯景。景诳其众曰:“汝辈家属,已为高澄所杀。”众信之。绍宗遥呼曰:“汝辈家属并完,若归,官勋如旧。”被发向北斗为誓。景士卒不乐南渡,其将暴显等各帅所部降于绍宗①。景众大溃,争赴涡水,水为之不流。景与腹心数骑自硖石济淮②,稍收散卒,得步骑八百人,南过小城,人登陴诟之曰③:“跛奴!欲何为邪?”景怒,破城,杀诟者而去。昼夜兼行,追军不敢逼。使谓绍宗曰:“景若就擒，公复何用？”绍宗乃纵之。

〔注释〕

①暴显：北齐魏郡斥丘（今河北魏县西北）人，字思祖。魏末，官晋州车骑府长史。从高欢举兵，累有军功。东魏孝静帝元象二年（539），除北徐州刺史，从高欢战西魏军于邙山。武定二年（544），官征南将军、广州刺史。侯景反，攻广州，显突围归，复从慕容绍宗攻破景。屡与南朝梁战，累官水军大都督、车骑大将军、赵州刺史、洛州刺史、朔州刺史。北齐后主天统元年（565），官至特进、骠骑大将军，封定阳王。

②硖（xiá）石：在今河南孟津东北。

③陴（pī）：城上的矮墙，亦称“女墙”，俗称“城垛子”。

〔译文〕

太清二年（戊辰、548）

春季，正月，己亥，慕容绍宗带领五千精锐骑兵前后夹击侯景的军队。侯景诓骗他的士兵们说：“你们这些人的家属，已全被高澄杀掉了。”侯景手下的士兵都相信了他的话。慕容绍宗从远方高喊道：“你们的家属都平安无事，如果你们复归，官职和勋爵会跟从前一样。”说完，他披散着头发面向北斗星发誓。侯景的士兵们不愿意南渡，他的将领暴显等人各自统领自己的部队投降了慕容绍宗。侯景的人马全面溃败，士兵们争相抢渡涡水，河水都被败兵们阻断，不再奔流了。侯景与自己的几个心腹之人骑马从硖石渡过了淮河，他们逐渐收集了一些溃散的士兵，步兵、骑兵共有八百人。他们向南经过一座小城时，有人登上了城墙上面的短墙谩骂侯景道：“跛脚的奴才，看你还想做什么？”侯景听完大怒，攻破了这座小城，杀掉了骂他的人之后带兵离去。他们昼夜兼行，追击他们的东魏军队不敢逼近。侯景派人对慕容绍宗说："侯景如果被抓到，您还有什么用呢？"慕容绍宗于是便放走了他。

侯景既败，不知所适，时鄱阳王范除南豫州刺史[①]，未至。马头戍主刘神茂[②]，素为监州事韦黯所不容[③]，闻景至，故往候之，景问曰："寿阳去此不远，城池险固，欲往投之，韦黯其纳我乎？"神茂曰："黯虽据城，是监州耳。王若驰至近郊，彼必出迎，因而执之，可以集事。得城之后，徐以启闻，朝廷喜王南归，必不责也。"景执其手曰："天教也。"神茂请帅步骑百人先为乡导[④]。壬子，景夜至寿阳城下；韦黯以为贼也，授甲登陴。景遣其徒告曰："河南王战败来投此镇，愿速开门！"黯曰："既不奉敕，不敢闻命。"景谓神茂曰："事不谐矣。"神茂曰："黯懦而寡智，可说下也。"乃遣寿阳徐思玉入见黯曰："河南王，朝廷所重，君所知也。今失利来投，何得不受？"黯曰："吾之受命，唯知守城；河南自败，何预吾事！"思玉曰："国家付君以阃外之略[⑤]，今君不肯开城，若魏兵来至，河南为魏所杀，君岂能独存？何颜以见朝廷？"黯然之。思玉出报，景大悦曰："活我者，卿也。"癸丑，黯开门纳景，景遣其将分守四门，诘责黯，将斩之；既而抚手大笑，置酒极欢。黯，睿之子也[⑥]。

〔**注释**〕

①鄱阳王范：指萧范，南朝梁人，字世仪，恢世子。初为太子洗马，历迁益州刺史，在州开通剑道，收复华阳。转为雍州刺史，善于抚御将士。

太清元年(547),督汉北诸军北伐。俄迁南豫州刺史。侯景之乱,遣兵入援,建康城陷,退至浔阳,病卒。

②马头戍:南朝梁置,在今安徽怀远南马头城乡。梁天监五年(506),攻取北魏合肥,北魏军队守寿阳,于马头置戍,即此。

③韦黯:南朝梁人,字务直,睿子。少学经史,能为文章。初为太子舍人,历太仆卿、南豫州刺史太府卿。侯景攻建康,他都督建康城西面诸军事,昼夜苦战,以功授轻车将军。战死。

④乡导:向导,带路的人。乡,通“向”。

⑤阃(kǔn)外:指京城或朝廷以外,亦指外任将吏驻守管辖的地域,与朝中、朝廷相对。

⑥睿:韦睿,南朝梁京兆杜陵(今陕西西安东南)人,字怀文。刘宋时,历官至右军将军。南齐末为上庸太守,从萧衍起兵,多建策功。萧衍代齐称帝(梁武帝),迁豫州刺史。自天监三年(504)至七年(508),屡率军破魏军。五年(506),取合肥。六年(507),解钟离围,魏军溺死与阵亡者各十余万,被俘五万。体素羸,每战未尝骑马,以板舆自载,督厉众军。善抚士卒,军法严明,威震魏军,世称“韦虎”。普通初,迁侍中、车骑将军,未拜卒,谥严。

## [译文]

侯景战败后,不知道该投奔哪里,当此之时鄱阳王萧范被任命为南豫州刺史,还没有上任。马头戍的主帅刘神茂,平素与监州事韦黯不太相容。当听说侯景来到,便前去迎候侯景。侯景问他:“寿阳离这个地方路途不远,城池险要、坚固。我想要前往投奔,韦黯他能接纳我吗?”刘神茂回答说:“韦黯虽然占据着寿阳城,但他只是监州官罢了。如果您率兵到了寿阳近郊,韦黯一定会出城迎接,趁此时机拘捕他,事情就可以成功。得到寿阳城之后,再慢慢地启奏皇上。朝廷对大王南来归顺很高兴,一定不会责怪你的。”侯景听完握住刘神茂的手说:“真是上天派你来教我啊。”刘神茂请求率领一百名步兵和骑兵先去做向导。壬子(二十日),侯景夜间来到了寿阳城下。韦黯以为是盗贼来了,披上铠甲登上了城墙。侯景派手下人通告韦黯说:“河南王侯景战败前来投奔此镇,希望赶快打开城门!”韦黯说:“我因为没有接到皇帝的圣旨,不敢听从你的命令。”侯景对刘神茂说:“事情不妙了。”刘神茂回答说:“韦黯懦弱并且缺少智谋,可以派人劝说他改变主意。”于是,侯景派寿阳人徐思玉进城拜见韦黯说:“河南王是朝廷所器重的人,您是知道的。现在他失利前来投奔,你怎么能不接纳他呢?”韦黯说:“我所接受的命令,只知道要守卫寿阳城,河南王战败了,与我有什么相干!”徐思玉说:“国家赋予你统兵在外的权力,现在你不肯打开城门,如果西魏的军队追来,河南王被西魏人杀掉,你怎能独自生存呢?你还有什么脸去见朝廷?”韦黯认为徐思玉说得很对。徐思玉出城报告了侯景,侯景非常高兴地说:“救活我的人,正是你啊。”癸丑(二十一日),韦黯打开了城门接纳侯景,侯景派他的将领分别把守四个城门,他斥责韦黯不马上接纳他,要斩杀韦黯。随即,侯景又拍手放声大笑起来,摆出酒宴,开怀畅饮。韦黯,是韦睿的儿子。

朝廷闻景败,未得审问;或云:“景与将士尽没。”上下咸以为忧。侍中、太子詹事何敬容诣东宫①,太子曰:“淮北始更有信,侯景定得身免,不如所传。”敬容曰:“得景遂死,深为朝廷之福。”太子失色,问其故,敬容曰:“景翻覆叛臣,终当乱国。”太子于玄圃自讲《老》《庄》②,敬容谓学士吴孜曰:“昔西晋祖尚玄虚,使中原沦于胡、羯[3]。今东宫复尔，江南亦将为戎乎！”

〔注释〕

①何敬容：南朝梁庐江灊（郡治今安徽舒城）人，字国礼。尚齐武帝女长城公主，拜驸马都尉。梁武帝天监中，累迁扬州治中、吴郡太守等职，勤政恤民，辩讼如神，有治绩。后累迁尚书左仆射，聪明识达，勤于簿领。简文帝为太子时讲《老》《庄》，敬容以晋代丧乱，由帝尚玄虚，因知国将乱。俄而侯景难作，敬容卒于围中。

②玄圃：魏晋南北朝时洛阳、建康（今南京市）宫中园名，时做讲经之处。

③羯（jié）：中国古代北方的部族，匈奴的一个分支。

〔译文〕

朝廷听说侯景战败，并没有详细地查问。有人说：“侯景与他的将士全军覆没了。”朝廷上上下下都为此而担忧。侍中、太子詹事何敬容来到东宫，太子说：“淮河北面又有消息了，侯景一定会免于身亡，并不像人们传说的那样。”何敬容说：“得如侯景就这样死了，这实在是朝廷的福分啊。”太子听了大惊失色，问他为什么这样说，何敬容说：“侯景是个反复无常的叛臣，终将会祸乱国家。”太子在玄圃亲自讲读《老子》《庄子》，何敬容对学士吴孜说：“从前，西晋始祖崇尚玄妙、虚无之说，结果使中原沦丧在胡人、羯人手中。现在东宫太子又这样做，江南恐怕也将成为胡人的天下了吧！”

甲寅，景遣仪同三司于子悦驰以败闻，并自求贬削，优诏不许。景复求资给，上以景兵新破，未忍移易。乙卯，即以景为南豫州牧，本官如故；更以鄱阳王范为合州刺史，镇合肥。光禄大夫萧介上表谏曰[①]："窃闻侯景以涡阳败绩，只马归命。陛下不悔前祸，复敕容纳。臣闻凶人之性不移，天下之恶一也。昔吕布杀丁原以事董卓[②]，终诛董而为贼；刘牢反王恭以归晋[③]，还背晋以构妖。何者？狼子野心，终无驯狎之性[④]，养虎之喻，必见饥噬之祸矣。侯景以凶狡之才，荷高欢卵翼之遇，位忝台司，任居方伯，然而高欢坟土未干，即还反噬。逆力不逮，乃复逃死关西；宇文不容，故复投身于我。陛下前者所以不逆细流，正欲比属国降胡以讨匈奴，冀获一战之效耳；今既亡师失地，真是境上之匹夫，陛下爱匹夫而弃与国。若国家犹待其更鸣之辰，岁暮之效，臣窃惟侯景必非岁暮之臣；弃乡国如脱屣[⑤]，背君亲如遗芥，岂知远慕圣德，为江、淮之纯臣乎！事迹显然，无可致惑。臣朽老疾侵，不应干预朝政。但楚囊将死[⑥]，有城郢之忠；卫鱼临亡[⑦]，亦有尸谏之节。臣忝为宗室遗老，敢忘刘向之心[⑧]！"上叹息其忠，然不能用。介，思话之孙也[⑨]。

〔注释〕

①萧介：南朝梁兰陵（今江苏常州西北）人，字茂镜，萧思话孙。博通经史，善属文，起家齐著作佐郎。入梁，历仕始兴太守、少府卿、都官尚书，有政声。博物强识，多所匡正，为梁武帝所重，军国大事，必先咨访。武帝太清元年（547），侯景于涡阳为东魏击败，入寿阳，遣使降梁。帝纳之，介极言不可，帝不能用。官至光禄大夫，卒年七十三。

②吕布：东汉五原九原（今内蒙古包头）人，字奉先。善骑射，号飞将。

初事丁原,任主簿,后杀原以事董卓,誓为父子,任骑都尉。迁中郎将,封都亭侯。后因失卓欢心,又与卓婢私通,初平三年(192),与王允合谋杀卓,任奋威将军,封温侯。为卓余党所败,乃割据徐州,连年与袁术、刘备、曹操混战,后为曹操所败,被缢杀于下邳。丁原:东汉兖州泰山郡南城县(今山东平邑)人,字建阳。为并州刺史。灵帝崩,原受何进召,将兵诣洛阳,谋诛宦官,为执金吾。进败,为董卓亲信吕布所杀。董卓:东汉陇西临洮(今甘肃岷县)人,字仲颖。少游羌中,尽与豪帅相结,为凉州豪强。灵帝中平初,拜东中郎将,代卢植,击黄巾军,军败抵罪,后拜并州牧。少帝昭宁元年(189),将兵入洛阳,废少帝,立献帝,专擅朝政。袁绍等起兵讨卓,卓焚洛阳宫庙官府及周围百里内居家,挟献帝西入长安,自为太师,凶暴滋甚。后为王允、吕布所杀。

③刘牢:指刘牢之,东晋彭城(今江苏徐州)人,字道坚。初以骁勇应募,为谢玄参军。领精锐为前锋,百战百胜,号为“北府兵”。孝武帝太元八年(383),淝水之战中,为前锋,首战破苻坚,迁龙骧将军、彭城内史。牢之手握重兵,先后为王恭、会稽王司马元显所用。安帝隆安三年(399)、四年(400),曾率军镇压孙恩起事,进号镇北将军,都督会稽五郡。元兴初,朝廷命讨桓玄,牢之惧不能制,又虑平玄之后功盖天下,将不能容。遂附桓玄,兵权为玄所夺,自杀。王恭:字孝伯,太原晋阳(今山西太原)人,王蕴子,孝武帝皇后兄。少有美誉,自负情操高尚,才华出众,常有宰辅之望。初为佐著作郎,历吏部郎。孝武帝以恭为后兄,深得钦重,擢为都督兖、青、冀、幽、并、徐州军事、平北将军,兖、青二州刺史,镇京口。孝武帝死,司马道子、王国宝专权,恭起兵征讨,道子杀王国宝以谢。隆安二年(398),道子设计使恭讨司马尚之,部将刘牢之叛,恭兵败被俘杀。

④驯狎(xiá):驯顺可亲近。

⑤屣(xǐ):鞋。

⑥楚囊:指楚国的子囊,一作公子贞,春秋时楚国人,楚令尹。曾劝子反勿背盟侵郑、卫,后屡伐陈、宋等国。楚共王二十八年(前563),晋与诸侯攻郑,戍虎牢,他往救,双方不战而罢。又率师攻吴,至棠,吴军不出,乃归,遭邀击,大败。返楚旋死,遗言必在都郢筑城以备吴。

⑦卫鱼：指春秋时卫国大夫史佗，字子鱼。官太祝，有口才。鲁定公四年（前506），周臣刘文公会合诸侯于召陵，祝佗随卫灵公与会。初，安排蔡国在卫国之前歃血结盟，祝佗列举周朝文王、武王法度，说服刘文公和周臣长弘，卒让卫先于蔡。

⑧刘向：西汉沛（今属江苏）人，本名更生，字子政，楚元王刘交四世孙，刘歆之父。治《春秋穀梁》，以阴阳休咎论时政得失，屡上书劾奏外戚专权。宣帝时，任散骑谏大夫给事中。元帝时，擢为散骑宗正给事中。后以反对宦官弘恭、石显专权，议欲罢退之，被谮下狱。成帝即位，得进用，更名向，迁光禄大夫，官至中垒校尉。校阅中秘群书，撰成《别录》，为我国目录学之祖。有《新序》《说苑》《列女传》等。

⑨思话：即萧思话，南朝宋南兰陵（今江苏常州）人，宋武帝萧皇后侄。少未知书，后折节，有令誉。颇工隶书，善弹琴，能骑射。起家琅邪王大司马行参军，袭爵封阳县侯。宋文帝元嘉十年（433），氐王杨难当袭汉中，梁州刺史甄法护弃城走。十一年（434），思话以梁、南秦二州刺史遣将破杨难当，收复汉中。三十年（453），刘劭杀文帝，思话率军以应刘骏讨劭。孝武帝即位，历中书令、郢州刺史。凡历州十二，杖节监都督九，爱才好士，人多归之。

〔译文〕

甲寅（二十二日），侯景派遣仪同三司于子悦飞马把自己战败的事报闻朝廷，并且自己请求贬职削官，梁武帝下诏不允许。侯景又请求为他补充财物和给养，梁武帝因为侯景的军队刚刚被打败，没有忍心把他调动。乙卯（二十三日），梁武帝就让侯景做南豫州牧，原来的官职仍然保留；又任命鄱阳王萧范为合州刺史，镇守合肥。光禄大夫萧介上表劝谏说："我私下听说侯景在涡阳打了败仗，单枪匹马前来归顺。陛下您不追悔他从前造成的灾难，又赦免并容纳了他。我听说恶人的秉性不会改变，天下的恶人是一样的。从前吕布杀死了丁原，来侍奉董卓，而最终又杀死了董卓,成为叛贼;刘牢之反叛王恭,归附晋朝,但又背弃了晋朝,制造邪恶事端。为什么呢?因为狼崽子虽幼,却有凶残的本性,最终也不会有驯服、顺从的品性,以喂养老虎为例,一定会出现被饥饿的老虎吃掉的祸患。侯景凭借着他凶狠与狡猾的才能,受高欢的豢养和庇护,身居高位独据一方,然而,高欢死后坟土还未干,他就反叛了高氏。只是因为叛逆的力量还不足,他才又逃命到了关西;宇文泰没有收容他,所以他才投靠了我们。陛下您之前所以不拒细流,接纳了侯景,正是为了像汉代在边境上设置属国安抚投降的胡人来对付匈奴那样,欲让侯景来对付东魏,希望他同东魏打一仗;而现在侯景既然败亡了军队,丢失了土地,那么他便只是边境上的一个平常之人,陛下您舍不得区区一个侯景,却失去了与友好国家的和睦,如果国家还等待他自新之时,晚年效力,我私下认为侯景必定不是晚年效力的臣子;他抛弃家国像脱掉鞋子一样轻率,背弃国君、亲人像丢掉草芥一样容易,他怎么会懂得远慕圣德而来,做我们梁朝纯贞的臣子呢!他的所作所为很明显,没有人会感到疑惑。我已经衰老,又受疾病侵扰,本不应该干预朝廷政事。但是楚国令尹子囊在临死时,还叮嘱子庚修筑郢都的城墙,不忘保护社稷;卫国的史鱼将死之时,尚有让儿子置尸窗下进谏卫灵公之举。我身为皇族遗老,怎么敢忘记刘向的一片忠心!"梁武帝很赞赏萧介的一片忠心,但是却不愿听从他的忠告。萧介是萧思话的孙子。

# 陈　纪

## 突厥朝隋

〔题解〕

此篇选自《陈纪》九、十。北魏时期，突厥兴起于中国北方。随着突厥由原始民主制向奴隶制过渡，突厥贵族不断南下掠夺中原王朝的人口和财富，与当时北齐、北周政权时战时和，中原各封建王朝也用和亲政策笼络突厥，突厥则与中原王朝保持朝贡关系。隋朝初年，突厥形成五可汗并立局面，摄图称沙钵略可汗，菴罗称第二可汗，大逻便称阿波可汗，玷厥称达头可汗，此外还有贪汗可汗。各汗无所统辖，分居四面，而以沙钵略可汗最为强大。

隋朝建立之后，文帝待遇突厥礼数渐薄，于是突厥各部怨恨隋朝。北周嫁给摄图叔父佗钵可汗的千金公主，屡次劝沙钵略可汗出兵为周室复仇，双方战争开始。隋文帝采纳长孙晟的“远交而近攻，离强而合弱”策略，分化离间突厥各部，或者用和亲办法拉拢一部，或者出兵攻其一部，使他们相互猜忌，相互攻杀，削弱了突厥势力。从隋文帝开皇元年(581)突厥侵隋，到隋炀帝大业三年(607)突厥臣服，中间经过了26年的时间，双方复归盟好，进一步加深了我国历史上的民族团结与融合。

隋主既立[①]，待突厥礼薄，突厥大怨。千金公主伤其宗祀覆灭[②]，日夜言于沙钵略[③]，请为周室复仇。沙钵略谓其臣曰："我，周之亲也。今隋主自立而不能制，复何面目见可贺敦乎[④]？"乃与故齐营州刺史高宝宁合兵为寇[⑤]。隋主患之，敕缘边修保障，峻长城，命上柱国武威阴寿镇幽州[⑥]，京兆尹虞庆则镇并州[⑦]，屯兵数万以备之。

［注释］

①隋主：隋文帝杨坚，隋朝创建者，弘农华阴（今属陕西）人，小字那逻延，杨忠子。北周时袭父隋国公爵，女为北周宣帝皇后，任丞相，总揽朝政。旋废静帝而杀之，自立为帝，建立隋朝。开皇七年（587）亡后梁，九年（589）灭陈，结束西晋末年以来三百年分裂局面，统一全国。在位时加强中央集权，改革官制、兵制，以考试选拔人才，废除九品中正制，各项措施于后代影响较大。仁寿四年（604）病重，为太子杨广所杀。在位二十四年。

②千金公主：北周赵王宇文招之女，北周时被封为千金公主，后嫁入突厥和亲。隋文帝杨坚篡周之后，于596年，隋朝成功离间突厥内部，在突利可汗的教唆下，千金公主被杀身亡。

③沙钵略：隋时东突厥首领，名摄图，佗钵可汗侄。他钵可汗卒，子菴罗继立，懦弱不能统国，因让国于摄图。得立后，号伊利俱卢设莫何始波罗可汗，简称沙钵略可汗。以勇得众，控弦四十万，称雄漠北，累扰边郡。文帝开皇三年（583），于白道被隋军击败。后又受困于达头可汗，遂称藩于隋，岁岁朝贡。

④可贺敦：亦省作"可敦"，古代鲜卑、柔然、突厥、回纥、蒙古等部族对可汗妻的称呼。

⑤高宝宁:名或作保宁,北齐代人。后主(高纬)武平末为营州刺史,镇黄龙,夷夏重其威信。北周武帝平齐,遣使招慰,不受敕书。范阳王高绍义为周军所逼,奔突厥,保宁尝上表劝进,绍义遂即皇帝位,署保宁为丞相。及卢昌期据范阳起兵,保宁引绍义集夷夏兵数万救之,至潞河,知周将宇文神举屠范阳,还据黄龙,不臣周。

⑥阴寿:字罗云,武威(今属甘肃)人,仕北周至开府。杨坚执政,为监军,随韦孝宽击尉迟迥。孝宽病,军中政令多由寿决。事平,封赵国公,为幽州总管。隋开皇初,击溃北齐宗室高宝宁军。不久卒于任。

⑦虞庆则:隋京兆栎阳(今属陕西西安市)人,本姓鱼,字庆则。先世仕于赫连氏。长驰射,以弋猎为生。性倜傥雄毅,有胆识,后折节读书。出仕北周,累迁石州总管。入隋,进大将军、吏部尚书、京兆尹。为元帅讨突厥,授上柱国,封鲁国公,转右武候大将军。后以桂州道行军总管,讨李贤乱,事平,使妇弟赵什柱诣京奏事,什柱恐暴露与庆则爱妾私通事,乃告庆则谋反,文帝开皇十七年(597)十二月被诛。

〔译文〕

隋文帝即位后,对突厥礼遇冷淡,突厥非常怨恨。千金公主伤心于隋朝灭了自己的宗族,日夜向沙钵略进言,请他为北周王室复仇。于是沙钵略对他的大臣们说:“我是周室的亲戚,现在隋文帝代周自立,而我却不能制止,还有什么面目再见可贺敦呢?”于是突厥与原北齐营州刺史高宝宁合兵入侵。隋文帝很担忧,下敕书令沿边增修要塞屏障,加固长城,又任命上柱国武威人阴寿镇守幽州,京兆尹虞庆则镇守并州,驻守数万军队以防备突厥。

初,奉车都尉长孙晟送千金公主入突厥①,突厥可汗爱其善射,留之竟岁,命诸子弟贵人与之亲友,冀得其射法。沙钵略弟处罗侯②,号突利设,尤得众心,为沙钵略所忌,密托心腹阴与晟盟。晟与之游猎,因察山川形势,部众强弱,靡不知之。

〔注释〕

①长孙晟:隋河南洛阳人,字季晟,长孙炽弟。性明敏,善弹擅射,矫捷过人。年十八,仕北周为司卫上士,杨坚一见,识其异而善待之。北周末出使突厥时,默察地势,暗探虚实。至隋文帝开皇中突厥进扰,晟口陈形势,手画山川,定其虚实,如数指掌。帝纳其策划以备突厥,拜车骑将军,后又为受降使者。突厥畏之,闻其弓声,谓为霹雳,见其走马,谓为闪电。师旋,授上开府仪同三司。终右骁卫将军,谥献。

②处罗侯:隋时东突厥首领,名处罗侯,沙钵略可汗弟。勇而有谋,尝以隋所赐旗鼓导前,西击阿波可汗。阿波之众以为叶护得隋助,乃来归附,遂擒阿波。后西征,中流矢卒。

〔译文〕

当初,奉车都尉长孙晟奉命送北周千金公主入突厥通婚,突厥可汗欣赏他精湛的箭法,于是留他在突厥整整一年,让诸位子弟和部落贵族与长孙晟结交往来,希望能学到他的箭术。沙钵略可汗的弟弟处罗侯称作突利设,非常得民心,被沙钵略所猜忌,秘密派遣心腹与长孙晟结盟。长孙晟就和他到处游猎,顺便察看突厥的山川形势和部众强弱,没有不了解的。

及突厥入寇,晟上书曰:"今诸夏虽安,戎虏尚梗,兴师致讨,未是其时,弃于度外,又相侵扰,故宜密运筹策,有以攘之。玷厥之于摄图①,兵强而位下,外名相属，内隙已彰；鼓动其情，必将自战。又，处罗侯者，摄图之弟，奸多势弱，曲取众心，国人爱之，因为摄图所忌，其心殊不自安，迹示弥缝，实怀疑惧。又，阿波首鼠②，介在其间，颇畏摄图，受其牵率，唯强是与，未有定心。今宜远交而近攻，离强而合弱。通使玷厥，说合阿波，则摄图回兵，自防右地。又引处罗，遣连奚、霫③，则摄图分众，还备左方。首尾猜嫌，腹心离阻，十数年后，乘衅讨之，必可一举而空其国矣。"帝省表，大悦，因召与语。晟复口陈形势，手画山川，写其虚实，皆如指掌。帝深嗟异，皆纳用之。遣太仆元晖出伊吾道④，诣达头，赐以狼头纛⑤。达头使来，引居沙钵略使上。以晟为车骑将军，出黄龙道，赍币赐奚、霫、契丹⑥，遣为乡导，得至处罗侯所，深布心腹，诱之内附。反间既行，果相猜贰。

〔注释〕

①玷厥：达头可汗，隋时西突厥首领，沙钵略可汗从父，旧为西面可汗。尝助阿波可汗屡攻沙钵略，又与都蓝可汗有隙，数相攻战，隋使使和解之。后达头自称步迦可汗，与启民可汗相争，败。未几国乱，奔吐谷浑，不知所终。

②阿波：隋时西突厥首领，名大逻便，木杆可汗子。他钵可汗卒，以其母贱，不得立。及沙钵略可汗立，以大逻便为阿波可汗，还领旧部。沙钵略又忌阿波骁悍，袭其部族，杀其母，阿波乃西奔依从叔达头可汗。自此，突厥分为二，屡相攻击。西域龟兹、铁勒、伊吾等部族依附之，渐强盛。后为叶护可汗所败，被执。

③奚：全称库莫奚，北魏时部族名。本属宇文部，与契丹同类而异种，其先皆为燕王鮵所破，徙居松漠之间。霫（xí）：中国古代东北少数部族的

一支,隋、唐时居于潢水(今西拉木伦河)以北,后迁潢水以南,并于奚部。

④元晖:隋河南洛阳人,字叔平。好学,涉猎书记,少得美名于京师。仕北周,累迁武伯下大夫。出使突厥,陈说利害,得以和解。入隋,拜都官尚书,领太仆。奏请决杜阳水灌田,民赖其利。后拜魏州刺史,以疾去职。卒于京师,年六十,谥元。

⑤狼头纛(dào):用狼头做标志的大旗,亦作“狼纛”。

⑥赍(jī):怀抱着,带着。

〔译文〕

等到突厥兴兵入侵,长孙晟上书说:“现在华夏虽然安定,但是北方突厥仍然不遵王命,兴兵讨伐,条件还不成熟,弃之不理,突厥又时常侵犯骚扰,因此,我们应该周密谋划,制定出一套制胜的办法。达头可汗玷厥相对于沙钵略可汗摄图来说,军队虽强大但地位低下,名义上虽然臣服于摄图,其实内部裂痕已经很明显了;只要我们加以挑拨离间,他们必定会自相残杀。其次,处罗侯是摄图的弟弟,虽然诡计多端但势力弱小,所以他虚情矫饰以争取民心,得到了国人的爱戴,因此也招致摄图的猜忌,心中很是不安,表面上虽然竭力弥缝和摄图之间的裂痕,但内心深感怀疑恐惧。再者,阿波可汗犹豫不决、动摇不定,处在玷厥和摄图之间,颇为惧怕摄图,受到他的控制,这只是迫于摄图的势力强大,还没有决定依附于谁。因此,目前我们应该远交近攻,离间强大势力,联合弱小势力。派出使节联系玷厥,劝说他与阿波可汗联合,这样摄图必然会撤回军队,防守西部地区。再交结处罗侯,派出使节联络东边的奚、霫部族,这样摄图就会分散兵力,防守东部地区。使突厥国内互相猜忌,上下离心,十多年后,我们再乘机出兵讨伐,必定能一举灭掉突厥。”隋文帝看了长孙晟的奏表,非常高兴,因此召见长孙晟面谈。长孙晟又一次一边口中分析形势，一边用手描绘突厥的山川地理，指示突厥兵力分布情况，都了如指掌。文帝十分惊奇，全部采纳了他的建议。于是派遣太仆卿元晖经伊吾道出使达头可汗，赐给他一面绣有狼头的大旗。达头可汗的使节来到长安，隋朝让他位于沙钵略可汗使节之上。又任命长孙晟为车骑将军，经黄龙道出塞，携带钱财赏赐奚、霫、契丹等部族，让他们做向导，才得以到达处罗侯住地，长孙晟与处罗侯做了推心置腹地交谈，规劝他率领所属部落臣服隋朝。隋朝的这些反间计实行之后，突厥沙钵略可汗与其他部落果然互相猜忌、离心离德。

乙酉，隋遣沁源公虞庆则屯弘化以备突厥。

行军总管达奚长儒将兵二千①，与突厥沙钵略可汗遇于周槃②，沙钵略有众十余万，军中大惧。长儒神色慷慨，且战且行，为虏所冲，散而复聚，四面抗拒。转斗三日，昼夜凡十四战，五兵咸尽③，士卒以拳殴之，手皆骨见，杀伤万计。虏气稍夺，于是解去。长儒身被五疮，通中者二；其战士死者什八九。诏以长儒为上柱国，余勋回授一子。

〔注释〕

①达奚长儒：隋代郡人，字富仁。胆识过人，宇文泰引为亲信。以质直恭勤，授都督。攻城野战所当必破，屡有战功。北周武帝末，大破陈军，进位大将军。入隋，封蕲春郡公。文帝开皇二年（582），突厥十余万扰边，长儒率军二千与之力战，身被五创，士卒死伤十之八九，终却之，进上柱国。后以母忧去职。起复，拜夏州总管，匈奴惮之不敢窥塞。转荆州总管三十六州诸军事。卒于官，谥威。

②周槃：北周改东槃县置，治所在今甘肃合水县西南，北至庆阳县百二十里，寻废。

③五兵：泛指各种兵器。

〔译文〕

乙酉（十六日），隋朝派遣沁源公虞庆则率军驻扎弘化郡，以防备突厥。

隋朝行军总管达奚长儒率军两千人，与突厥沙钵略可汗在周槃城相遇，沙钵略的军队有十万多人，隋军官兵大为恐惧。达奚长儒神色慷慨激昂，率军边战边行，队伍虽多次被突厥军队冲散，但很快又重新聚合，摆开阵势，四面抗拒。隋军转战三日，昼夜之间与突厥交战十四次，后来所有的兵器都已用尽，士卒只好用拳头殴打敌人，手都露出了骨头，总共杀伤敌人一万多人。突厥军队士气逐渐丧失，最后解围退走。达奚长儒身上五处受伤，其中重伤两处；部下士卒死伤十之八九。隋文帝下诏封授达奚长儒为上柱国，并将剩余功勋授予他的一个儿子。

时柱国冯昱屯乙弗泊[①]，兰州总管叱列长叉守临洮[②]，上柱国李崇屯幽州[③]，皆为突厥所败。于是突厥纵兵自木硖[④]、石门两道入寇，武威、天水、金城、上郡、弘化、延安，六畜咸尽。

沙钵略更欲南入，达头不从，引兵而去。长孙晟又说沙钵略之子染干诈告沙钵略曰[⑤]："铁勒等反，欲袭其牙。"沙钵略惧，回兵出塞。

〔注释〕

①冯昱：隋人。多权谋，有武艺。北周时，杨坚为相，昱任行军总管，

与王谊、李威讨叛蛮,拜柱国。入隋,以行军总管屯乙弗泊备边。数年间,突厥扰边,常克捷。乙弗泊:地名,位于今青海乐都西。

②叱列长叉:隋代郡西部人,叱列平子。北齐武平末,为侍中、开府仪同三司,封新宁郡王。隋文帝开皇初,降为郡公,为上柱国。二年(582),为兰州总管。四年(584),为信州总管。卒于泾州长史。

③李崇:字永隆,询弟,陇西成纪(今甘肃秦安)人。仕北周位至开府仪同三司,封公爵。杨坚执政,崇为怀州刺史。初欲响应尉迟迥,以叔父穆及兄询附坚,遂叹息而罢。隋初,为幽州总管,屡破突厥,颇著威名。后被突厥围于沙城,拒降,战死,谥壮。

④木硖(xiá):木峡关,在今宁夏固原西南。

⑤染干:启民可汗,隋时东突厥首领,名染干,沙钵略可汗子,都蓝可汗堂弟。初号突利可汗。居突厥之北,以尚隋宗女安义公主,南迁。都蓝屡攻之,乃入隋,拜意利珍豆启民可汗,迁置河南夏、胜二州间。及都蓝死,西突厥达头可汗又数为隋军所败,遂并有突厥之众。炀帝大业三年(607),至榆林朝帝,献名马。

〔译文〕

当时柱国冯昱率军驻扎乙弗泊,兰州总管叱列长叉率军镇守临洮,上柱国李崇率军驻扎幽州,他们都被突厥打败。于是突厥纵兵从木硖、石门分两路入侵,武威、天水、金城、上郡、弘化、延安等郡的牲畜都被劫掠一空。

沙钵略可汗还想进一步南侵,达头可汗不从,率部退去。长孙晟又游说沙钵略可汗的儿子染干,染干谎报沙钵略说:"铁勒等部族起兵造反,打算袭击您的牙帐。"沙钵略害怕了,于是回兵出塞退去。

突厥数为隋寇。隋主下诏曰:"往者周、齐抗衡,分割诸夏，突厥之虏，俱通二国。周人东虑，恐齐好之深；齐氏西虞[①]，惧周交之厚；谓虏意轻重，国遂安危，盖并有大敌之忧，思减一边之防也。朕以为厚敛兆庶，多惠豺狼，未尝感恩，资而为贼。节之以礼，不为虚费，省徭薄赋，国用有余。因入贼之物，加赐将士；息道路之民，务为耕织；清边制胜，成策在心。凶丑愚暗，未知深旨，将大定之日，比战国之时；乘昔世之骄，结今时之恨。近者尽其巢窟，俱犯北边，盖上天所忿，驱就齐斧[②]。诸将今行，义兼含育，有降者纳，有违者死，使其不敢南望，永服威刑。何用侍子之朝[③]，宁劳渭桥之拜！”

〔注释〕

①虞：忧虑。

②齐斧：借指象征帝王权力的黄钺。

③侍子：古代属国之王或诸侯遣子入朝陪侍天子，学习文化，所遣之子称侍子。

〔译文〕

突厥多次兴兵侵犯隋朝。隋文帝下诏书说：“以前北周和北齐对峙，分裂华夏，突厥与双方都通使往来。北周忧虑东面，害怕齐朝与突厥交好过深；北齐忧虑西面，害怕周朝与突厥联合过紧；都认为突厥的轻重向背，关系着国家的安危。这是因为双方都把对方当成头号强敌，想减少北面的防御兵力。朕以为重敛百姓，多聚财物以赂突厥，突厥也未曾感恩戴德，反而资助了突厥不断地前来侵犯。所以，朕对突厥按照礼制加以节制，不虚费钱财；减轻百姓的徭役赋税，因此国库有余。把原来馈送给突厥的财物，用来加赐给将士，减省百姓道路奔波之苦，使他们能够专心耕织；清除边患，克敌制胜，朕早已胸有成竹。突厥凶恶愚昧，根本不能理解深刻的道理，将天下大定的今日，看作群雄逐鹿的战国之时，凭借前代养成的骄横，结下今日的怨恨。近来又倾巢出动，侵犯我北部边境，这是上天愤恨突厥残暴无道，驱赶他们前来送死。诸位将帅这次受命出征，不可一味杀生，同时也要爱惜突厥百姓，如有投降的就予以接纳，对于反抗的就坚决消灭，使突厥不敢再贪心南侵，永远遵从我大隋严厉的刑法。哪里用得着像汉朝时匈奴那样派遣儿子入朝为质，也无须亲自来长安朝拜。”

于是命卫王爽等为行军元帅①，分八道出塞击之。爽督总管李充等四将出朔州道②，己卯，与沙钵略可汗遇于白道③。李充言于爽曰：“突厥狃于骤胜④，必轻我而无备，以精兵袭之，可破之。”诸将多以为疑，唯长史李彻赞成之⑤，遂与充帅精骑五千掩击突厥，大破之。沙钵略弃所服金甲，潜草中而遁。其军中无食，粉骨为粮，加以疾疫，死者甚众。

〔注释〕

①卫王爽：卫王杨爽，隋宗室，字师仁，小字明达，文帝异母弟。封卫王，除凉州总管，有政声。文帝开皇三年(583)，为行军元帅，大举北讨突厥，击沙钵略可汗于白道，大破之。后又击破突厥，迁纳言。病卒，谥昭。

②李充：隋陇西成纪(今甘肃秦安)人。少慷慨有武略。文帝开皇中，屡以行军总管击突厥，有功，位上柱国，封武阳郡公，拜朔州总管，威名远布。后有人诬其谋反，征还京师，帝谴责之。充性刚，以忧卒。

③白道：指今内蒙古呼和浩特市、土默特左旗等处之土默特平原。

④狃(niǔ)：因袭，拘泥。

⑤李彻：字广达，朔方岩绿(今内蒙古乌审旗南)人。北周末，以军功迁淮州刺史。隋初，文帝重其将略，令总晋王府军事。拒突厥数有战功，封郡公。开皇十年(590)，进位柱国。与高颎善，受颎牵连免官。有怨言，文帝召其饮宴，遇毒死。

〔译文〕

于是隋文帝任命卫王杨爽等人为行军元帅，兵分八路出塞攻打突厥。杨爽指挥行军总管李充等四将由朔州道出塞，己卯(十二日)，与突厥沙钵略可汗在白道相遇。李充进言杨爽说："突厥因为近来多次侵犯得胜，必定轻视我军而不加防备，如果我用精兵突然袭击，定能打败敌人。"但众将领多持怀疑态度，只有元帅府长史李彻赞成，于是他和李充带领精锐骑兵五千人掩袭突厥军队，大败敌人。沙钵略可汗丢弃所穿的金甲，潜伏于草丛之中才得以逃脱。突厥军中缺少食物，只好粉碎尸骨作为粮食，加上军中疾疫流行，死了很多人。

前上大将军京兆史万岁①，坐事配敦煌为戍卒，诣荣定军门②，请自效，荣定素闻其名，见而大悦。壬戌，将战，荣定遣人谓突厥曰："士卒何罪而杀之？但当各遣一壮士决胜负耳。"突厥许诺，因遣一骑挑战。荣定遣万岁出应之，万岁驰斩其首而还。突厥大惊，不敢复战，遂请盟，引军而去。

〔注释〕

①史万岁：隋京兆杜陵(今陕西西安)人。少英武，擅骑射，习兵书，精

占候,以父荫袭太平县公。入隋,尔朱勣以谋反诛,牵涉万岁,坐除名,配敦煌为戍卒。窦荣定击突厥,万岁请效命,驰斩突厥将,突厥大惊引去,由是显名。文帝开皇末,突厥达头可汗犯塞,万岁从讨,敌闻其名,惧而引去,万岁追击,大破之。后杨素忌其功,谮之,被杀,时人莫不惜之。

②荣定:窦荣定,隋扶风平陵(今陕西咸阳)人,窦炽从子。容貌魁伟,善弓马,性深沉。西魏文帝时,为千牛备身。宇文泰见而奇之,授平车将军,从泰与北齐战,不利,乃率精兵邀击,齐师却,以功进位上仪同。其妻乃杨坚姊,少与坚情契甚厚。坚为相时,总统露门内两厢仗卫,常宿禁中。入隋,为右武卫大将军,文帝数幸其第,以佐命功拜上柱国。击突厥,挫其锋,晋爵安丰郡公。帝欲以之为三公,固让,乃止。封陈国公,谥懿。

〔译文〕

前上大将军京兆人史万岁,因犯罪被发配到敦煌做戍卒,他来到窦荣定军营,请求效力以立功赎罪,窦荣定早就听说史万岁的大名,见到他非常高兴。壬戌(二十五日),双方将要交战,窦荣定派人对突厥说:“两国交战,士卒何罪而使其丧命沙场?今天双方可各遣一名壮士以决胜负。”突厥同意,于是派出一名骑将挑战。窦荣定派史万岁出马应战,史万岁驰马斩敌将首级而还。突厥大为吃惊,不敢再战,于是请求与隋军议和结盟,之后带领军队退去。

长孙晟时在荣定军中为偏将,使谓阿波曰:“摄图每来,战皆大胜。阿波才入,遽即奔败,此乃突厥之耻也。且摄图之与阿波,兵势本敌。今摄图日胜,为众所崇;阿波不利,为国生辱。摄图必当以罪归阿波,成其宿计①,灭北牙矣。愿自量度,能御之乎?”阿波使至,晟又谓之曰："今达头与隋连和，而摄图不能制，可汗何不依附天子，连结达头，相合为强？此万全计也。岂若丧兵负罪，归就摄图，受其戮辱邪！"阿波然之，遣使随晟入朝。

〔注释〕

①宿计：长期采用的计策。

〔译文〕

长孙晟当时在窦荣定军中担任偏将，他派人对阿波可汗说："沙钵略可汗摄图每次率军来犯，都能获胜。而你刚率军侵入，很快就失败而归，这是突厥的耻辱。再说摄图与你的兵力本来势均力敌，如今摄图经常获胜，为国人所崇敬；而你却一败再败，成为国家的耻辱。如此，摄图必然要把罪名加在你头上，实现他一向采用的计策，灭掉你所占有的北方管辖区。希望你设身处地为自己考虑，能抵御住摄图吗？"阿波可汗的使节来到隋军中，长孙晟又对他说："现在达头可汗和隋朝联合，摄图无法控制。阿波可汗为何不依附于大隋天子，连接达头可汗，合兵壮大自己的势力？这实在是保全自己的万全之计。这难道不比因兵败丧失军队而背负罪名，委屈自己投靠摄图，被他侮辱杀戮好吗？"阿波可汗认为长孙晟说得对，就派遣使节随长孙晟入朝请和。

沙钵略素忌阿波骁悍；自白道败归，又闻阿波贰于隋，因先归，袭击北牙，大破之，杀阿波之母。阿波还，无所归，西奔达头。达头大怒，遣阿波帅兵而东，其部落归之者将十万骑，遂与沙钵略相攻，屡破之，复得故地，兵势益强。贪汗可汗素睦于阿波[1]，沙钵略夺其众而废之，贪汗亡奔达头。沙钵略从弟地勤察，别统部落，与沙钵略有隙，复以众叛归阿波。连兵不已，各遣使诣长安请和求援。隋主皆不许。

〔注释〕

①贪汗可汗：突厥可汗，阿波可汗的弟弟。

〔译文〕

沙钵略可汗素来忌惮阿波可汗骁勇剽悍；他自白道败归途中，听说阿波可汗与隋朝交往，于是先期回国，带兵袭击了北边阿波可汗的辖区，大获全胜，杀了阿波可汗的母亲。阿波可汗还军后，没有地方可以投身，于是向西投奔达头可汗。达头可汗勃然大怒，派阿波可汗率军东进攻打沙钵略可汗。阿波可汗的部落纷纷前来归附，接近十万骑兵。于是阿波可汗就与沙钵略可汗交战，多次将他打败，重新收复了失地，兵势更加强盛。贪汗可汗一向与阿波可汗关系和睦，沙钵略可汗侵夺了他的部落后将他废黜，贪汗可汗也逃奔达头可汗。沙钵略可汗的堂弟地勤察另统有部落，因为和沙钵略可汗有矛盾，就率领部落叛归阿波可汗。于是双方互相攻打，用兵不断，各派使节到长安向隋朝请和求援。隋文帝都不答应。

突厥寇幽州，隋幽州总管广宗壮公李崇帅步骑三千拒之[1]。转战十余日，师人多死，遂保砂城。突厥围之，城荒颓,不可守御,晓夕力战,又无所食,每夜出掠虏营,得六畜以继军粮。突厥畏之,厚为其备,每夜中结陈以待之。崇军苦饥,出辄遇敌,死亡略尽,及明,奔还城者尚百许人,然多重伤,不堪更战。突厥意欲降之,遣使谓崇曰:"若来降者,封为特勒②。"崇知不免,令其士卒曰:"崇丧师徒,罪当万死。今日效命,以谢国家。汝俟吾死,且可降贼,便散走,努力还乡。若见至尊,道崇此意。"乃挺刃突陈,复杀二人,突厥乱射,杀之。秋,七月,以豫州刺史代人周摇为幽州总管③。命李崇子敏袭爵④。

〔注释〕

①广宗:西汉元始二年(2),置广宗国,治所在今河北威县东南二十里古城,后废。东汉永元五年(93),复置广宗国,后为县,属巨鹿郡。三国魏属安平郡。西晋属安平国。北魏为广宗郡治。隋仁寿元年(601),改为宗城县。

②特勒:又作"特勤",突厥、回纥官名,以可汗子弟及宗室充任。

③周摇:字世安,河南洛阳(今属河南)人,鲜卑族。原姓普乃氏,后改姓周。性刚勇,遵法度,历仕西魏、北周,位至晋州总管,不用公费供过境官属,受杨坚赞赏。隋初,为幽州总管。修边塞,严守望,突厥不敢侵扰。后转寿州总管,年老求免官,卒于家,谥恭。

④敏:李敏,隋陇西成纪(今甘肃秦安)人,字树生,李崇子。幼养宫中,长袭爵广宗公。美姿仪,善骑射,通歌舞管弦。尚乐平公主女,授柱国,历蒲、豳、金、华、敷、岐等州刺史,多不莅职,常留京师,往来宫内,侍从游宴。炀帝时,从征高丽,加光禄大夫。为宇文述所构陷,被诛。

〔译文〕

突厥兴兵侵犯幽州，隋朝幽州总管广宗壮公李崇率领步、骑兵三千人抵抗。隋军转战十多天，士卒死亡众多，于是退保砂城。突厥军队围攻砂城，砂城荒凉，城墙颓坏，很难守御，隋军日夜血战，并且没有粮食，只得每天夜里前去劫掠敌军营寨，夺取牛羊等牲畜充作军粮。突厥军队害怕了，加强戒备，每天夜里摆开阵势等待隋军。李崇军队被饥饿所困扰，出城就碰上敌人，以致死亡殆尽，到了天明，奔逃回城的仅有一百多人，但大多受了重伤，不能再战。突厥想使李崇投降，就派遣使节对他说："你如果前来投降，就封你为特勒。"李崇料知难免一死，就对部下士卒说："我丢失土地，丧亡军队，罪该万死。今日只有效命战死，向国家谢罪。你们等我死后，可暂时投降敌军，然后再乘机逃走，争取还乡。如果有人见到皇上，可转告我的话。"于是拔剑冲阵，又杀敌军两人，突厥军队乱箭齐发，将他射死。秋季，七月，隋朝任命豫州刺史代郡人周摇为幽州总管。又命令李崇的儿子李敏承袭父爵。

突厥沙钵略可汗数为隋所败，乃请和亲。千金公主自请改姓杨氏，为隋主女。隋主遣开府仪同三司徐平和使于沙钵略，更封千金公主为大义公主。晋王广请因衅乘之①，隋主不许。

沙钵略遣使致书曰："从天生大突厥天下贤圣天子伊利居卢设莫何沙钵略可汗致书大隋皇帝：皇帝，妇父，乃是翁比。此为女夫，乃是儿例。两境虽殊，情义如一。

自今子子孙孙，乃至万世，亲好不绝。上天为证，终不违负！此国羊马，皆皇帝之畜；彼之缯彩[2]，皆此国之物。”

帝复书曰：“大隋天子贻书大突厥沙钵略可汗：得书，知大有善意。既为沙钵略妇翁，今日视沙钵略与儿子不异。时遣大臣往彼省女，复省沙钵略也。”于是遣尚书右仆射虞庆则使于沙钵略，车骑将军长孙晟副之。

〔注释〕

①晋王广：隋炀帝杨广，又名英，文帝次子。年十八，为行军元帅、监平陈军事。至建康后，斩佞人，封府库，不私取。善窥测父母意，得仁孝声誉。文帝废太子勇，以其为太子。即位后营建东都洛阳、修长城、开长堑、辟驰道、开运河，常年率百官、嫔妃巡游，穷极侈靡。大业七年(611)始，三攻高丽，民不堪命。性猜忌偏狭，杀高颎、贺若弼等勋臣。恶闻正言，群下以谄谀为务。攻高丽屡受挫，民变四起，杨玄感又发动兵变，穷于应付，被迫于大业十二年(616)奔江都，欲据江南。十四年(618)三月，禁卫军将领宇文化及等欲北归，将广缢杀。唐追谥炀帝。

②缯彩：亦作“缯采”，彩色缯帛。

〔译文〕

突厥沙钵略可汗多次被隋朝打败，于是请求与隋朝和亲。千金公主主动请求改姓杨氏，做隋文帝的女儿。于是隋文帝派遣开府仪同三司徐平和出使突厥沙钵略可汗，改封千金公主为大义公主。晋王杨广请求乘突厥内外交困之机出兵讨伐，隋文帝不答应。

沙钵略可汗派遣使者致书隋文帝说：“从天生大突厥天下贤圣天子伊利居卢设莫何沙钵略可汗致书大隋天子：皇帝陛下，

您是我夫人的父亲,也就等于是我的父亲。我是您的女婿,自然应该算是您的儿子。我们两国的礼俗虽然不同,但人们的情义却是一样的。从今以后,子子孙孙乃至万世,亲好不绝。上天做证,永不违负!我国的牛羊驼马,都是皇帝陛下的牲畜;贵国的缯彩绢帛,也都是我国的财物。”

隋文帝复书沙钵略可汗说:“大隋天子致书大突厥沙钵略可汗:收到来信,知道你有和好的善意。朕既然是沙钵略可汗的岳父,现在就将沙钵略可汗当作儿子一样看待。朕即刻就派遣大臣到突厥去看望女儿,同时也看望沙钵略可汗。”于是派遣尚书右仆射虞庆则出使突厥沙钵略可汗,车骑将军长孙晟作为副使同行。

沙钵略陈兵列其珍宝[①],坐见庆则,称病不能起,且曰:“我诸父以来,不向人拜。”庆则责而谕之。千金公主私谓庆则曰:“可汗豺狼性,过与争,将啮人。”长孙晟谓沙钵略曰:“突厥与隋俱大国天子,可汗不起,安敢违意。但可贺敦为帝女,则可汗是大隋女婿。奈何不敬妇翁?”沙钵略笑谓其达官曰:“须拜妇翁!”乃起拜顿颡[②],跪受玺书,以戴于首。既而大惭,与群下相聚恸哭。庆则又遣称臣,沙钵略谓左右曰:“何谓臣?”左右曰:“隋言臣,犹此云奴耳。”沙钵略曰:“得为大隋天子奴,虞仆射之力也。”赠庆则马千匹,并以从妹妻之。

〔注释〕

①陈兵:陈列士兵,陈设兵力。

②顿颡(sǎng):屈膝下拜,以额头触地,多表示请罪或投降。

〔译文〕

突厥沙钵略可汗陈列军队,摆放珍宝,坐在座位上接见虞庆则,称身体有病不能站立,并且说:“从我父亲那辈以来,从不跪拜别人。”虞庆则对他加以责备并晓以大义。千金公主私下对虞庆则说:“沙钵略可汗豺狼本性,过分与他争执,激怒了他,就会咬人的。”长孙晟对沙钵略可汗说:“突厥可汗与隋朝皇帝都是大国天子,礼相匹敌,可汗不肯起身跪拜,我们做使节的怎敢违背您的意愿。但是可贺敦是大隋皇帝的女儿,那么可汗您就是大隋皇帝的女婿。女婿怎么能不尊敬岳父?”沙钵略可汗笑着对属下达官贵人说:“必须跪拜岳父。”于是起立跪拜,伏地叩头,跪着接受了隋文帝玺书,顶在头上。过一会儿,感到非常羞愧,于是与其部下相聚恸哭。虞庆则又指使突厥对隋称臣,沙钵略可汗问左右侍从:“什么叫臣子?”左右侍从回答说:“隋朝所说的臣子,就是我们所说的奴仆。”沙钵略可汗说:“我能够成为大隋天子的奴仆,全仗虞仆射出力成全。”于是馈赠虞庆则马一千匹,并将堂妹嫁给了他。

初,突厥阿波可汗既与沙钵略有隙,阿波浸强,东距都斤[①],西越金山[②],龟兹、铁勒、伊吾及西域诸胡悉附之[③],号西突厥。隋主亦遣上大将军元契使于阿波以抚之。

突厥沙钵略既为达头所困,又畏契丹,遣使告急于隋,请将部落度漠南,寄居白道川。隋主许之,命晋王广以兵援之,给以衣食,赐之车服鼓吹。沙钵略因西击阿波,破之。而阿拔国乘虚掠其妻子;官军为击阿拔,败之,所获悉与沙钵略。

〔注释〕

①都斤:于都斤山,古山名,见于《通典·边防》,又作都斤山(《隋书·北狄传》《太平寰宇记》)、郁督军山(两《唐书》)、乌德健山(《旧唐书》)、乌德鞬山(《新唐书》)、乌德犍山(《新唐书》)、尉都楗山(《新唐书》),即今蒙古国境内杭爱山东段。6世纪中至9世纪中,先后为突厥、薛延陀、回纥牙帐所在地。

②金山:又名金微山、阿勒坦山,即我国新疆北部与蒙古国间之阿尔泰山。

③龟兹:古国名,汉西域诸国之一,位于天山南麓,又作鸠兹、屈茨、归兹、屈支、丘兹等。古龟兹国王治延城,居民主要务农,兼营畜牧,冶铸、酿酒等也较发达。有文字,擅长音乐。铁勒:古族名,汉时称丁零,北魏时称敕勒或铁勒。隋时铁勒各部分布于东至独洛河(今土拉河)以北、西至西海(今里海)的广大地区,分属东、西突厥。其漠北十五部以薛延陀与回纥为最著。伊吾:古地名。汉伊吾卢地区,隋大业六年(610)置伊吾郡,治所在今新疆哈密市。亦泛指边疆。

〔译文〕

起初,突厥阿波可汗与沙钵略可汗结下怨恨,后来阿波可汗势力逐渐强盛,东抵于都斤山,西越金山,这一广大地区的龟兹、铁勒、伊吾以及居住在西域的胡人部落都归附了他,号称西突厥。隋文帝也派遣上大将军元契出使阿波可汗,以安抚西突厥。

突厥沙钵略可汗既为达头可汗困扰,又畏惧契丹逐渐强大,于是派遣使者向隋朝告急,请求允许他率所属部落迁徙大漠南面,在白道川一带暂住。隋文帝答应了他的请求,命令晋王杨广发兵接应,并供给他衣服食品,赏赐他车驾服饰及乐器。沙钵略可汗借助隋兵到来的声势,率军向西攻打阿波可汗,并打败了他。可是阿拔国乘沙钵略可汗后方兵力空虚之机发兵偷袭,掳走了他的妻儿家小;隋朝军队为沙钵略打败了阿拔军队,并把所缴获的人畜物品全部给予了沙钵略可汗。

沙钵略大喜,乃立约,以碛为界[①],因上表曰:“天无二日,土无二王,大隋皇帝真皇帝也,岂敢阻兵恃险,偷窃名号!今感慕淳风,归心有道,屈膝稽颡,永为藩附。”遣其子库合真入朝。

八月,丙戌,库合真至长安。隋主下诏曰:“沙钵略往虽与和,犹是二国;今作君臣,便成一体。”因命肃告郊庙[②],普颁远近;凡赐沙钵略诏,不称其名。宴库合真于内殿,引见皇后,赏劳甚厚。沙钵略大悦,自是岁时贡献不绝。

〔注释〕

①碛(qì):水中沙堆,引申为沙漠。

②郊庙:古代帝王祭天地的郊宫和祭祖先的宗庙。

〔译文〕

沙钵略可汗十分高兴,于是与隋朝订立盟约,以沙漠作为两国的分界,因此上表说:“天上没有两个太阳,地上也没有两个君主,大隋皇帝是真正的皇帝,我岂敢再凭恃险隘,阻兵抗命,窃取名号，妄称天子！今日因感动于淳朴风俗，归心有道之君，情愿屈膝跪拜，永远做大隋的藩附属国。”于是派遣他的儿子库合真入朝。

八月，丙戌（初二），库合真到达长安。隋文帝下诏书说：“突厥沙钵略可汗以往虽然与隋朝和亲交好，仍是两个国家；现在君臣有序，便成了一国。”于是命令举行郊、庙大祀，告知天地、祖先，并命令把此事通告远近；凡是赐给沙钵略可汗的诏书，不直呼他的名字。隋文帝还在内殿宴请库合真，并把他引见给独孤皇后，赏赐丰厚。沙钵略可汗非常高兴，从此，每年都向隋朝进贡物品。

突厥沙钵略可汗遣其子入贡于隋，因请猎于恒、代之间①，隋主许之，仍遣人赐以酒食。沙钵略帅部落再拜受赐。

沙钵略寻卒，隋为之废朝三日，遣太常吊祭。

初，沙钵略以其子雍虞闾懦弱②，遗令立其弟叶护处罗侯③。雍虞闾遣使迎处罗侯，将立之。处罗侯曰：“我突厥自木杆可汗以来，多以弟代兄，以庶夺嫡，失先祖之法，不相敬畏。汝当嗣位。我不惮拜汝。”雍虞闾曰：“叔与我父，共根连体。我，枝叶也，岂可使根本反从枝叶、叔父屈于卑幼乎？且亡父之命，何可废也？愿叔勿疑！”遣使相让者五六，处罗侯竟立，是为莫何可汗。以雍虞闾为叶护。遣使上表言状。

〔**注释**〕

①恒、代：北魏政权始都平城，建为代郡，置司州及代都尹。后孝文帝

迁都洛阳,改司州为恒州,所谓恒、代即指此。辖境约当今山西省外长城以南的大同、左云等市县地。

②雍虞闾:一称颉伽施多那都蓝可汗,隋时东突厥首领,名雍虞闾,沙钵略子。叶护可汗卒,乃继立,岁岁朝贡。初文帝平陈,得陈叔宝屏风,赐沙钵略妻大义公主。而公主本北周宇文氏女,心怀不平,乃作诗哀陈。文帝闻而恶之,遣使离间都蓝与大义公主,都蓝乃杀公主于帐。后都蓝堂弟突利可汗得尚隋宗女安义公主,帝待之厚。都蓝怒,乃绝朝贡,数扰边郡。为其部下所杀。

③叶护:官名,突厥置,是突厥语的音译,为其主要大臣。世袭,无员限。《周书·突厥传》:“(突厥)大官有叶护,次设,次特勤,次俟利发,次吐屯发,及余小官凡二十八等,皆世为之。”

〔译文〕

突厥沙钵略可汗派遣他的儿子向隋朝进贡,并请求朝廷允许突厥在恒、代之间打猎,隋文帝答应了突厥的请求,并派遣使者赐给沙钵略可汗酒食。沙钵略可汗率领突厥部落跪拜接受赏赐。

不久,沙钵略可汗去世,隋朝为他罢朝三天,以示哀悼,并派遣太常寺卿前去吊唁。

起初,沙钵略可汗因为儿子雍虞闾懦弱,留下遗命立弟弟叶护处罗侯为可汗。雍虞闾派遣使者前往迎接处罗侯,将拥立他为可汗。处罗侯说:“我突厥国自木杆可汗以来,可汗继承多是以弟代兄,以庶夺嫡,违背了祖宗之法,互相不加尊重。你应当继承汗位,我不忌讳跪拜你。”雍虞闾说:“叔父与我父亲是一母所生,共根连体。我是晚辈,好比枝叶,怎能使根本反而服从枝叶、叔父屈居于晚辈之下呢?况且这是先父的遗命,又怎么可以违背呢?希望叔父不要再有疑虑。”双方互相派遣使者,相互推让了有五六次之多，处罗侯终于即位，这就是莫何可汗。莫何可汗又任命雍虞闾为叶护。并派遣使者向隋朝上表，禀报即位始末。

隋使车骑将军长孙晟持节拜之，赐以鼓吹、幡旗。莫何勇而有谋，以隋所赐旗鼓西击阿波；阿波之众以为得隋兵助之，多望风降附。遂生擒阿波，上书请其死生之命。

隋主下其议，乐安公元谐请就彼枭首①；武阳公李充请生取入朝，显戮以示百姓。隋主谓长孙晟："于卿何如？"晟对曰："若突厥背诞，须齐之以刑。今其昆弟自相夷灭，阿波之恶非负国家。因其困穷，取而为戮，恐非招远之道。不如两存之。"左仆射高颎曰②："骨肉相残，教之蠹也③，宜存养以示宽大。"隋主从之。

〔注释〕

①元谐：河南洛阳（今属河南）人。少与隋文帝同学友爱。仕北周位至大将军。隋初，进位上大将军，参与修定律令。以行军元帅率兵攻吐谷浑，屡战屡捷，进位柱国，为宁州刺史。以事免官，遂与王谊往还，文帝杀谊释谐。后有人告其有谋反意，有司审理，知其曾言帝为贼。帝闻怒极，处死。

②高颎（jiǒng）：隋渤海蓨（今河北景县）人，一名敏，字昭玄，高宾子。少明敏，有器局，善辞令。年十七，北周齐王宪引为记室，历内史上士、下大夫。以平齐功，拜开府。杨坚为丞相，引为相府司录，以功迁司马，进位柱国。隋初，拜尚书左仆射，兼纳言，领新都大监，又拜左领军大将军。佐杨广伐陈，为元帅长史，主持军事，以功封齐国公，坐事免。杨广即位为炀

帝,拜太常卿。前后为相近二十年,善引进人才,制定法令,论者以为真宰相。后因议论炀帝荒淫侈靡,被诬为讪谤朝政,遭杀。

③蠹(dù):蛀蚀器物的虫子。

〔译文〕

隋朝派遣车骑将军长孙晟为使者,持节册拜莫何可汗,并赏赐给他鼓吹、幡旗。莫何可汗智勇双全,他打着隋朝所赏赐的幡旗和鼓吹,向西攻打西突厥阿波可汗;阿波可汗的军队以为莫何可汗得到了隋军的助战,纷纷望风降附。莫何可汗于是生擒阿波可汗,又派遣使者向隋朝上书,请示如何处置他。

隋文帝召集公卿大臣商议此事,乐安公元谐建议将阿波可汗就地斩首示众;武阳公李充建议将阿波可汗押送长安,由朝廷明令处死,以示天下百姓。隋文帝问长孙晟:"你认为该怎么处置?"长孙晟回答说:"如果阿波可汗是违背朝命,与我大隋作对,理应处以极刑。现今是突厥兄弟之间自相残杀,阿波可汗的罪恶并不是有负于我国。如果趁阿波可汗困穷危难之时,下令将他诛杀,恐怕不是招抚远方、绥靖边疆所应采取的正确办法。不如赦免阿波可汗,两存其国。"尚书左仆射高颎也说:"骨肉相残,违背伦理纲常,是推行教化的蠹害,应该赦免阿波可汗,留其性命,以示朝廷宽大为怀。"隋文帝听从了他们的建议。

# 隋　纪

## 隋讨高丽

〔题解〕

此篇选自《隋纪》二、五、六。隋朝曾先后四次征讨高丽：隋文帝期间一次，隋炀帝年间三次。隋文帝时期，高句丽先发制人攻辽西，引发第一次高句丽与隋的战争。当隋文帝准备兴全中原之兵问罪时，高句丽王匆忙上表谢罪，于是得到赦免。隋炀帝于大业六年（610）、大业九年（613）、大业十年（614）三征高丽，连续三年的征战使隋数十万人丧生，国力锐减，民不聊生。不仅农民起义，而且隋的将领也相继叛变。隋炀帝为了征讨高句丽，而对国内百姓横征暴敛，导致隋朝农民起义爆发并愈演愈烈，隋朝大乱灭亡。

高丽王汤闻陈亡①，大惧，治兵积谷，为拒守之策。是岁，上赐汤玺书，责以“虽称藩附，诚节未尽”。且曰：“彼之一方，虽地狭人少，今若黜王，不可虚置，终须更选官属，就彼安抚。王若洒心易行②，率由宪章，即是朕之良臣,何劳别遣才彦！王谓辽水之广,何如长江？高丽之人,多少陈国？朕若不存含育,责王前愆[3],命一将军,何待多力！殷勤晓示,许王自新耳。”汤得书,惶恐,将奉表陈谢。会病卒,子元嗣立[4],上使使拜元为上开府仪同三司,袭爵辽东公。元奉表谢恩,因请封王,上许之。

〔注释〕

①汤:隋时高丽国国王。北周武帝末,尝遣使朝贡,拜辽东王。入隋,复遣使诣阙,文帝改封为高丽王,自此岁贡不绝。及隋平陈后,汤怀忧惧,乃治兵积谷为拒守计。开皇十七年(597),为文帝诏责,上表谢。寻病卒。

②洒心:荡涤心中的杂念,彻底悔改。

③前愆(qiān):以前的过失。

④元:隋时高丽国国王,高汤子。开皇十八年(598),率靺鞨攻辽西,隋文帝令汉王谅率军攻高丽,隋军受挫。元遣使谢,隋退兵,岁遣使入贡。炀帝大业七年(611),隋军复攻高丽,元令诸将固守,隋军受挫,退兵。九年(613),炀帝又率兵攻高丽。杨玄感起兵,炀帝率军返击玄感,高丽军攻隋军后卫,获胜。次年,炀帝再发兵攻高丽。隋已困弊,元亦无力再战,请降,炀帝退军。征元入朝,元不至。

〔译文〕

高丽王高汤听说陈灭亡后,非常害怕,于是训练军队,聚积粮草,筹划抵抗守卫的策略。这一年,隋文帝赐给高汤玺书,责备他“虽然做了隋朝的附属藩国,却没有尽到臣子应有的忠诚”。并且说:“你所统辖的地区,虽然地狭民少,但如果现在废黜了你的王位,也不能没有人负责治理,终究需要朝廷重新选派官属,前去安抚黎民百姓。你如果能洗心革面,完全遵照朝廷的法令制度,就是朕的良臣,朕又何必再派遣贤才呢?你认为辽河的宽广比长江如何?高丽的兵民比陈多少?如果朕不是存有包容、养育天下黎民百姓之心,责问你以往的过失,派遣一位将帅率军前去问罪,根本用不着跟你多费气力!之所以对你殷勤劝导,是允许你改过自新。”高汤得到文帝玺书后,惶恐不安,准备向朝廷奉表谢罪。恰巧得病去世,他的儿子高元继位,文帝派遣使节授予高元上开府仪同三司,承袭辽东公爵位。高元向朝廷奉表谢恩,并请求授予王爵,文帝同意。

十八年(戊午、598)

高丽王元帅靺鞨之众万余寇辽西①,营州总管韦冲击走之②。上闻而大怒,乙巳,以汉王谅、王世积并为行军元帅③,将水陆三十万伐高丽;以尚书左仆射高颎为汉王长史,周罗睺为水军总管④。

六月,丙寅,下诏黜高丽王元官爵。汉王谅军出临渝关,值水潦⑤,馈运不继,军中乏食,复遇疾疫。周罗睺自东莱泛海趣平壤城⑥,亦遭风,船多飘没。秋,九月,己丑,师还,死者什八九。高丽王元亦惶惧遣使谢罪,上表称“辽东粪土臣元”,上于是罢兵,待之如初。

百济王昌遣使奉表,请为军导,帝下诏谕以“高丽服罪,朕已赦之,不可致伐”。厚其使而遣之。高丽颇知其事,以兵侵掠其境。

〔注释〕

①靺鞨:古族名,源出肃慎、挹娄,北魏时称勿吉,隋唐时称靺鞨。分

布地区东临今日本海，西至嫩江，南抵吉林市，北达黑龙江以北。部落之最著者有：粟末、伯咄、安车骨、拂涅、号室、黑水、白山七部。粟末部在今以吉林市为中心的松花江上游；伯咄部在伯都讷一带；安车骨部在哈尔滨市东南阿什河流域；白山部在牡丹江上游；拂涅部在牡丹江中下游；号室部在绥芬河畔双城子（今俄罗斯乌苏里斯克）以北滨海地区；黑水部初在同江以下黑龙江南北，后包括黑龙江中下游及外兴安岭以南辽阔地带。南北朝时曾入贡。隋末唐初，先后授其首领突地稽为金紫光禄大夫、辽西太守、右卫将军，并赐姓李氏。唐中叶，粟末靺鞨首领大祚荣自立震（一作振）国，受唐封渤海郡王。黑水靺鞨分十六部。唐贞观十四年（640），以其地为黑水州。开元十年（722），其首领倪属利稽来朝，授勃利州（伯力，今俄罗斯哈巴罗夫斯克）刺史。开元十三年（725），在其境置黑水军。次年，又就其最大部落设黑水府，仍以其首领为都督。其余各部隶属于都督府，均改称为州，任命各部首领为州刺史，派长史以监领之。

②韦冲：隋京兆杜陵（今陕西西安）人，字世冲，韦艺弟。有辩才，少以名家子出仕北周。从伐陈，为陈人所虏，周武帝赎还，累迁汾州刺史。入隋，进开府，历官南宁州、营州总管。安抚各少数部族，宽厚得人心，治边政绩一时称最。征拜民部尚书，卒。

③汉王谅：隋文帝子，字德章，一名杰，小字益钱。开皇元年（581），立为汉王。开皇十七年（597），出为并州总管，深受文帝宠爱。自以为身处天下精兵之地，又见太子杨勇、蜀王杨秀被废，惧祸及己身，阴有异图。以防突厥为名，大发工役，缮修器械，招纳亡命，殆将数万。仁寿四年（604），文帝死，炀帝即位，深恐被害，遂发兵反，从者十九州。炀帝遣杨素攻之，计穷请降，除名为民，绝其属籍，后幽死。王世积：隋阐熙新国（今陕西靖边西）人。北周时，以军功拜上仪同，从韦孝宽击尉迟迥，以功拜上大将军。入隋，进封宜阳郡公，授蕲州总管。及攻陈，率舟师自蕲水进发，下豫章、庐陵、浔阳、巴山等地，以功进柱国、荆州总管。开皇十八年（598），从汉王杨谅攻高丽，还任凉州总管。后被诬阴谋叛变，为文帝所杀。

④周罗睺（hóu）：隋九江浔阳（今江西九江）人，字公布。善骑射，谙军事。仕陈，屡挫北齐、北周之师，以猛将著称，官至散骑常侍。祯明二年

(588)，都督巴峡缘江诸军，以拒隋军。次年，隋晋王杨广以陈后主手书召之，乃降，授豳、泾等州刺史。开皇十八年(598)，从攻高丽，为水军总管，自东莱渡海攻平壤，遇大风，船多漂没，无功而还。十九年(599)，从杨素大破突厥达头可汗。炀帝即位，从杨素讨汉王杨谅，授上大将军。时谅余党据绛、晋等三州未下，受命率军攻之，中流矢死。

⑤水潦：大雨，雨水。

⑥东莱：汉高帝置，治掖县(今山东莱州市)，辖境约当今山东胶莱河以东、岠嵎山以北和乳山河以西地区。东汉后郡治屡有迁移，西晋改为国，南朝宋仍为郡，隋开皇初废。汉在此置盐、铁官。隋大业三年(607)改莱州复置，仍治掖县。辖境相当今山东省莱州、平度二市以东地区。唐武德四年(621)改为莱州，天宝元年(742)复改为东莱郡，乾元元年(758)又改为莱州。

**〔译文〕**

十八年(戊午、598)

高丽王高元率领靺鞨族部众一万余人侵犯隋朝辽西地区，营州总管韦冲率军打退了高元。隋文帝得知后非常愤怒，乙巳(初四)，任命汉王杨谅、上柱国王世积同为行军元帅，统率水陆三十万大军征伐高丽；又任命尚书左仆射高颎为汉王元帅府长史，周罗睺为水军总管。

六月，丙寅(二十七日)，隋文帝下诏废黜高丽王高元的官爵。汉王杨谅率军从临渝关出塞，正碰上连日大雨，后方粮草运不到，军中缺乏食粮，又遇到了疾疫流行。周罗睺率水军从东莱渡海向平壤城前进，途中也碰上了大风，船只多被吹散沉没。秋季，九月，己丑(二十一日)，隋朝大军被迫还师，兵士死了十分之八九。高丽王高元也很害怕，派遣使节向朝廷谢罪认错，上表称“辽东粪土臣子高元”，文帝于是下令罢兵，像以前一样对待他。

百济国王余昌派遣使节向隋朝上表，请求在讨伐高丽时担任军队的向导，隋文帝下诏书，告诉他“高丽已经服罪归附，朕已经下令加以赦免，不可再进行讨伐”。隆重地接待百济的使节后遣送回国。后来高丽知道了此事，就出动军队侵犯劫掠百济国的边境地区。

帝之幸启民帐也①，高丽使者在启民所，启民不敢隐，与之见帝。黄门侍郎裴矩说帝曰②：“高丽本箕子所封之地③，汉、晋皆为郡县；今乃不臣，别为异域。先帝欲征之久矣，但杨谅不肖，师出无功。当陛下之时，安可不取，使冠带之境，遂为蛮貊之乡乎④？今其使者亲见启民举国从化，可因其恐惧，胁使入朝。”帝从之。敕牛弘宣旨曰⑤：“朕以启民诚心奉国，故亲至其帐。明年当往涿郡⑥，尔还日语高丽王：勿自疑惧，存育之礼，当如启民。苟或不朝，将帅启民往巡彼土。”高丽王元惧，藩礼颇阙，帝将讨之，课天下富人买武马，匹至十万钱；简阅器仗，务令精新，或有滥恶，则使者立斩。

〔注释〕

①帝：指隋炀帝。启民：启民可汗。

②裴矩：字弘大，河东闻喜（今属山西）人。少孤，好学有文才，初仕北齐。北周时，为杨坚府僚。隋开皇中，以三千兵安定岭南，升内史侍郎。炀帝初，至张掖，掌与西域互市事。撰《西域图记》三卷进帝。言吐谷浑可取。帝至张掖，矩引西域二十七国使者朝见。随帝还洛阳，又劝帝大铺张以悦诸国使。启帝攻高丽之心。甚得炀帝宠信，进位右光禄大夫，参朝

政。廉慎善奉迎,得宿卫军士好感。炀帝死,宇文化及用为尚书左仆射。后被窦建德俘,为建德制定朝仪,为尚书右仆射。建德败,降唐,位至民部尚书。唐贞观元年(627)卒,谥敬。

③箕子:商代人,名胥馀,纣之叔父,一说纣之庶兄,封子爵,国于箕。纣暴虐,箕子谏而不听。后见比干被杀,箕子惧,披发佯狂为奴,为纣所囚。周武王灭商,释放箕子。相传武王访箕子,所对答之论见《尚书·洪范》。

④蛮貊(mò):亦作"蛮貉"(mò),古代称南方和北方落后部族,亦泛指四方落后部族。

⑤牛弘:字里仁,安定鹑觚(今甘肃泾川东南)人。本姓尞(liáo),父允为西魏侍中,赐姓牛。弘性宽厚,好学博闻,善文学,通律令,仕北周至内史下大夫。隋开皇时,历秘书监,礼部、吏部尚书等职,封郡公。广集天下书籍,修撰《五礼》,定正音律。主吏部选官,先德行,后文才,时人服其识度。朴直少言,宽和自重,杨素不敢轻侮。隋朝旧臣不因猜忌获罪者,唯弘一人。炀帝大业六年(610),卒于江都,谥宪。

⑥涿郡:西汉高祖置,治涿县(今河北涿州市),辖境相当今北京房山区以南,河北易县、清苑以东,安平、河间以北,霸州、任丘以西地区。三国魏黄初中改名范阳郡。隋大业初改幽州置,治蓟县(今北京城西南隅)。辖境相当今北京市及河北霸州市和天津市海河以北,蓟运河以西,赤城、涿鹿等县以东地区。炀帝时开永济渠,南达于河,北通至此。唐武德初,复名幽州。

〔译文〕

炀帝到启民可汗营帐的时候,恰好高丽使者也在,启民可汗不敢隐瞒,与他一同觐见炀帝。黄门侍郎裴矩劝炀帝说:"高丽本是周时箕子的封地,汉、晋时代都是中国的郡县;如今却不称臣,成了一个国家。先帝想征伐高丽已经很久了,但是由于杨谅不成器,以致师出无功。陛下您君临天下之时,怎能不征伐它,而使文明礼仪之境,成为荒凉野蛮的地方呢?今天高丽的使者亲眼看到启民举国归化中国，可以趁他恐惧时，胁迫高丽派遣使者入朝。”炀帝采纳了这个意见。让牛弘宣读诏旨说：“朕因为启民诚心地尊奉中国，所以亲自来到他的营帐。明年朕将要去涿郡，你回去时告诉高丽王：不要心怀疑虑，抚慰存恤的礼仪，朕会像对待启民一样对待你们。但是，假如不来朝见，朕将率领启民去巡视你的国土。”高丽王高元很害怕，但蕃国进觐的礼却很少，炀帝要讨伐高丽，命令天下的富人买军马，每匹价至十万钱；命人挑选、查验兵器和仪仗，要求务必精、新，若发现有粗制滥造的，巡检官立即将其斩首。

壬午，下诏讨高丽。敕幽州总管元弘嗣往东莱海口造船三百艘[①]，官吏督役，昼夜立水中，略不敢息，自腰以下皆生蛆，死者什三四。夏，四月，庚午，车驾至涿郡之临朔宫[②]，文武从官九品以上，并令给宅安置。先是，诏总征天下兵，无问远近，俱会于涿。又发江淮以南水手一万人，弩手三万人，岭南排镩手三万人[③]，于是四远奔赴如流。五月，敕河南、淮南、江南造戎车五万乘送高阳[④]，供载衣甲幔幕，令兵士自挽之；发河南、北民夫以供军须。秋，七月，发江、淮以南民夫及船运黎阳及洛口诸仓米至涿郡[⑤]，舳舻相次千余里[⑥]。载兵甲及攻取之具，往还在道常数十万人，填咽于道，昼夜不绝，死者相枕，臭秽盈路，天下骚动。

〔注释〕

①元弘嗣：河南洛阳（今属河南）人，鲜卑族。袭父爵为郡公。隋开皇

末为幽州长史，几被总管燕荣折辱死。荣被处死，弘嗣为政，酷暴过于燕荣。炀帝初，在东莱监造海船，工役苦其刑重，日夜立水中不敢息，腰以下无不生蛆，死者十之三四。迁殿内少监。后帝疑其与杨玄感通谋，除名，徙日南，卒。

②临朔宫：隋代蓟城行宫，在今北京市区西南。

③镩(cuān)：矟(shuò)，比较短小的矛。

④高阳：西汉置，属涿郡，治所在今河北高阳县东二十五里旧城镇。《汉书·地理志》注：应劭曰“在高河之阳”，因名。东汉属河间国。晋属高阳国。北魏为高阳郡治。隋属河间郡。唐属瀛州。北宋为顺安军治，熙宁六年(1073)废为镇，十年(1077)复为高阳县。金属安州。明洪武三年(1370)移治丰家口，即今高阳县，八年(1375)并入蠡县，十二年(1379)复置，属保定府。民国初属直隶保定道。1928年直属河北省。

⑤黎阳：在今河南浚县西南，相传三国时袁绍筑仓于此。隋开皇三年(583)，为转运河北粮食至京师，于此置仓。隋末农民起义军曾攻破此仓。金初黄河改道，仓废。

⑥舳舻(zhúlú)：船头和船尾的并称，多泛指前后首尾相接的船。

〔译文〕

壬午(二十六日)，炀帝下诏征讨高丽。命令幽州总管元弘嗣到东莱海口造船三百艘，官吏们督促工程，工匠、役丁们昼夜站立在水中，不敢停下稍微休息一下，他们自腰以下都生了蛆，病累而死去的人有十之三四。夏季，四月，庚午(十五日)，炀帝车驾到涿郡的临朔宫，随从车驾的文武官员九品以上的，都命令给宅邸安置。原先，炀帝下诏征发天下兵卒，无论远近，都在涿郡集中。又征发江淮以南的水手一万人，弩手三万人，岭南排镩手三万人，于是从全国各地奔赴涿郡的兵卒川流不息。五月，命令河南、淮南、江南等地制造兵车五万辆送往高阳，以供装载衣甲幔幕，命令士兵们自己拉车；征发河南、河北民夫以供应军需。

秋季，七月，征发江、淮以南民夫以及船只运输黎阳和洛口各粮仓的米到涿郡，船只首尾相连绵延千余里。运载兵器铠甲以及攻城器械的人来往于道路上的常达几十万人，拥挤于道，昼夜不停，病累而死的人互相枕着，路上到处散发臭气，天下都为攻打高丽的事闹得骚扰不安。

四方兵皆集涿郡，帝征合水令庾质①，问曰："高丽之众不能当我一郡，今朕以此众伐之，卿以为克不？"对曰："伐之可克。然臣窃有愚见，不愿陛下亲行。"帝作色曰："朕今总兵至此，岂可未见贼而先自退邪？"对曰："战而未克，惧损威灵。若车驾留此，命猛将劲卒，指授方略，倍道兼行，出其不意，克之必矣。事机在速，缓则无功。"帝不悦，曰："汝既惮行，自可留此。"右尚方署监事耿询上书切谏②，帝大怒，命左右斩之，何稠苦救③，得免。

〔注释〕

①庾质：隋新野（今河南新野）人，字行修，庾季才子。八岁时，即能诵梁元帝所著《玄览》《言志》等十赋，乃拜童子郎。后仕北周齐炀王记室。入隋，累迁至陇州司马。炀帝大业初，授太史令。每有灾异，必指事而面陈，立言耿直，为帝所忌。后以忤帝意，下狱死。

②耿询：隋丹阳（今安徽当涂丹阳镇）人，字敦信。口才敏捷，技巧绝人。初坐事配为官奴，文帝时从故人高智宝受天文算术。思虑精巧，创意造浑天仪，以水转之，不假人力，施于暗室，外候天时，如合符契。又作马上漏刻，世称其妙。炀帝时，进欹器，善之，放为良民。后累官守太史丞。宇文化及为乱，欲投李渊，为化及所杀。著《鸟情占》一卷。

③何稠：隋时西城（今陕西安康）人，字桂林，何妥侄。性智巧，用意精微。仕北周为参军，掌细作署。入隋，累迁太府丞。博览古图集，多识旧物。文帝开皇末，以信义平桂林李光仕乱，以功授开府。炀帝时，拜太府少卿，奉命参阅图籍增补舆服羽仪，迁守太府卿。辽东之役，宇文恺造辽水桥不成，稠奉命造桥，二日而就。又一夜之间制成行殿，城周八里，见者惊为神功。后从幸江都，宇文化及为乱，陷于窦建德。建德败，归唐，为将作少监，卒。

〔译文〕

全国各地的军队都会集在涿郡，炀帝召来合水令庾质，问道："高丽的人数还不到我国的一个郡，今天我率领这么多的军队征讨高丽，你认为能打败高丽吗？"庾质回答："征伐可以取胜，但依我的愚见，不愿意陛下亲自去征讨。"炀帝脸色一变，说："今天我集结军队至此，怎么能还未看见敌军我就先退却呢？"庾质回答："攻战而不能取胜，恐怕有损陛下的威名。如果陛下留在此地，指导传授谋略，命令指挥猛将劲卒，火速进击，出其不意，必定可以攻克。行军打仗的机要在于神速，迟缓就会无功。"炀帝不高兴地说："你既然害怕，自可以留在此地。"右尚方署监事耿询上书炀帝恳切地劝说，炀帝勃然大怒，命令左右将耿询斩首，何稠竭力相救，耿询才得以免死。

壬午，诏左十二军出镂方、长岑、溟海、盖马、建安、南苏、辽东、玄菟、扶余、朝鲜、沃沮、乐浪等道①，右十二军出黏蝉、含资、浑弥、临屯、候城、提奚、蹋顿、肃慎、碣石、东暆、带方、襄平等道②，骆驿引途，总集平壤，凡一百一十三万三千八百人，号二百万，其馈运者倍之③。

宜社于南桑乾水上[④]，类上帝于临朔宫南[⑤]，祭马祖于蓟城北[⑥]。帝亲授节度：每军大将、亚将各一人；骑兵四十队，队百人，十队为团，步卒八十队，分为四团，团各有偏将一人；其铠胄、缨拂、旗幡，每团异色；受降使者一人，承诏慰抚，不受大将节制；其辎重散兵等亦为四团，使步卒挟之而行；进止立营，皆有次叙仪法。癸未，第一军发；日遣一军，相去四十里，连营渐进；终四十日，发乃尽，首尾相继，鼓角相闻，旌旗亘九百六十里。御营内合十二卫、三台、五省、九寺，分隶内、外、前、后、左、右六军，次后发，又亘八十里。近古出师之，未之有也。

〔注释〕

①镂方：西汉置，治今朝鲜平安南道成川、阳德二郡之间，属乐浪郡。西晋后废。长岑：西汉置，治今朝鲜黄海南道松禾。西晋后废。溟海：西汉置，治今朝鲜黄海道海州附近。西晋后废。盖马：西汉置，治今朝鲜鸭绿江沿岸楚山附近，属玄菟郡，东汉永初年间移治今辽宁抚顺。三国魏废。建安：今辽宁盖州东北十五里之青石岭古城。南苏：高句丽置，在今辽宁铁岭东南催阵堡山城。辽东：在今辽宁辽阳，隋大业八年(612)，隋军与高句丽大战于辽河东岸，进围辽东城，即此。玄菟(tú)：西汉武帝元封三年(前108)置，治沃沮县，辖境约今辽宁东部以东至朝鲜咸镜道一带，昭帝时移治高句丽县(今辽宁新宾满族自治县西老城附近)。东汉时移治今辽宁沈阳东(一说今抚顺东)，辖境缩小。北魏以后，地入高句丽。扶余：夫余国，西汉时分布于今吉林农安为中心的松花江中游平原。朝鲜：西汉置，治今朝鲜平壤西南土城洞，或说即今平壤市，为乐浪郡治。西晋后废。沃沮：又作夫租县，西汉元封三年败卫右渠后置，治今朝鲜咸镜南道咸兴，为玄菟郡治，汉昭帝时改属乐浪郡。东汉废。乐浪：西汉元封三年置，治

朝鲜县(今朝鲜平壤市南),辖境约当今朝鲜平安南道、黄海南北道、江原北道等全部和咸镜南道、江原南道、京畿道等部分地区,东汉以后辖境缩小,西晋末地入高句丽。

②黏蝉:西汉置,治今朝鲜平安南道龙冈郡西于乙洞,属乐浪郡,东汉后废。含资:西汉置,治今朝鲜黄海北道瑞兴郡,属乐浪郡。三国魏改属带方郡。西晋后废。浑弥:西汉元封三年(前108)置,治今朝鲜平安南道西北部滨海一带,属乐浪郡。西晋末废。临屯:汉武帝元封三年置,治东暆县(今韩国江原道江陵),辖境约当今朝鲜、韩国江原道地区,始元五年(前82)废入乐浪郡。候城:西汉置,治今辽宁沈阳东南古城子,一说即今沈阳旧城区,为辽东郡中部都尉治,东汉永初元年(107)改属玄菟郡。三国魏废。提奚:西汉置,属乐浪郡,治所在今朝鲜黄海北道瑞兴东南、开城西北一带,三国属带方郡。西晋后废。蹋顿:《乾隆乐亭县志》:古城,在县西南三十里,旧于建置莫考。……更《魏志》:"武帝征蹋顿时,筑城以居,曰蹋顿城。厥后,赵石虎谋伐昌黎,遣曹伏将青州之众,渡海戍蹋顿城。"隋炀帝征高丽,其右第七军出蹋顿道,抑此古城,即古所云蹋顿城欤。肃慎:又作息慎、稷慎,商、周时居不咸山(今吉林长白山)北,东滨大海,北至黑龙江中下游。碣石:今朝鲜平壤市西南浦北之龙岗。《水经注·河水》:"(秦)始皇令太子扶苏与蒙恬筑长城,起自临洮,至于碣石。"按:《晋太康三年地记》东浪郡:"遂城县有碣石山,长城所起。"即此。东暆:古县名,西汉元封三年置,治今韩国江原道江陵,为临屯郡治。始元五年改属乐浪郡,东汉建武六年(30)废弃。带方:古县名,西汉元封三年置,治今朝鲜黄海北道沙里院南,属真番郡。始元五年改属乐浪郡,东汉建安中为带方郡治。西晋末废。襄平:古县名,秦置,治今辽宁辽阳,为辽东郡治。东晋元兴三年(404),地入高句丽为辽东城。三国魏、晋为平州及东夷校尉治所。唐贞观中克辽东城置辽州,武则天时曾一度移安东都护府于此。

③馈(kuì)运:谓输送、运送粮食。

④桑乾:河名,今永定河之上游,相传每年桑椹成熟时河水干涸,故名。

⑤临朔宫:隋代蓟城行宫,在今北京市区西南。《资治通鉴》:大业七

年(611)四月,东征高丽,炀帝"车驾至涿郡之临朔宫"。同年十二月,西突厥"处罗(可汗)来朝于临朔宫",皆即此。

⑥马祖:星宿名,即房星(天驷星)。蓟(jì):古县名,秦以蓟邑置,治今北京城西南隅。秦、西汉为广阳郡治,东汉至北朝历为幽州、广阳郡、燕国、燕郡治。隋、唐为幽州、涿郡治。五代与幽都县同为幽州治。辽初改名蓟北县。

〔译文〕

壬午(初二),炀帝下诏命令左十二军出镂方、长岑、溟海、盖马、建安、南苏、辽东、玄菟、扶余、朝鲜、沃沮、乐浪等道,右十二军出黏蝉、含资、浑弥、临屯、候城、提奚、蹋顿、肃慎、碣石、东暆、带方、襄平等道,人马相继不绝于道,在平壤城总会集,总计一百一十三万三千八百人,号称二百万,运送军需的人加倍。炀帝在桑干水的南面祭祀土地,在临朔宫南祭祀上天,在蓟城北祭祀马祖。炀帝亲自指挥:每军设大将、亚将各一人;骑兵四十队,每队一百人,十队为一团;步兵八十队,分为四团,每团各有偏将一名;每团的铠甲、缨拂、旗幡颜色各异;设受降使者一名,负责奉授诏书,慰劳巡抚之职,不受大将节制;其他的辎重、散兵等也分为四团,由步兵挟路护送;军队的前进、停止或设营,都有一定的次序礼法。癸未(初三),第一军出发,以后每日发一军,前后相距四十里,一营接一营前进,经过四十天才出发完毕;各军首尾相接,鼓角相闻,旌旗相连九百六十里。炀帝的御营共有十二卫、三台、九省、九寺,分别隶属内、外、前、后、左、右六军,依次最后出发,又连绵八十里。这样的出师盛况,近古未有。

北平襄侯段文振为兵部尚书①,上表,以为帝"宠待突厥太厚，处之塞内，资以兵食，戎狄之性，无亲而贪，异日必为国患，宜以时谕遣，令出塞外，然后明设烽候，缘边镇防，务令严重，此万岁之长策也”。兵曹郎斛斯政②，椿之孙也③，以器干明悟，为帝所宠任，使专掌兵事。文振知政险薄，不可委以机要，屡言于帝，帝不从。及征高丽，以文振为左候卫大将军，出南苏道。文振于道中疾笃，上表曰："窃见辽东小丑，未服严刑，远降六师，亲劳万乘。但夷狄多诈，深须防拟，口陈降款，毋宜遽受。水潦方降，不可淹迟。唯愿严勒诸军，星驰速发，水陆俱前，出其不意，则平壤孤城，势可拔也。若倾其本根，余城自克；如不时定，脱遇秋霖，深为艰阻，兵粮既竭，强敌在前，靺鞨出后，迟疑不决，非上策也。"三月，辛卯，文振卒，帝甚惜之。

〔注释〕

①段文振：北海（郡治今山东潍坊西南）人。刚强勇猛，北周时以军功迁上仪同，封公爵。隋文帝时，数为行军总管，率军作战，进位大将军。炀帝初，为兵部尚书，颇受帝敬重。大业八年（612），以左候卫大将军率军攻高丽，患病于途，临死，戒帝不轻受降，诸军速进为上。帝不能用其言。

②斛斯政：隋广牧富昌（今内蒙古准格尔旗）人，斛斯椿孙。明悟有干才。文帝开皇中以军功授仪同。炀帝大业中为尚书兵曹郎，奏事称旨，甚见委信。杨玄感兄弟俱与之交往，玄感反，政与通谋，玄纵自行在亡归，亦政之谋。时帝穷治玄纵党羽，政不自安，亡奔高丽。帝东征，高丽执送政以和。政因至京师，帝令百僚击射脔割之，肢解以死。

③椿：斛斯椿，北魏广牧富昌（今内蒙古准格尔旗）人，字法寿，敕勒人。投尔朱荣，性佞巧，甚得荣心。孝庄帝时，为荣大将军府司马、东徐州

刺史。荣死，归尔朱兆，以参与立节闵帝元恭谋，拜侍中，封城阳郡公。后又杀尔朱部曲，斩尔朱世隆、彦伯兄弟，囚尔朱天光，投高欢。孝武帝时，拜侍中，从入关，官至太傅。卒年四十三。

〔译文〕

北平襄侯段文振是兵部尚书，他上表给炀帝，认为炀帝"对突厥的恩宠过于丰厚，将他们安置在塞内，供给他们武器、粮食，然而戎狄的性格无亲情却贪婪，以后必定是国家的祸患。应该适时发布谕旨，命令他们迁居塞外，然后公开设置烽火侦望台，沿边境设置镇防，务必命令边防谨严持重。这是国家长治久安之策略"。兵曹郎斛斯政是斛斯椿的孙子，他以精明强干而为炀帝所宠信，让他专掌军事。段文振知道斛斯政险诈薄情，不可委托以军国的机密大事，他屡次向炀帝进言，炀帝都没有听从。到征伐高丽时，炀帝任命段文振为左候卫大将军，率军出南苏道。段文振在途中病得很重，向炀帝上表说："我认为辽东这个小丑，不服从朝廷的严格法令，致使我们从远处调来军队，劳陛下亲率大军。但夷狄性多狡诈，必须严加防备，他们口说投降的条件，不宜仓促接受。积水刚刚降下，不可耽误迟缓。只愿陛下严厉约束各军，星驰速发，水陆并进，出其不意，那么平壤这座孤城，势必被攻克。假若倾覆了高丽国的根本，其余的城池自然就会不攻自破。如果不能立即抓住时机，倘若遇到秋雨连绵，便会深陷艰难险阻的境地，兵粮枯竭，强敌在前，靺鞨人在后，若是还迟疑不决，就绝非上策了。"三月，辛卯（十二日），段文振去世，炀帝很是惋惜。

癸巳，上始御师，进至辽水。众军总会，临水为大陈,高丽兵阻水拒守,隋兵不得济。左屯卫大将军麦铁杖谓人曰[①]:“丈夫性命自有所在,岂能然艾灸頞[②],瓜蒂歕鼻[③],治黄不差,而卧死儿女手中乎?”乃自请为前锋,谓其三子曰:“吾荷国恩,今为死日!我得良杀,汝当富贵。”帝命工部尚书宇文恺造浮桥三道于辽水西岸[④],既成,引桥趣东岸,桥短不及岸丈余。高丽兵大至,隋兵骁勇者争赴水接战,高丽兵乘高击之,隋兵不得登岸,死者甚众。麦铁杖跃登岸,与虎贲郎将钱士雄、孟叉等皆战死。乃敛兵,引桥复就西岸。诏赠铁杖宿公,使其子孟才袭爵[⑤],次子仲才、季才并拜正议大夫。更命少府监何稠接桥,二日而成,诸军相次继进,大战于东岸,高丽兵大败,死者万计。诸军乘胜进围辽东城,即汉之襄平城也。车驾渡辽,引曷萨那可汗及高昌王伯雅观战处以慑惮之[⑥],因下诏赦天下。命刑部尚书卫文昇、尚书右丞刘士龙抚辽左之民,给复十年,建置郡县,以相统摄。

〔注释〕

①麦铁杖:始兴(今广东韶关)人。骁勇剽悍,初聚众为劫,后没为官户。陈亡,入杨素军,从击高智慧,有功,授仪同三司。以不识字,还乡。开皇十六年(596),复用为车骑将军,从杨素击突厥,平汉王谅俱有功。受炀帝信任,位至右屯卫大将军。隋军攻高丽,战死,谥武烈。

②頞(è):鼻梁。

③歕(pēn):古同“喷”。

④宇文恺(kǎi):隋朔方夏州(今陕西横山)人,字安乐,宇文忻弟。好学,博览书记,尤多技艺。隋文帝时,以其有巧思,拜营新都副监。尝凿广

通渠决渭水达于河，以通漕运。炀帝时为营东都副监，揣度帝意，规划东都，极尽壮丽侈宏，得帝欢心，拜工部尚书。从帝北巡，为制大帐，可容数千人坐。又造观风行殿，容侍卫数百人，下施轮轴，可推移行动。终金紫光禄大夫，卒谥康。有《东都图记》《明堂图议》《释疑》等。

⑤孟才：麦孟才，隋始兴人，字智稜，麦铁杖子。果毅有父风，以父死节，拜武贲郎将。宇文化及叛乱江都，孟才与钱杰等纠合恩旧，欲为帝复仇，事泄，被杀。

⑥曷萨那可汗：处罗可汗，隋时西突厥首领，名达漫，号泥撅处罗可汗。炀帝大业初，治国无道，其众多叛。与铁勒族相攻，又败。时其母尚氏居京师，帝乃命裴矩与其母往招之，乃入朝。从征高丽，赐号曷萨那可汗，尚信义公主。又从幸江都，宇文化及乱，奔归京师，为北突厥所害。高昌王伯雅：即麹伯雅，隋时高昌国国君，麹坚子。文帝开皇时，父死继立。炀帝大业间遣使朝贡，帝待之厚。从击高丽，还，尚宗女华容公主。归国后，令国中士庶以上皆改为中原服饰，然士庶畏重臣铁勒，竟不敢改。

［译文］

癸巳（十四日），炀帝开始指挥军队，隋军进至辽水。各路军队集结汇总，临辽水排列阵势，高丽兵依仗辽水据守，隋兵无法渡过辽水。左屯卫大将军麦铁杖对人说："大丈夫的性命自有归宿，怎么能燃艾灸鼻梁，用瓜蒂喷鼻，治热病不愈，躺着死在儿女怀里呢？"于是自请担任前锋，对他的三个儿子说："我身受国恩，今天是为国赴死的日子了，我死得其所，你们就会富贵了。"炀帝命令工部尚书宇文恺在辽水西岸建造三座浮桥，浮桥建成后，引着浮桥向东岸靠近，浮桥短，距东岸还有一丈多长的距离。高丽兵大批赶到，隋军中骁勇的士兵争相跳入水中与高丽兵交战，高丽兵凭借地势高，回击隋军，隋军无法登岸，战死的人很多。麦铁杖跳上岸，与虎贲郎将钱士雄、孟叉等全都战死。

于是隋军收兵，将桥又带回西岸。炀帝下诏追赠麦铁杖为宿公，让他的儿子麦孟才承袭了爵位，铁杖的次子仲才、季才都授以正义大夫的官职。炀帝又命令少府监何稠接长浮桥，两天接成，各军依次相继进发，与高丽军大战于东岸，高丽军大败，战死者以万计。各军乘胜进击包围辽东城，即汉化的襄平城。炀帝车驾渡过了辽水，他带着曷萨那可汗和高昌王麹伯雅参观战场以慑服他们。炀帝下诏大赦天下。命令刑部尚书卫文昇、尚书右丞刘士龙安抚辽东百姓，免去辽东百姓徭役十年。在这里设置郡县以进行统治。

诸将之东下也，帝亲戒之曰："今者吊民伐罪[①]，非为功名。诸将或不识朕意，欲轻兵掩袭，孤军独斗，立一身之名以邀勋赏，非大军行法。公等进军，当分为三道，有所攻击，必三道相知，毋得轻军独进，以致失亡。又，凡军事进止，皆须奏闻待报，毋得专擅。"辽东数出战不利，乃婴城固守。帝命诸军攻之，又敕诸将，高丽若降，即宜抚纳，不得纵兵。辽东城将陷，城中人辄言请降；诸将奉旨不敢赴机，先令驰奏，比报至，城中守御亦备，随出拒战。如此再三，帝终不寤。既而城久不下，六月，己未，帝幸辽东城南，观其城池形势，因召诸将诘责之曰："公等自以官高，又恃家世，欲以暗懦待我邪[②]！在都之日，公等皆不愿我来，恐见病败耳。我今来此，正欲观公等所为，斩公辈耳！公今畏死，莫肯尽力，谓我不能杀公邪！"诸将咸战惧失色。帝因留城西数里，御六合城。高丽诸城各坚守不下。右翊卫大将军来护儿帅江、淮水军[③],舳舻数百里,浮海先进,入自浿水[④],去平壤六十里,与高丽相遇,进击,大破之。护儿欲乘胜趣其城,副总管周法尚止之[⑤],请俟诸军至俱进。护儿不听,简精甲四万,直造城下。高丽伏兵于罗郭内空寺中,出兵与护儿战而伪败,护儿逐之入城,纵兵俘掠,无复部伍。伏兵发,护儿大败,仅而护免,士卒还者不过数千人。高丽追至船所,周法尚整阵待之,高丽乃退。护儿引兵还屯海浦,不敢复留应接诸军。

〔注释〕

①吊民伐罪:吊,慰问。伐,讨伐。慰问受苦的人民,讨伐有罪的统治者。

②暗懦:愚昧懦弱。

③来护儿:隋江都(今江苏扬州)人,字崇善。卓荦不群,好立奇节。贺若弼镇寿州时,数往来于陈,刺探军情。平陈之役有功,进位上开府。后屡从征讨浙江、闽中,除泉州刺史。炀帝大业中,率师渡海征高丽,屡破彼军,迁左翊卫大将军,封荣国公。为宇文化及所忌,于江都之乱中被杀。

④浿(pèi)水:今朝鲜青川江和大同江的古称。

⑤周法尚:字德迈,汝南(今河南汝南)人。仕陈以军功封侯,遭忌降北周。隋文帝时,参与平陈之役,数定岭南、嶲州,积战功至检校潞州事。炀帝时,击吐谷浑、杨玄感有功,进位右光禄大夫,与王薄、孟让等战,略有战绩。大业十年(614),隋军攻高丽,病卒于途。

〔译文〕

诸位将领将向东进军时,炀帝亲自告诫说:"今天我们吊民伐罪,不是为了功名。诸将若是有人不理解朕的意图,想以轻兵掩袭,孤军独斗,建立自身的功名以邀赏请封,这不符合大军征行之法。你们进军应当分为三路,有攻战之事,一定要三路人马互相配合,不许轻军独进,以致失利败亡。还有,凡是军事上的进止,都须奏报,等待命令,不许擅自行事。”辽东高丽军几次出战不利,于是就闭城固守。炀帝命令各军攻城,同时又命令诸将,高丽人若请求投降,立即就宣布安抚接纳,不得纵兵进攻。辽东城将要攻陷时,城中高丽人就声称要投降,将领们奉炀帝旨意,不敢抓住这一时机,先命人飞马奏报炀帝,等到答复回来,城中的防守已调整巩固好了,随即高丽军又坚守城池。如此再三,炀帝仍是不醒悟,因而城池久攻不下。六月,己未(十一日),炀帝来到辽东城南,观看辽东城的形势,他把将领们召集起来斥责说:“你们自以为官居高位,又依恃着家世显赫,想要暗中怠慢欺骗朕吗?在京师的时候,你们都不愿意让我来,恐怕我看见你们的私弊和腐败。今天我到这里来,正是要观察你们的所作所为,要杀你们这些人!今天你们怕死,不肯尽力,以为我不能杀你们吗?”诸将都惊惧、战栗而变了脸色。炀帝因此就留在辽东城西几里外的地方,住在六合城。高丽的城池都各自坚守,未能攻下。右翊卫大将军来护儿率领江、淮水军,船只连绵几百里,渡海先行,沿测水进入高丽,距平壤六十里时,与高丽军相遇,隋水军进攻,大破高丽军。来护儿想乘胜进取平壤,副总管周法尚阻止他,请他等待各路军队到达后,一同进攻。来护儿不听,他挑选精锐甲士四万人,直趋城下。高丽人在罗郭内空寺中设下伏兵,先出兵与来护儿交战,然后佯装战败,来护儿率兵追入城内,他纵兵俘获抢掠,队伍乱不成伍,这时高丽的伏兵出击,来护儿大败,仅只身逃出,士卒生还的不过几千人。高丽军追杀到隋军的船只停泊处,周法尚严阵以待,高丽军才退。来护儿率军返回，屯兵于海边，不敢再留下接应各路军队。

左翊卫大将军宇文述出扶余道①，右翊卫大将军于仲文出乐浪道②，左骁卫大将军荆元恒出辽东道，右翊卫将军薛世雄出沃沮道③，左屯卫将军辛世雄出玄菟道，右御卫将军张瑾出襄平道，右武候将军赵孝才出碣石道，涿郡太守检校左武卫将军崔弘升出遂城道④，检校右御卫虎贲郎将卫文升出增地道⑤，皆会于鸭绿水西。述等兵自泸河、怀远二镇，人马皆给百日粮，又给排甲、枪稍并衣资、戎具、火幕，人别三石已上，重莫能胜致。下令军中："士卒有遗弃米粟者斩！"军士皆于幕下掘坑埋之，才行及中路，粮已将尽。

〔注释〕

①宇文述：字伯通，代郡武川（今属内蒙古）人，本姓破野头。骁勇，善权变。隋初，以军功拜右卫大将军，与晋王广友善，向广进联杨素兄弟计，并奔走其间。广即位，封许国公。善奉迎，进帝器用，多能别出心裁，炀帝宠信异常。参与朝政，凡有荐举，皆至大官。性贪，恣意取贿。大业八年（612）攻高丽，指挥失误，攻平壤军三十余万，仅还二千余人，除名为民。次年复官，破杨玄感军。大业十二年（616），劝帝南下，在江都病卒，谥恭。

②于仲文：隋河南洛阳人，字次武。少好学不倦，及长，时称名公子。北周时累迁至河南道行军总管，从讨尉迟迥，以谋俘迥将席毗罗，河南平。入隋，以坐叔于翼事下狱，上书陈辩，得释。明年，拜行军元帅，统十二总管以击突厥，突厥见其军严整，不战而退。时尚书省文簿繁杂，吏多奸险，帝乃令仲文勘省中事，发擿甚多。又决渭河开漕渠以运粮。炀帝即位，迁右翊卫大将军，参掌文武选事。后以辽东之役无功系狱，忧恚而病，困笃

方出之，卒于家。

③薛世雄：隋河东汾阴（今山西万荣）人，字世英。少有将才，年十七，从北周武帝平齐，以功拜都督。入隋，屡有战功。炀帝即位，从征吐谷浑，进位通议大夫。性廉谨，行军破敌所过处，约束军吏秋毫无犯，超迁右翊卫将军。大业十年（614），领涿郡留守。十三年（617），李密逼东都，奉诏击之，道出河间，为窦建德所袭。大败，惭恚发病卒。

④崔弘升：字上客，博陵安平（河北安平）人，弘度弟。仕隋，封公爵，女为炀帝长子昭妻。炀帝时，以检校左武卫大将军事，率兵攻平壤。兵败奔还，发病卒。

⑤增地：古县名，西汉置，治今朝鲜平安南道安州附近，属乐浪郡。东汉后废。

〔译文〕

左翊卫大将军宇文述率军出扶余道，右翊卫大将军于仲文率军出乐浪道，左骁卫大将军荆元恒率军出辽东道，右翊卫将军薛世雄率军出沃沮道，左屯卫将军辛世雄率军出玄菟道，右御卫将军张瑾率军出襄平道，右武候将军赵孝才率军出碣石道，涿郡太守检校左武卫将军崔弘升率军出遂城道，检校右御卫虎贲郎将卫文升率军出增地道，各路大军全部到鸭绿水西岸会集。宇文述等率军从泸河、怀远二镇出发，人马供给一百天的粮草，又装配排甲、枪以及衣资、戎具、火幕，每人负担三石以上重量，使人无法承受。宇文述还下令："士卒有丢弃粮食的斩首！"于是军士们都在幕帐内挖坑把粮草等物埋起来，队伍才走到半路，粮食已将吃尽了。

高丽遣大臣乙支文德诣其营诈降，实欲观虚实。于仲文先奉密旨："若遇高元及文德来者，必擒之。"仲文将执之，尚书右丞刘士龙为慰抚使，固止之。仲文遂听文德还，既而悔之，遣人绐文德曰[①]："更欲有言，可复来。"文德不顾，济鸭绿水而去。仲文与述等既失文德，内不自安，述以粮尽，欲还。仲文议以精锐追文德，可以有功，述固止，仲文怒曰："将军仗十万之众，不能破小贼，何颜以见帝？且仲文此行，固知无功，何则？古之良将能成功者，军中之事，决在一人。今人各有心，何以胜敌？"时帝以仲文有计划，令诸军咨禀节度，故有此言。由是述等不得已而从之，与诸将渡水追文德。文德见述军士饥色，故欲疲之，每战辄走。述一日之中，七战皆捷，既恃骤胜，又逼群议，于是遂进，东济萨水，去平壤城三十里，因山为营。文德复遣使诈降，请于述曰："若旋师者，当奉高元朝行在所。"述见士卒疲弊，不可复战，又平壤城险固，度难猝拔，遂因其诈而还。述等为方陈而行，高丽四面钞击[②]，述等且战且行。秋，七月，壬寅，至萨水，军半济，高丽自后击其后军，右屯卫将军辛世雄战死，于是诸军俱溃，不可禁止，将士奔还，一日一夜至鸭绿水，行四百五十里。将军天水王仁恭为殿[③]，击高丽，却之。来护儿闻述等败，亦引还。唯卫文升一军独全。

〔注释〕

①绐(dài)：古同"诒"，欺骗，欺诈。

②钞击：包抄袭击。

③王仁恭：隋天水上邽(今甘肃天水)人，字元实。性质直刚毅，工骑射，文帝时宿将。数从征讨，累功迁大将军。寻，出为汲郡太守，有能名。迁信都太守，汲郡吏民扣马号哭，数日不得出境。后领马邑太守，防突厥之患。炀帝大业十三年(617)，为其麾下校尉刘武周所袭杀。

〔译文〕

高丽派遣大臣乙支文德到隋军军营诈降，其实是要观察隋军的虚实。于仲文事先奉炀帝密旨："要是遇到高元和乙支文德来，一定要抓住他们。"于仲文就要把乙支文德抓起来，尚书右丞刘士龙作为慰抚使，他坚决反对抓乙支文德，于仲文只好放乙支文德返回了。但很快他就后悔了，派人哄骗乙支文德说："再要说什么话，可以再来。"乙支文德头也不回，渡过鸭绿水而去。于仲文与宇文述等人因为让乙支文德跑掉了，内心不安。宇文述因为粮食已尽，想要返回。于仲文建议派精兵追捕乙支文德，可以立功，宇文述坚决反对。于仲文发怒说道："将军依仗着十万之众，却不能打败小贼，有什么脸面去见圣上呢？况且，我这次出行，本来就知道不会有功，为什么呢？古时的良将能够成功的人，凡军中的事都由一人做主。现在各有各的心思，怎么能战胜敌人呢？"当时，炀帝认为于仲文有计谋，命令各军要向他咨询、汇报并听从他的调动指挥，因此才有他这一番话。由于这一原因，宇文述等人不得已而听从了于仲文的话，与诸将渡鸭绿水追乙支文德。乙支文德见宇文述的士卒面有饥色，因此故意让隋军疲乏。每次与隋军交战立即就退走，宇文述在一天之中，七战七捷。宇文述既依仗着突然而来的胜利，又迫于各种议论的压力，于是率军进攻，东渡萨水，在距平壤城三十里处，凭借山势扎营。乙支文德又派使者来诈降，向宇文述请求说：

"假若隋军能退兵，就一定让高元去朝见皇帝所在之地。"宇文述见士卒疲惫，不能再战，而且平壤城险峻坚固，估计很难一下子攻破城池。于是因高丽人狡诈而还师。宇文述将队伍列成方阵行进，高丽军队从四面八方包抄攻击，宇文述率军且战且走。秋季，七月，壬寅(二十四日)，隋军来至萨水，隋军刚渡过一半，高丽军从后面袭击隋军的后部，右屯卫将军辛世雄战死，于是各军都溃乱，无法制止，将士们奔逃，一日一夜就跑到鸭绿水边，行程四百五十里。将军天水人王仁恭为后卫，截击高丽军，将他们挡住。来护儿闻知宇文述等人大败，也率军退回，只有卫文升军独以保全。

初，九军度辽，凡三十万五千，及还至辽东城，唯二千七百人，资储器械巨万计[①]，失亡荡尽。帝大怒，锁系述等。癸卯，引还。

初，百济王璋遣使请讨高丽，帝使之觇高丽动静[②]，璋内与高丽潜通。隋军将出，璋使其臣国智牟来请师期，帝大悦，厚加赏赐，遣尚书起部郎席律诣百济，告以期会。及隋军渡辽，百济亦严兵境上，声言助隋，实持两端。

是行也，唯于辽水西拔高丽武厉逻，置辽东郡及通定镇而已。八月，敕运黎阳、洛阳、洛口、太原等仓谷向望海顿[③]，使民部尚书樊子盖留守涿郡[④]。九月，庚寅，车驾至东都。

〔**注释**〕

①巨万：极言数目之多。

②觇(chān):看,偷偷地察看

③望海顿:又称临海顿,在今辽宁盘锦东南。隋大业八年(612),炀帝攻高丽,命运洛阳、太原、洛口等地粮食囤聚于望海顿,即此。

④樊子盖:字华宗,庐江(郡治今安徽舒城)人。历仕北齐、北周。隋初以仪同领乡兵,后累迁民部尚书、左武卫将军。得炀帝信任,历官南、北,数有军功。大业九年(613),坚守洛阳,致杨玄感军败亡,特封济公。行军持重,几无败仗,临民不受贿赂。性严酷好杀,隋末激起汾、晋民变,攻战经年,无功还京,卒谥景。

〔译文〕

当初,九路军渡辽河,共三十万五千人,待回到辽东城时,只剩下了二千七百人,数以巨万的军资储备器械丧失殆尽。炀帝大怒,将宇文述等人枷锁拘押。癸卯(二十五日),炀帝率军返回。

初,百济国王璋派遣使者请隋朝廷出师讨伐高丽,炀帝让他们窥视高丽的动静,璋暗中又与高丽往来。隋军将要出动时,璋派遣他的大臣国智牟来请求了解出师的日期,炀帝大为高兴,厚加赏赐,派遣尚书起部郎席律前往百济,告之隋军出师以及各路军会师的日期。待到隋军渡过辽水,百济也在边境上严阵以待,声称是帮助隋军,实际上持首鼠两端的态度。

这次征讨高丽的行动,隋军仅在辽水西攻克了高丽的武厉逻,在此设置辽东郡以及通定镇而已。八月,炀帝敕命运黎阳、洛阳、洛口、太原等仓的谷子到望海顿,派民部尚书樊子盖留守涿郡。九月,庚寅(十三日),炀帝车驾回到东都。

宇文述素有宠于帝,且其子士及尚帝女南阳公主①,故帝不忍诛。甲申,与于仲文等皆除名为民,斩刘士龙以谢天下。萨水之败，高丽追围薛世雄于白石山，世雄奋击，破之，由是独得免官。以卫文升为金紫光禄大夫。诸将皆委罪于于仲文，帝既释诸将，独系仲文。仲文忧恚②，发病困笃，乃出之，卒于家。

〔注释〕

①士及：宇文士及，字仁人，雍州长安（今陕西西安）人，隋右卫大将军述子，化及弟。隋文帝开皇末，以父荫封新城县公。娶炀帝女，从幸江都。兄化及弑逆，以士及为帝婿，弗告。已弑帝，封士及为蜀王。后归唐，从讨王世充等，进爵郢国公。太宗时，拜中书令，检校凉州都督，改蒲州刺史，为政宽简，终殿中监。为人通变谨密，然奉养丰侈，谥纵。南阳公主：隋炀帝长女，年十四，嫁宇文士及，以谨肃闻。大业末，宇文化及杀炀帝于江都后，公主随至聊城。后为窦建德所俘，建德许其削发为尼。唐高祖武德四年（621），建德败，公主归西京。遇宇文士及于洛阳，士及请复为夫妻，公主坚拒之。

②忧恚（huì）：忧愁愤恨。

〔译文〕

宇文述一向受到炀帝的宠信，而且他的儿子宇文士及娶了炀帝的女儿南阳公主，因此炀帝不忍处死宇文述。甲申（初八），宇文述与于仲文等都被除名为民，刘士龙被斩首以谢罪天下。萨水之败，高丽军在白石山追击围困薛世雄军，薛世雄奋勇攻击，将高丽军打败，因此只有薛世雄单独受到免官的处分。任命卫文升为金紫光禄大夫。诸将都把罪过推到于仲文身上，炀帝也就释放了诸将，只把于仲文关押起来。于仲文忧愤成病，发病急重，于是放他出狱，在家中去世。

大业九年(癸酉、613)

春,正月,丁丑,诏征天下兵集涿郡。始募民为骁果[①],修辽东古城以贮军粮。

二月,壬午,诏:"宇文述以兵粮不继,遂陷王师;乃军吏失于支料,非述之罪,宜复其官爵。"寻又加开府仪同三司。

帝谓侍臣曰:"高丽小虏,侮慢上国;今拔海移山,犹望克果,况此虏乎!"乃复议伐高丽。左光禄大夫郭荣谏曰[②]:"戎狄失礼,臣下之事;千钧之弩,不为鼷鼠发机[③],奈何亲辱万乘以敌小寇乎?"帝不听。

夏,四月,庚午,车驾渡辽。壬申,遣宇文述与上大将军杨义臣趣平壤[④]。

〔注释〕

①骁果:勇猛敢死之士。

②郭荣:字长荣,自云太原(今属山西)人。仕北周为司水大夫。少与隋文帝友善,隋初,封郡公。仁寿时,率军攻西南夷、獠部落,奏捷。炀帝时屡有军功,劝帝不需亲攻高丽。大业九年(613),以临阵敢战,谨慎认真,拜为右候卫大将军。杨玄感叛,帝令其守太原,次年随军至柳城,病死于途。帝闻讯废朝,谥恭。

③鼷(xī)鼠:鼠类最小的一种,古人以为有毒,啮人畜至死不觉痛,故又称甘口鼠。

④杨义臣:崇子。父战死,为隋文帝收养,赐姓杨。善骑射,有将帅才。大业初,从军攻汉王谅,以少击众,进位上大将军。大业八年(612),隋炀帝攻高丽,常为先锋,曾一日七捷。十年(614),率军攻高士达、张金称军,擒杀张金称。又入豆子鲂,破格谦军十余万人,俘格谦。炀帝忌其威

名,召为礼部尚书。义臣入朝,民军军势复盛。寻卒。

〔译文〕

大业九年(癸酉、613)

春季,正月,丁丑(初二),炀帝下诏征召天下之兵于涿郡集结。开始招募平民为勇猛敢死之士,修辽东古城以储备军粮。

二月,壬午,炀帝下诏说:“宇文述因为兵粮没有接济上,以致我军战败;这是军吏犯了军资供应不足的过失,不是宇文述的罪过,应该恢复他的官职爵位。”不久,炀帝又加升他为开府仪同三司。

炀帝对侍臣说:“高丽这个小虏,竟敢侮慢我天朝上国,如今就是拔海移山,也是可以办到的,何况这个小虏呢!”于是又商议出兵征伐高丽。左光禄大夫郭荣劝道:“戎狄之国无礼,是臣子应该处理的事情;千钧之弩,不会为小老鼠而发射,陛下何必亲自征讨这样的小小敌寇呢?”炀帝不听。

夏季,四月,庚午(二十七日),炀帝的车驾渡过辽水。壬申(二十九日),炀帝派遣宇文述和上大将军杨义臣率军进军平壤。

左光禄大夫王仁恭出扶余道。仁恭进军至新城,高丽兵数万拒战,仁恭帅劲骑一千击破之,高丽婴城固守①。帝命诸将攻辽东,听以便宜从事。飞楼、橦、云梯、地道四面俱进②,昼夜不息,而高丽应变拒之,二十余日不拔,主客死者甚众。冲梯竿长十五丈,骁果吴兴沈光升其端③,临城与高丽战,短兵接,杀十数人,高丽竞击之而坠;未及地,适遇竿有垂絙④,光接而复上。帝望见，壮之，即拜朝散大夫，恒置左右。

〔注释〕

①婴城：谓环城而守。

②橦(chuáng)：古代指旗杆、桅杆等。

③沈光：隋吴兴(今浙江湖州)人，字总持，沈君道子。少骁捷，善戏马，不拘小节。尝于禅定寺十余丈高幡竿拍竿而上，系绳索于顶，时人骇异，号为“肉飞仙”。炀帝大业中，从攻辽东，以冲梯、绳索攻城有功，为折冲郎将。后宇文化及于江都杀帝，与麦孟才等将为帝复仇，事泄，为司马德戡所杀。麾下数百人皆斗死，无一降者。

④絙(gēng)：古同“緪”，大绳索。

〔译文〕

左光禄大夫王仁恭率军出扶余道。王仁恭进军至新城，高丽军队几万人阻击隋军，王仁恭率领劲骑一千名击败高丽军，高丽军队闭城固守。炀帝命令诸将进攻辽东，允许诸将可相机从事。隋军用飞楼、云梯、地道，从城池四面昼夜不停地进攻，但高丽守军随机应变抗击隋军，隋军攻城二十余天仍未攻克，双方都有大批人员阵亡。隋军所用的冲梯竿长十五丈，勇猛果敢的吴兴人沈光爬到冲梯顶端，面对城墙与高丽士兵交战。双方短兵相接，沈光杀死高丽士兵十余人，高丽士兵竞相攻击沈光，沈光从冲梯上掉下来；还没掉到地上，正好冲梯的竿上有垂下的绳索，沈光抓住绳子又向上爬。炀帝望见这种场面，感到沈光的行为极为英勇，就任命他为朝散大夫，常让他随侍左右。

辽东城久不拔，帝遣造布囊百余万口，满贮土，欲积为鱼梁大道，阔三十步，高与城齐，使战士登而攻之，又作八轮楼车，高出于城，夹鱼梁道，欲俯射城内，指期将攻，城内危蹙[①]。会杨玄感反书至[②]，帝大惧，引纳言苏威入帐中[③]，谓曰：“此儿聪明，得无为患？”威曰：“夫识是非，审成败，乃谓之聪明。玄感粗疏，必无所虑，但恐因此寖成乱阶耳。”帝又闻达官子弟皆在玄感所，益忧之。兵部侍郎斛斯政素与玄感善，玄感之反，政与之通谋，玄纵兄弟亡归，政潜遣之。帝将穷治玄纵等党与[④]，政内不自安，戊辰，亡奔高丽。庚午，夜二更，帝密召诸将，使引军还，军资、器械、攻具，积如丘山，营垒、帐幕，按堵不动[⑤]，皆弃之而去。众心恟惧，无复部分，诸道分散。高丽即时觉之，然不敢出，但于城内鼓噪。至来日午时，方渐出外，四远觇侦[⑥]，犹疑隋军诈之。经二日，乃出数千兵追蹑，畏隋兵之众，不敢逼，常相去八九十里；将至辽水，知御营毕渡，乃敢逼后军。时后军犹数万人，高丽随而抄击，最后羸弱数千人为所杀略[⑦]。

〔注释〕

①危蹙（cù）：犹危迫。

②杨玄感：隋弘农华阴（今陕西华阴）人，杨素子。以父军功位至柱国，父死袭爵，迁礼部尚书。爱重文学，四方知名士多趋其门。在朝文武又多系其父故将旧吏，名重于世，帝甚忌之。炀帝大业九年（613），二次征辽之役，奉命督粮黎阳。时朝政日非，百姓苦于役，天下紊乱，乃于黎阳起兵，谋废帝立秦王杨浩，从之者十余万。南下围攻东都，月余不克。转向西图关中，至阌乡，追兵至，战败，令弟杨积善抽刀砍杀之。

③苏威：字无畏，京兆武功（今属陕西）人，西魏名臣苏绰子。娶宇文

护女。北周时，屡辞官职。宣帝初，受开府位。因高颎荐，事杨坚。闻坚将称帝，奔回乡里。隋初，为纳言、吏部尚书，助高颎决政事，请减赋役，宽刑典，制定律令格式。进位尚书右仆射，渐行权威，免官。不久复起，出使突厥。炀帝初，受信任，为纳言，参掌选事，封房公。后忤帝意免官。随帝至江都，帝死，历事宇文化及、李密、王世充。李世民入洛阳，求谒见，又称老病不能尽礼。世民责其无耻，拒不见。归长安，卒于家。

④党与：同党之人。

⑤按堵：安居，安定。

⑥觇(chān)侦：暗中侦察。

⑦杀略：亦作"杀掠"，杀戮掳掠。

〔译文〕

辽东城久攻不下，炀帝派人制作一百余万个布袋，每个布袋装满土，打算用布袋堆积成一条宽三十步、与城墙同样高的像鱼脊梁一样的坡道，让士兵们登道攻城。他又命人制作八轮楼车，楼车高于城墙，设置在鱼梁道两旁，打算向下射杀城内的人。隋军很快就要攻城了，城内已危在旦夕，恰好报告杨玄感谋反的公文到了，炀帝大为惊恐，他让纳言苏威进入帐中，说："这个孩子很聪明，恐怕要成为祸患了。"苏威说："能辨别是非、判断成败的人，才可以说是聪明。杨玄感为人粗疏，不必为他谋反而忧患，但只怕因此而逐渐成为动乱的来由。"炀帝又听说达官的子弟都在杨玄感那里，越加忧虑。兵部侍郎斛斯政平时就和杨玄感交情很好，杨玄感谋反，斛斯政曾与他一起谋划，杨玄纵兄弟逃回内地就是斛斯政暗地送他们回去的。炀帝要追究查办杨玄纵等党羽，斛斯政内心极为恐惧不安，戊辰(二十六日)，他就逃跑投奔了高丽。庚午(二十八日)，夜里二更时分，炀帝秘密召集诸将，让他们率军撤退。所有的军资器械、攻城之具堆积如山，营垒、帐幕，都原地不动，遗弃而去。隋军人人惊惶恐惧，军队部署已乱，各路兵马分离涣散。高丽方面对这种情况很快就觉察到了，但是不敢出去，只是在城内击鼓呐喊。到第二天中午时，高丽方面才渐渐地派兵出城，四处远近地侦察，仍然怀疑隋军撤退是假的。过了两天，才出动几千名士兵在隋军后面追击，但仍然畏惧隋军人多，不敢逼近，两军常常相隔八九十里。快到辽水时，高丽人得知炀帝车驾已经渡过了辽水，才敢逼近隋军后部。当时隋军后部还有几万人，高丽军队就包抄袭击隋军，最后数千名隋军老弱士兵被杀死。

初，帝再征高丽，复问太史令庾质曰："今段何如①？"对曰："臣实愚迷，犹执前见，陛下若亲动万乘，劳费实多。"帝怒曰："我自行犹不克，直遣人去，安得有功？"及还，谓质曰："卿前不欲我行，当为此耳。玄感其有成乎？"质曰："玄感地势虽隆，素非人望，因百姓之劳，冀幸成功。今天下一家，未易可动。"

〔注释〕

①今段：这次，此时。

〔译文〕

当初，炀帝准备再次征伐高丽时，曾再次问太史令庾质："这次情况会怎样？"庾质回答："我实在是愚钝迷惘，但还是坚持以前的看法，陛下要是亲自率军征伐，劳费实在太多。"炀帝发怒道："我亲自征伐尚且没能取胜，只派别人去，难道会成功？"等炀帝从高丽回来，他对庾质说："你以前不想让我去，就是为了动乱的缘故吧。杨玄感能够成功吗?”庾质回答:“杨玄感的地位势力虽然很高很强大,但他平时没有声望,他想凭借百姓的劳苦,希望侥幸成功。如今天下一统,不是那么容易动摇的。”

十年(甲戌、614)

春,二月,辛未,诏百僚议伐高丽。数日,无敢言者。戊子,诏复征天下兵,百道俱进。

三月,壬子,帝行幸涿郡,士卒在道,亡者相继。癸亥,至临渝宫[①],祃祭黄帝[②],斩叛军者以衅鼓[③],亡者亦不止。

甲午,车驾至北平。

秋,七月,癸丑,车驾次怀远镇[④]。时天下已乱,所征兵多失期不至,高丽亦困弊。来护儿至毕奢城[⑤],高丽举兵逆战。护儿击破之,将趣平壤。高丽王元惧,甲子,遣使乞降,囚送斛斯政。帝大悦,遣使持节召护儿还。护儿集众曰:“大军三出,未能平贼,此还不可复来,劳而无功,吾窃耻之。今高丽实困,以此众击之,不日可克。吾欲进兵径围平壤,取高元,献捷而归,不亦善乎!”答表请行,不肯奉诏。长史崔君肃固争,护儿不可,曰:“贼势破矣,独以相任,自足办之。吾在阃外,事当专决,宁得高元还而获谴,舍此成功,所不能矣!”君肃告众曰:“若从元帅违拒诏书,必当闻奏,皆应获罪。”诸将惧,俱请还。乃始奉诏。

八月，己巳，帝自怀远镇班师。邯郸贼帅杨公卿帅其党八千人抄驾后第八队，得飞黄上厩马四十二匹而去。冬，十月，丁卯，上至东都；己丑，还西京。以高丽使者及斛斯政告太庙；仍征高丽王元入朝，元竟不至。敕将帅严装，更图后举，竟不果行。

初，开皇之末，国家殷盛，朝野皆以高丽为意，刘炫独以为不可⑥，作《抚夷论》以刺之，至是，其言始验。

十一月，丙申，杀斛斯政于金光门外，如杨积善之法，仍烹其肉，使百官啖之，佞者或啖之至饱，收其余骨，焚而扬之。

〔注释〕

①临渝宫：隋大业中置，在今河北抚宁东榆关乡。《隋书·地理志》：北平郡“有临渝宫”，即此。

②禡(mà)祭：古代出兵，于军队所止处举行的祭礼。

③衅(xìn)鼓：古代战争时，杀人或杀牲以血涂鼓行祭。

④怀远镇：隋置，在今辽宁辽中，隋大业七年(611)，炀帝攻高丽，屯军粮于怀远镇，即此。

⑤毕奢城：卑沙城，隋、唐时属高丽。在今辽宁大连金州区东大黑山。唐贞观十九年(645)，征高丽，张亮率舟师自东莱渡海，袭卑沙城，即此。

⑥刘炫：字光伯，河间景城(今河北献县东北)人。敏捷好学，博识强记。入隋，参修国史及天文律历。直门下省而无官，县追其赋役，乃向吏部自言学问精深，得为殿内将军。牛弘奏请购遗书，炫造《连山易》《鲁史记》等送官，取赏而去，事发，除名。后文帝令其事蜀王秀，久不应，秀令人枷送至益州，执杖为门卫。后复起为旅骑尉，言辽东不可攻，政令不可繁，无人采纳。炀帝初，为太学博士，炫以品卑去任。隋末，饥寒而死，年六十八，

门人谥为“宣德先生”。撰《五经正名》《论语述议》等书,行于当时。

〔译文〕

十年(甲戌、614)

春季,二月,辛未(初三),炀帝下诏命文武百官商议出兵征伐高丽之事。一连几天,没有敢说话的人。戊子(二十日),炀帝下诏再次征发全国军队,分百路并进。

三月,壬子(十四日),炀帝出行到涿郡,路途中士兵不断逃亡。癸亥(二十五日),炀帝到达临渝宫,在野外祭祀黄帝,斩杀叛逃的士兵衅鼓,但逃亡仍然不止。

甲午(二十七日),炀帝车驾到达北平。

秋季,七月,癸丑(十七日),炀帝车驾临时停留于怀远镇。当时天下已乱,所征发的士兵很多过了期限还未来,高丽国也困顿疲惫,来护儿率军到达毕奢城,高丽发兵迎战。来护儿将高丽军队打败,将要逼近平壤。高丽王高元恐惧,甲子(二十八日),派遣使者来乞求投降,并把斛斯政关在囚车里押送而来。炀帝非常高兴,派遣使者持节召来护儿返回。来护儿召集部下说:“大军三次出征,未能平定高丽,这次回去就再也不能来了,劳而无功,我感到耻辱。如今高丽确实已经疲惫不堪,以我们这么多的军队去讨伐高丽,不日可胜。我打算进兵直接包围平壤,俘获高元,战胜而归不是很好吗?”于是来护儿上表炀帝请求出征,不肯奉诏返回。长史崔君肃力争奉旨班师,来护儿不答应,说:“高丽已经支持不住了,皇帝完全相信任用我,我完全可以自行决定此事。我在朝廷之外,有事应该自己决断,我宁可俘获高元返回而受到责罚,但放弃这次成功的机会,我办不到!”崔君肃告诉大家:“要是跟从元帅违抗皇帝的诏命,必定被人上奏皇帝,我们都得获罪。”诸将恐惧,都要求返回。来护儿才接受诏命班师。

八月,己巳(初四),炀帝从怀远镇班师回朝。邯郸贼帅杨公卿率领部众八千人抢劫车驾后面的第八队,抢走飞黄上厩的马四十二匹而去。冬季,十月,丁卯(初三),炀帝到达东都;己丑(二十五日),炀帝返回西京。他以高丽的使者及斛斯政祭告太庙;仍然征召高丽王高元入朝觐见,高元竟然不来。于是炀帝下令将帅准备行装,打算再次大举进攻,但最后未能成行。

当初,开皇末年,国家殷实强盛,朝野上下都认为可以征伐高丽,唯独刘炫认为不可。他写了《抚夷论》来批评征高丽的论调,到这时,他的话应验了。

十一月,丙申(初二),炀帝将斛斯政在金光门外处死,按照处死杨积善的办法,仍把他的肉煮了,让百官吃,奸佞之人有的甚至吃了个饱,之后,将斛斯政的骨骸收在一起,焚化后扬掉。

# 唐纪

## 牛李党争

〔题解〕

此篇选自《唐纪》五十七、五十九、六十、六十一。牛李党争起源于元和三年(808)的科举考试。当时应试的牛僧孺、李宗闵、皇甫湜通过策对,痛斥时弊,语言激烈,被考官赏识而录取。但当时李德裕之父李吉甫为相,认为牛等矛头均有所指,于己不利,乃哭诉于宪宗。考官遂遭贬逐,牛僧孺等亦长久不得升迁。由此,牛、李结仇,各网罗朋党,相互排斥攻击。文宗时期,牛李党争发展到高潮。太和三年(829),李德裕被召入朝,为兵部侍郎,裴度荐其为相。但李宗闵通过宦官的支持,取得宰相的地位,排斥李德裕出朝任义成节度使,并援引牛僧孺再度为相。太和四年(830),调李德裕赴更远的西川就任节度使。太和六年(832),文宗罢免宰相牛僧孺,召还李德裕。次年李德裕为相,罢免宰相李宗闵。李德裕上台以后,亦大量援用朋党,打击牛党,牛僧孺被贬为循州长史。李宗闵被罢斥,出任封州刺史,又贬为郴州司马,武宗会昌年间死于贬地郴州。宣宗年间,牛党得势,牛僧孺还朝,但不久病死。李德裕遭牛党打击,四次贬官,最后贬崖州司户而死，牛李党争乃止，两派斗争了将近四十年。牛党重科举，轻门第，对藩镇主张姑息迁就，依附于宦官。李党则重门第，轻科举，力主削弱藩镇。

翰林学士李德裕①，吉甫之子也②，以中书舍人李宗闵尝对策讥切其父③，恨之。宗闵又与翰林学士元稹争进取有隙④。右补阙杨汝士与礼部侍郎钱徽掌贡举⑤，西川节度使段文昌、翰林学士李绅各以书属所善进士于徽⑥。及榜出，文昌、绅所属皆不预，及第者，郑朗⑦，覃之弟⑧；裴撰，度之子⑨；苏巢，宗闵之婿；杨殷士，汝士之弟也。

〔注释〕

①李德裕：唐赵郡赞皇（今河北赞皇）人，字文饶，李栖筠孙，李吉甫子。幼有壮志，苦心力学，不喜科试。既冠，卓荦有大节。穆宗即位，召入翰林充学士，禁中书诏，大手笔多诏德裕草之，寻转考功郎中、知制诰、中书舍人。敬宗时出为浙西观察使。文宗即位，加检校礼部尚书，召为兵部侍郎。武宗时由淮南节度使入相，弭藩镇之祸，决策制胜，威权独重。德裕为李党首领，牛僧孺、李宗闵为首之牛党深衔之。宣宗立，为牛党所构，贬崖州司户卒。追赠尚书左仆射、太子少保、卫国公。好著书为文，虽位极台辅，读书不辍，有《次柳氏旧闻》《会昌一品集》。

②吉甫：李吉甫，唐赵郡赞皇人，字弘宪，李栖筠子。少好学，能属文，为太常博士，尤精国朝故实，宰臣李泌、窦参推重其才。宪宗立，召为翰林学士，转中书舍人，累官至平章事、集贤殿大学士、监修国史，封赵国公。吉甫连蹇外迁十余年，详闾里疾苦，患方镇贪恣，乃从容为帝言，使属郡刺史得自为政。德宗姑息藩镇，有终身不易地者，吉甫为相岁余，易三十六镇。暴病卒，赠司空。所论著述甚多，有《六代略》《元和郡县图志》《国计簿》《百司举要》等，皆行于世。

③李宗闵：字损之，宗室，贞元进士。元和四年（809）应制科，在对策中指斥时政，为宰相李吉甫所恶，数年不调。吉甫死，入朝。穆宗即位，授中书舍人，因子婿进士及第，遭李德裕等攻讦，遂结朋党，两相倾轧。太和三年（829）拜相，旋引牛僧孺同知政事，二人唱和，尽逐德裕之党。七年（833），德裕做相，他被罢免，出任山西道节度使。会昌初，又被德裕贬为郴州司马，不久卒。

④元稹：字微之，河南（今河南洛阳）人。元和初，对策举制科获第一，除右拾遗。不久受人排挤，贬江陵府士曹参军近十年。后转而依附宦官，长庆时借崔潭峻之力，拜祠部郎中、知制诰、同平章事。罢相后，出任武昌军节度使，暴病卒。稹与白居易相知，二人齐名，世称"元白"，诗谓"元和体"。著有《元氏长庆集》百卷、《类集》三百卷。

⑤杨汝士：字慕巢，虢州弘农（今河南灵宝）人，虞卿从兄。元和进士，终官吏部尚书。坐弟殷士事，贬开江令。李宗闵、牛僧孺辅政，拜中书舍人。开成元年（836），转兵部侍郎、剑南东川节度使。钱徽：字蔚章，吴兴（今浙江湖州）人。贞元进士，元和初入朝。长庆元年（821），典选进士舞弊，为段文昌等弹劾，由礼部侍郎贬江州刺史。后迁华州刺史、尚书左丞。

⑥段文昌：字墨卿，西河（今山西汾阳）人。元和时由李吉甫推举入朝。穆宗即位，拜中书侍郎、同平章事。旋出任西川、淮南节度使，入为兵部尚书、御史大夫。有集三十卷。李绅：字公垂，润州无锡（今属江苏）人。擅长歌诗。元和进士，召为翰林学士，与李德裕、元稹同在禁署，时称"三俊"。长庆二年（822），超拜中书舍人，受李逢吉排挤，贬端州司马。会昌初，入为兵部侍郎、同平章事。四年后，出任淮南节度使。

⑦郑朗：字有融，覃弟。长庆进士，历义武、宣武军二镇节度使、工部礼部尚书。拜相不久，旋以疾辞位，进加检校右仆射、守太子少师。

⑧覃：郑覃，唐郑州荥泽（今河南郑州）人，郑珣瑜子。少以父荫补弘文校书郎。经术精深，议论持正，文宗召为翰林侍讲学士，累官至同中书门下平章事、门下侍郎、弘文馆大学士，以名儒领祭酒。时太学刻石经，与周墀等校定九经文字，迁太子太师，以病乞罢相。武宗初授司空，致仕卒。

⑨度：裴度，字中立，河东闻喜（今属山西）人。贞元五年（789）进士。

由监察御史累迁门下侍郎、同平章事。宰相武元衡遇刺后，他力主削除藩镇。元和十年(815)，自请率兵攻陷蔡州，擒获吴元济，封晋国公，复知政事。因功高持正、直言不讳，累为朝臣排挤。太和八年(834)，徙东都留守。时宦官擅权，度已年衰，不以进退为意，常与白居易等名士酣饮游乐。

〔译文〕

翰林学士李德裕是李吉甫的儿子，因为中书舍人李宗闵曾经在对策中讽刺他的父亲，很恨他。李宗闵又与翰林学士元稹争官产生矛盾。右补阙杨汝士和礼部侍郎钱徽二人曾经主持进士考试，西川节度使段文昌、翰林学士李绅分别给钱徽写信，推荐自己所亲近的考生。等到放榜后，文昌和李绅所推荐的考生都落选了，中榜的人，郑朗是郑覃的弟弟；裴撰是裴度的儿子；苏巢是李宗闵的女婿；杨殷士是杨汝士的弟弟。

文昌言于上曰："今岁礼部殊不公，所取进士皆子弟无艺，以关节得之[①]。"上以问诸学士，德裕、稹、绅皆曰："诚如文昌言。"上乃命中书舍人王起等覆试[②]。夏，四月，丁丑，诏黜朗等十人，贬徽江州刺史、宗闵剑州刺史、汝士开江令。

或劝徽奏文昌、绅属书，上必悟。徽曰："苟无愧心，得丧一致，奈何奏人私书？岂士君子所为邪？"取而焚之，时人多之。绅，敬玄之曾孙[③]；起，播之弟也[④]。自是德裕、宗闵各分朋党[⑤]，更相倾轧，垂四十年。

〔注释〕

①关节：指暗中行贿勾结官吏的事。

②王起：字举之，播弟。贞元进士，历任中书舍人、河南尹、户部尚书、山南西道节度使等职。曾于长庆、会昌年间四典选举，所擢皆当时辞艺之士，人皆赏其精鉴徇公。有文集一百二十卷。

③敬玄：李敬玄，唐亳州谯（今安徽亳州）人。博览群书，尤善于礼。太宗贞观末，入崇贤馆，兼预侍读。高宗乾封初，历迁西台舍人、弘文馆学士。咸亨初，转中书侍郎，又改吏部，监修国史，上元初，进吏部尚书。高宗时，率兵御吐蕃，闻贼至，狼狈却走。后称疾乞还，高宗责其诈妄，贬授衡州刺史，后迁扬州大都督府长史，卒赠兖州都督。有《礼论》《正论》及文集。

④播：王播，唐太原人，居扬州，字明敭。进士及第，又登贤良方正制科。曾屡兼盐铁转运使。任淮南节度使，不顾连年旱灾，大肆搜刮，又于盐铁之内，巧征赋敛，每月进奉皇帝，名为"羡余"。太和初入觐，献银碗三千余只、绫绢二十万匹，以此拜尚书左仆射、同平章事。

⑤朋党：指同类的人以恶相济而结成的集团，后指因政见不同而形成的相互倾轧的宗派。

〔译文〕

段文昌进言唐穆宗说："今年，礼部考试很不公正，所录取的进士都是朝廷公卿大臣的子弟，没有才能，靠行贿和托人情才考中的。"穆宗询问诸位翰林学士，李德裕、元稹、李绅都说："确实像文昌说的那样。"于是，穆宗命中书舍人王起等人重新进行考试。夏季，四月，丁丑（十一日），下诏免去郑朗等十个进士，贬钱徽为江州刺史、李宗闵为剑州刺史、杨汝士为开江令。

有人劝钱徽将段文昌、李绅为自己亲友请托的信上报给皇帝，皇上必定会明白是非曲直。钱徽说："如果我问心无愧，无论是升官还是贬官，都无所谓，为什么要去揭发人家的私人信件？这难道是士大夫和君子所应当干的事吗？"拿出信就烧掉了，当时的人都称赞他有君子风度。李绅是李敬玄的曾孙；王起是王播的弟弟。从此以后，李德裕和李宗闵二人各分为朋党，相互排挤打击，将近四十年。

户部侍郎牛僧孺[①]，素为上所厚。初，韩弘之子、右骁卫将军公武为其父谋[②]，以财结中外。及公武卒，弘继薨[③]，稚孙绍宗嗣，主藏奴与吏讼于御史府。上怜之，尽取弘财簿自阅视，凡中外主权[④]，多纳弘货，独朱句细字曰："某年月日，送户部牛侍郎钱千万，不纳。"上大喜，以示左右曰："果然，吾不缪知人[⑤]！"三月，壬戌，以僧孺为中书侍郎、同平章事。

时僧孺与李德裕皆有入相之望；德裕出为浙西观察使，八年不迁，以为李逢吉排己，引僧孺为相。由是牛、李之怨愈深。

〔注释〕

①牛僧孺：唐安定鹑觚（今甘肃灵台）人，字思黯。德宗贞元进士。宪宗元和三年（808），因对策条指失政，为李吉甫所斥，久不得叙用。至穆宗时，累官户部侍郎、同平章事。敬宗时，官武昌军节度使。文宗太和四年（830）还朝，拜兵部尚书、同平章事。与李宗闵相结，排斥李德裕等，史称"牛李党争"。后出为淮南、山南东道节度使。武宗即位，李德裕为相，僧孺被贬居散地。宣宗立，还为太子少师。卒谥文简。有《玄怪录》。

②韩弘：唐颍川人，世居滑州匡城（今属河南）。举明经不中，学骑射。初事其舅刘玄佐为州掾，迁宋州南城将，后为宣武节度副大使知节度事。宪宗元和时，用兵淮西，拜诸军行营都统，阴为逗挠计，每诸将告捷，辄累日不怡。吴元济平，加兼侍中。及李师道诛，弘大惧，请入朝，拜司徒、中

书令。帝卒，弘摄冢宰。俄出为河中节度使，以疾请还，卒谥隐。公武：韩公武，字从偃，韩弘子。初为卫尉簿，累除宣武行营兵马使。宪宗元和时，随父征讨淮西，以功历迁鄜、坊等州节度使。其父入朝，授公武右金吾将军。后固辞，改右骁卫大将军。无疾暴卒，谥恭。

③薨(hōng)：古代称诸侯或有爵位的大官死去。

④中外：朝廷内外，中央和地方。主权：有职权的官吏。

⑤缪(miù)：错误。

〔译文〕

户部侍郎牛僧孺一向被唐穆宗所器重。当初，宣武节度使韩弘的儿子、右骁卫将军韩公武为其父亲谋划，向朝廷内外许多当权的官员行贿。等到韩公武去世，韩弘接着也去世了，韩弘的小孙子韩绍宗继承家业，主管储藏的家奴和宣武的官吏向御史台起诉韩公武行贿的问题。穆宗怜悯韩绍宗，于是，把韩弘家里的财产登记本全部调来，亲自审阅，发现朝廷内外凡当权的官员，大多接受过韩弘的贿赂，登记本上只有一处用红笔小字记载着："某年某月某日，送户部牛侍郎钱一千万，拒而不收。"穆宗看后大喜，拿来给左右侍从看，并说："果然不出我的所料，我没有看错人！"三月，壬戌(初七)，任命牛僧孺为中书侍郎、同平章事。

这时，牛僧孺和李德裕都有升迁宰相的希望，但李德裕被任命为浙西道观察使，以后八年没有升迁，他认为是宰相李逢吉为了排斥自己，而引荐牛僧孺为宰相。从此以后，牛僧孺和李德裕二人之间的怨恨越来越深。

李逢吉为相，内结知枢密王守澄①，势倾朝野。惟翰林学士李绅每承顾问，常排抑之，拟状至内庭，绅多所臧否；逢吉患之，而上待遇方厚，不能远也。会御史中丞缺，逢吉荐绅清直，宜居风宪之地[②]。上以中丞亦次对官，不疑而可之。会绅与京兆尹、御史大夫韩愈争台参及他职事[③]，文移往来，辞语不逊。逢吉奏二人不协，冬，十月，丙戌，以愈为兵部侍郎，绅为江西观察使。

〔注释〕

①王守澄：唐宦官，与内常侍陈弘志弑宪宗，以暴崩告天下，册立穆宗。长庆中，知枢密事。文宗即位，进拜骠骑大将军，充右军中尉。后文宗谋除宦官，李训胁守澄以军容使就第，赐死。

②风宪：古代御史掌纠弹百官、正吏治之职，故以"风宪"称御史。后泛指监察、法纪部门。

③韩愈：唐河南河阳（今河南孟州）人，字退之，郡望昌黎，世称韩昌黎，韩介弟。德宗贞元八年（792）进士。幼孤，由嫂抚养。及长，尽通《六经》、百家学。工诗文，自成一家。经其指授，皆称韩门弟子。董晋镇宣武，辟为巡官。汴军乱，依张建封，鲠言无所忌。调四门博士，迁监察御史，上疏极论宫市，德宗怒，贬阳山令。宪宗元和中，历迁国子博士、中书舍人、刑部侍郎。帝遣使迎佛骨入禁，愈上表极谏，贬潮州刺史，改袁州。召拜国子祭酒，转兵部侍郎，后以吏部侍郎为京兆尹。卒谥文，世又称韩文公。有《昌黎先生集》。

〔译文〕

李逢吉担任宰相，在宫中结交知枢密王守澄，因而势倾朝野。只有翰林学士李绅在每次参与穆宗的咨询时，经常对他加以遏制，李逢吉推荐官员的拟状上奏内庭后，李绅多有批评；李逢吉十分忧虑，但因穆宗正信任李绅，无法使穆宗疏远他。这时，正好御史中丞缺职，李逢吉推荐李绅清廉正直，适合担任监察工作的职务。穆宗考虑到御史中丞也是次对官，因而未加怀疑就同意了。适逢李绅与京兆尹、御史大夫韩愈因台参及其他任职事争议不休，二人奏章往来，词语多有不逊。于是，李逢吉上奏二人关系不合，冬季，十月，丙戌（初五），穆宗罢免二人的监察职务，任命韩愈为兵部侍郎、李绅为江西道观察使。

初，穆宗既留李绅，李逢吉愈忌之。绅族子虞颇以文学知名①，自言不乐仕进，隐居华阳川。及从父耆为左拾遗，虞与耆书求荐，误达于绅；绅以书诮之②，且以语于众人。虞深怨之，乃诣逢吉，悉以绅平日密论逢吉之语告之。逢吉益怒，使虞与补阙张又新及从子前河阳掌书记仲言等伺求绅短③，扬之于士大夫间；且言"绅潜察士大夫有群居议论者，辄指为朋党，白之于上。"由是士大夫多忌之。

〔注释〕

①虞：李虞，唐亳州谯（今安徽亳州）人。初隐居虢州华阳山，穆宗长庆中，怨族叔李绅，遂依附宰相李逢吉，擢为拾遗。与张又新等皆党附逢吉，时称"八关十六子"。敬宗宝历元年（825），贬河南士曹参军。文宗太和五年（831），任左补阙。开成元年（836），出为岳州刺史。

②诮（qiào）：责备。

③张又新：唐深州陆泽（今河北深州西旧州村）人，字孔昭，张荐之子。宪宗元和中举进士，状元及第，后应宏辞科第一，又为京兆解头，时号为"张三头"。历左右补阙。谄事宰相李逢吉，为之鹰犬，与李续之等有"八关十六子"之称。坐事贬汀州刺史，官终左司郎中。工诗。嗜茶，有《煎茶水记》。仲言：李训，初名仲言，陇西成纪（今甘肃秦安）人，进士。坐事流

放岭南,遇赦归,得郑注、王守澄引荐,擢翰林侍讲学士。太和九年(835)拜相,处死襄阳监军陈弘志、观军容使王守澄等宦官,继又在左金吾大厅设伏兵,诈称后院石榴树上有甘露,诱宦官往观,谋加诛杀,事败,逃往凤翔,途中被杀。

〔译文〕

当初,唐穆宗把李绅留在朝廷任职后,宰相李逢吉更加忌恨他。李绅的族子李虞由于文章博学而有声名,他自称不愿做官,因而隐居在华阳川。等到他的叔父李耆任左拾遗后,李虞写信给李耆,请求向朝廷推荐,不料这封信误送到李绅手中;李绅便写信讥讽他,并把这件事在大庭广众下张扬。李虞非常气愤,于是,求见李逢吉,把李绅平时暗地里议论李逢吉的话全都告诉了他。李逢吉更加憎恨李绅,于是,让李虞和补阙张又新,以及侄子、前河阳掌书记李仲言等人探察李绅的过失,在士大夫中间张扬,并说:"李绅暗地里窥察士大夫,凡有人在一起议论,便指斥为朋党,向皇上告状。"由此士大夫也大多忌恨李绅。

及敬宗即位[①],逢吉与其党快绅失势,又恐上复用之,日夜谋议,思所以害绅者。楚州刺史苏遇谓逢吉之党曰:"主上初听政,必开延英,有次对官,惟此可防。"其党以为然,亟白逢吉曰:"事迫矣,若俟听政,悔不可追!"逢吉乃令王守澄言于上曰:"陛下所以为储贰,臣备知之,皆逢吉之力也。如杜元颖、李绅辈[②],皆欲立深王[③]。"度支员外郎李续之等继上章言之[④]。上时年十六,疑未信。会逢吉亦有奏,言"绅不利于上,请加贬谪"。上犹再三覆问,然后从之。二月,癸未,贬绅为端州司马。逢吉仍帅百官表贺，既退，百官复诣中书贺，逢吉方与张又新语，门者弗内；良久，又新挥汗而出，旅揖百官曰[5]："端溪之事，又新不敢多让。"众骇愕辟易[6]，惮之。右拾遗内供奉吴思独不贺[7]，逢吉怒，以思为吐蕃告哀使。丙戌，贬翰林学士庞严为信州刺史[8]、蒋防为汀州刺史[9]。严，寿州人，与防皆绅所引也。给事中于敖[10]，素与严善，封还敕书；人为之惧，曰："于给事为庞、蒋直冤，犯宰相怒，诚所难也！"及奏下，乃言贬之太轻。逢吉由是奖之。

〔注释〕

①敬宗：李湛，唐朝皇帝，穆宗长子。穆宗长庆二年(822)，立为太子。即位后，亲近群小，怠于政事，数游宴失德，后为宦官刘克明等所杀。在位二年，谥睿武昭愍孝皇帝。

②杜元颖：唐京兆杜陵(今陕西西安)人，杜如晦五世孙。德宗贞元十六年(800)进士，历迁左拾遗、翰林学士。敏文辞，宪宗称之。穆宗立，累擢中书舍人、户部侍郎、同中书门下平章事。长庆三年(823)，带平章事出任剑南西川节度使，敛取苛重，戎备不修。文宗太和三年(829)，南诏乘虚袭戎、巂等州，陷成都，元颖计迫，将挺身走，会救至乃止。贬循州司马，卒。

③深王：李察，宪宗子，本名察，后改名悰。贞元封王，元和时改封深王。

④李续之：唐人。穆宗长庆中，官拾遗，与张又新等七人深得宰相李逢吉眷待，指为鹰犬，人皆辟易惮之，时号"八关十六子"。敬宗时，屡迁度支、吏部员外郎、金部郎中。宝历二年(826)，逢吉出镇襄阳，以为行军司马。贬涪州刺史。文宗太和末，李训用事，召为尚书郎。训败，复贬而卒。

⑤旅揖：众人一起作揖。

⑥辟易：退避，避开。

⑦吴思：唐人。宪宗元和末为太常寺协律郎。穆宗长庆元年(821)，应军谋宏远材任将帅科及第，拜右拾遗。四年(824)，因得罪宰相李逢吉，迁殿中侍御史，充入蕃告哀使。历官祠部员外郎、左司郎中。

⑧庞严：唐寿州寿春(今安徽寿县)人，字子肃。穆宗长庆元年(821)，举贤良方正，策第一，拜左拾遗。辞章峭丽。文宗太和五年(831)，权京兆尹，强悍不阿。因醉卒于官。

⑨蒋防：唐义兴(今江苏宜兴)人，字子徵，一作子微。年十八，父诫令作《秋河赋》，授笔即成。李绅与元稹共荐之，自右补阙充翰林学士，加司封员外郎，知制诰。后坐事，出为汀州刺史，改连州。作有传奇《霍小玉传》。

⑩于敖：唐京兆高陵(今陕西西安高陵)人，字蹈中，于休烈孙。登进士第，历迁秘书省校书郎、监察御史、给事中、左拾遗，居官无所建明，不忤物以自容。为李逢吉所厚，累擢户部侍郎，出为宣歙观察使，卒。

〔译文〕

敬宗即位后，李逢吉和他的党羽快意于李绅失势，但又害怕敬宗重新任用他，因而日夜谋划，思考能够伤害李绅的办法。楚州刺史苏遇对李逢吉的党羽说："皇上初次上朝听政，肯定要开延英殿访询百官，李绅是次对官，在这时应防备李绅重新被皇上重用。"李逢吉的党羽认为言之有理，急忙转告李逢吉说："事情紧迫，如果等到皇上驾临延英殿听政，就悔不可及了！"于是，李逢吉让知枢密王守澄对敬宗说："陛下所以能被立为皇太子，我全都知道，主要是李逢吉的功劳。像杜元颖、李绅这些人，都是要立深王李察的。"度支员外郎李续之等人接着上奏，也这样说。敬宗这时十六岁，怀疑此事并未相信。这时，李逢吉也上奏说"李绅不忠于陛下，请予以贬谪"。敬宗仍再三询问是否属实，然后听从了李逢吉的意见。二月，癸未(初三)，贬李绅为端州司马。于是，李逢吉率领百官上表称贺。退朝后，百官又到中书省称贺。这时，李逢吉正和张又新在中书省交谈，守门人不让百官进去，百官等待很久，只见张又新挥汗而出，向百官作揖说："李绅贬官端州一事，我不能再退让了。"百官都惊愕退下，惧怕张又新。百官称贺时，只有右拾遗内供奉吴思不做祝贺的表示，李逢吉发怒，任命他为吐蕃告哀使。丙戌(初六)，贬翰林学士庞严为信州刺史、蒋防为汀州刺史。庞严是寿州人，他和蒋防都是由李绅推荐到翰林院任职的。给事中于敖向来和庞严关系密切，他把贬谪二人的敕书封还朝廷；百官都以为他要为二人辩解，因而替他担忧说："于给事敢于为庞、蒋二人辩冤，触犯宰相，真是不容易啊！"后来，于敖上奏辩驳时，反而说对二人贬得太轻。李逢吉由此而夸奖他。

张又新等犹忌绅，日上书言贬绅太轻，上许为杀之。朝臣莫敢言，独翰林侍读学士韦处厚上疏[①]，指述"绅为逢吉之党所谗，人情叹骇。绅蒙先朝奖用，借使有罪，犹宜容假，以成三年无改之孝，况无罪乎！"于是上稍开寤[②]。会阅禁中文书，有穆宗所封文书一箧，发之，得裴度、杜元颖、李绅疏请立上为太子，上乃嗟叹，悉焚人所上谮绅书[③]，虽未即召还，后有言者，不复听矣。

〔**注释**〕

①韦处厚：唐京兆万年(今陕西西安)人，字德载，本名淳，避宪宗讳改。通《五经》，博览史籍，文思赡远。宪宗元和元年(806)进士，初为秘书郎，迁右拾遗，并兼史职，参与修《德宗实录》，时称信史。穆宗以其学有师

法，召入翰林，为中书舍人。时判度支张平叔欲官自粜盐，处厚条件驳奏，其事遂寝。敬宗立，拜兵部侍郎。文宗即位，以中书侍郎、同中书门下平章事，监修国史，封灵昌郡公。在相位，务在济时，以理财制用为本，撰《太和国计》。性嗜文学，聚书逾万卷，多手自刊校。奉诏修《元和实录》，其统例取舍，皆处厚创起。暴疾，一夕而卒，人共惜之。

②开寤：觉醒，醒悟。

③谮（zèn）：说别人的坏话，诬陷，中伤。

〔译文〕

张又新等人仍然忌恨李绅，每天上书朝廷说，李绅贬得太轻，敬宗许诺杀掉李绅。朝臣都不敢再言，只有翰林侍读学士韦处厚上奏，指出"李绅被李逢吉的党羽进谗言诬陷贬谪，人们都感到震惊，无不叹息。李绅是由穆宗提拔任用的大臣，即使他有罪，也应当本着对父亲尽三年孝道的精神，对他予以宽容，何况他根本无罪"！于是，敬宗渐渐觉悟。这时，恰巧敬宗阅览宫中的文书，发现有一小箱穆宗亲手封存的文书，打开后，看到其中一件是裴度、杜元颖、李绅上疏请立自己为皇太子的奏章，这才嗟叹不已，把朝臣离间李绅的上书全都烧掉，虽然敬宗尚未立即把李绅从端州召回朝廷，但以后有人上奏离间，不再相信了。

乙未，以布衣姜洽为补阙，试大理评事陆洿、布衣李虞、刘坚为拾遗[①]。时李逢吉用事，所亲厚者张又新、李仲言、李续之、李虞、刘栖楚、姜洽及拾遗张权舆、程昔范[②]，又有从而附丽之者[③]。时人恶逢吉者，目之为八关、十六子。

〔注释〕

①陆洿(wū):唐苏州吴(今江苏苏州吴中)人。穆宗长庆四年(824),自试大理评事授左拾遗,迁右补阙。文宗太和初,弃官东归。开成三年(838),上疏论兵,入为祠部员外郎、司勋郎中。后被指责于朝政无所建言,弃官归吴中。

②刘栖楚:唐人。出身寒微。初为镇州小史,王承宗荐于李逢吉,擢右拾遗。敬宗立,迁起居郎,辞疾归洛。未几授刑部侍郎,寻改京兆尹,严刑罚,不避权豪。韦处厚恶之,出为桂州观察使。有集。

③附丽:附着,依附。

〔译文〕

乙未(十六日),敬宗任命平民姜洽为补阙,试大理评事陆洿、平民李虞、刘坚为拾遗。这时,宰相李逢吉专制朝政,他所亲信重用的人有张又新、李仲言、李续之、李虞、刘栖楚、姜洽以及拾遗张权舆、程昔范,还有一些跟随并依附他们的士人。当时憎恨李逢吉的人,把他们称为八关、十六子。

中书侍郎、同平章事牛僧孺以上荒淫,嬖幸用事①,又畏罪不敢言,但累表求出。乙卯,升鄂岳为武昌军②,以僧孺同平章事、充武昌节度使。

〔注释〕

①嬖(bì)幸:被宠爱的人,指姬妾、倡优、侍臣等。

②鄂岳:唐方镇名,乾元二年(759)置鄂、岳、沔三州都团练守捉使,大历八年(773)以后为鄂岳观察使。永贞、元和间,宝历、太和间,大中初期,文德、天祐间曾为武昌军节度使,治鄂州(治今湖北武汉市武昌),辖境时

有改变,较长期领有鄂、岳、蕲、黄、安、申等州,相当今湖北广水、应城、汉川、赤壁等市以东,河南淮河以南,湖南洞庭湖、汨罗江以北地。

〔译文〕

中书侍郎、同平章事牛僧孺认为唐敬宗荒淫奢侈,身边的亲信小人掌权,但又怕被敬宗怪罪而不敢直言劝阻,因而多次上奏请求出任外地官职。乙卯(十一日),敬宗下令升鄂岳观察使为武昌军节度使,加封牛僧孺同平章事的职务,充任武昌节度使。

初,陈留人武昭罢石州刺史①,为袁王府长史②,郁郁怨执政。李逢吉与李程不相悦③,水部郎中李仍叔④,程之族人,激怒之云:"程欲与昭官,为逢吉所沮。"昭因酒酣,对左金吾兵曹茅汇言欲刺逢吉,为人所告。九月,庚辰,诏三司鞫之⑤。前河阳掌书记李仲言谓汇曰:"君言李程与昭谋则生,不然必死。"汇曰:"冤死甘心!诬人自全,汇不为也!"狱成,冬,十月,甲子,武昭杖死,李仍叔贬道州司马,李仲言流象州,茅汇流崖州。

〔注释〕

①武昭:唐陈留(今河南开封)人。裴度讨蔡州,遣昭说吴元济,辞不挠。师还,从镇太原,拜石州刺史。及度被斥,昭亦罢归。与李涉等客居长安,遂生怨望。与宰相李逢吉有隙,为逢吉构陷冤死。

②袁王:顺宗子李绅,贞元时封袁王。

③李程:唐陇西(今甘肃秦安)人,字表臣。德宗贞元十二年(796)进士,又登宏辞科。调蓝田尉,县有滞狱十年,程单言辄判,历迁监察御史、翰林学士。学士入署,常视日影为候,程性懒,日过八砖乃至,时号八砖学

士。敬宗初,以吏部侍郎同平章事。帝好宫室畋猎,程切谏,加中书侍郎。寻出为河东节度使,徙河中,累拜左仆射。武宗立,为东都留守。卒年七十七,谥缪。

④李仍叔:字周美,初名章甫,唐宗室后裔。宪宗元和五年(810)进士。十三年(818),为陈许判官。敬宗宝历中,屡官至水部郎中。坐武昭案,贬道州司马。文宗太和中,为仓部郎中。太和八年(834),自宗正卿出为湖南观察使。入为太子宾客,分司东都。武宗会昌中,复为宗正卿。

⑤鞫(jū):审问犯人。

〔译文〕

当初,陈留人武昭被罢免石州刺史后,任袁王府长史,武昭郁郁不得志,怨恨朝廷当权者。宰相李逢吉与李程关系不合,水部郎中李仍叔是李程的族人,故意激怒武昭说:"李程本来建议朝廷授予您官职,但被李逢吉阻挡而未果。"武昭有一次喝酒正在兴头时,对左金吾兵曹茅汇说自己要刺杀李逢吉。后来,这件事被人告发。九月,庚辰(初十),敬宗下诏,命御史台、刑部、大理寺三司会同审判此案。前河阳掌书记李仲言对茅汇说:"如果你说武昭刺杀李逢吉是与李程同谋,则可以保全性命,否则一定会死。"茅汇说:"我宁愿被冤枉而死!但要我诬告别人来保全自己,我是绝对不做这种事的!"三司审判结束,冬季,十月,甲子(二十五日),武昭被判处杖责死刑,李仍叔被贬为道州司马,李仲言流放到象州,茅汇流放到崖州。

言事者多称裴度贤,不宜弃之藩镇,上数遣使至兴元劳问度[①],密示以还期;度因求入朝,逢吉之党大惧。

春,正月,壬辰,裴度自兴元入朝,李逢吉之党百计毁之。先是民间谣云:“绯衣小儿坦其腹,天上有口被驱逐[②]。”又,长安城中有横亘六冈,如乾象,度宅偶居第五冈。张权舆上言:“度名应图谶[③],宅占冈原,不召而来,其旨可见。”上虽年少,悉察其诬谤,待度益厚。

度初至京师,朝士填门,度留客饮。京兆尹刘栖楚附度耳语,侍御史崔咸举觞罚度曰[④]:“丞相不应许所由官呫嗫耳语[⑤]。”度笑而饮之,栖楚不自安,趋出。

〔注释〕

①兴元:唐兴元元年(784)升梁州置,治南郑县(今陕西汉中市东),辖境约相当今陕西城固以西的汉水流域。唐为山南西道治所,宋为利州路、利州东路治所,南宋嘉定二年(1209)与南郑县同移治今汉中市,元升为兴元路。

②绯衣小儿坦其腹,天上有口被驱逐:绯衣,合起来是一个“裴”字;天上有口,合起来是一个“吴”字,意思是说裴度当年指挥官军擒获淮西的叛将吴元济,他的才能应当得到朝廷重用。

③图谶(chèn):古代方士或儒生编造的关于帝王受命征验一类的书,多为隐语、预言。始于秦,盛于东汉。

④崔咸:唐博州博平(今山东聊城)人,字重易。宪宗元和进士,又中宏辞,入朝为侍御史,处正特立。累迁陕虢观察使,日与宾僚痛饮未尝醒,夜分辄决事,裁判无误。入拜散骑常侍、秘书监。长于诗文,尤工诗歌。

⑤呫嗫(chèniè):形容低语。

〔译文〕

上书言事者大多称颂裴度德才兼备,不应摒弃在藩镇,于是唐敬宗多次派人到山南西道的治所兴元去慰问裴度,向他秘密地转告即将召回朝廷重用的日期;裴度上奏朝廷,请求入朝,李逢吉和他的党羽大为恐惧。

春季，正月，壬辰（二十四日），裴度从兴元抵达长安，李逢吉和他的党羽千方百计地诋毁裴度。此前，民间已有民谣说："绯衣小儿坦其腹，天上有口被驱逐。"另外，长安城中从南到北，有东西方向的六个高坡，像《易经》中《乾》卦卦象六画的样子，裴度的住宅正好在第五个高坡上。张权舆上言说："裴度的名字应验图谶，住宅选择在第五个高坡上；现在，不待朝廷召见，竟然擅自来到京城，他的目的可以想见。"敬宗虽然还年轻，但也洞察张权舆的诬陷和诽谤，对裴度更加亲近信任。

裴度刚到京城时，百官纷纷登门拜访，裴度留请诸客饮宴。京兆尹刘栖楚附在裴度的耳旁小声说话，侍御史崔咸举杯要罚裴度，说："作为宰相，不应当允许京兆尹在耳旁低声说悄悄话。"裴度笑着饮了一杯酒，刘栖楚觉得很不自在，急忙出去了。

裴度以高年多疾，恳辞机政①。六月，丁未，以度为司徒、平章军国重事，俟疾损②，三五日一入中书。

初，裴度征淮西，奏李宗闵为观察判官，由是渐获进用。至是，怨度荐李德裕，因其谢病。九月，壬午，以度兼侍中，充山南东道节度使。

〔注释〕

①机政：国家枢机政务。

②疾损：病情减轻。

〔译文〕

裴度以自己年老多病，恳请辞去宰相职务。六月，丁未（初五)，任命裴度为司徒、平章军国重事，等病情减轻后，可三天或五天到中书门下办公一次。

当初，裴度率军征讨淮西吴元济叛乱时，奏请李宗闵为幕府的观察判官，由此李宗闵逐渐被提拔任用。这时，李宗闵怨恨裴度向朝廷推荐李德裕，于是趁裴度因病提出辞职的机会，建议文宗批准并将裴度外放到藩镇任职。九月，壬午(十一日)，文宗任命裴度兼任侍中，充任山南东道节度使。

十一月，乙卯，以荆南节度使段文昌为西川节度使。西川监军王践言入知枢密，数为上言："缚送悉怛谋以快虏心①，绝后来降者，非计也。"上亦悔之，尤中书侍郎、同平章事牛僧孺失策。附李德裕者因言"僧孺与德裕有隙，害其功"。上益疏之。僧孺内不自安，会上御延英，谓宰相曰："天下何时当太平，卿等亦有意于此乎？"僧孺对曰："太平无象②。今四夷不至交侵，百姓不至流散，虽非至理，亦谓小康。陛下若别求太平，非臣等所及。"退，谓同列曰："主上责望如此，吾曹岂得久居此地乎？"因累表请罢。十二月，乙丑，以僧孺同平章事，充淮南节度使。

〔注释〕

①悉怛谋：唐吐蕃人。文宗太和五年(831)，任维州守将，以城降唐。剑南西川节度使李德裕受降，并遣将据其城。时牛僧孺当国，与李德裕不和，主张还悉怛谋，并归其城，帝从之，悉怛谋遂为吐蕃所杀。

②太平无象：指太平盛世并无一定标志，后讽刺统治者粉饰太平。

〔译文〕

十一月，乙卯(二十七日)，唐文宗任命荆南节度使段文昌为西川节度使。这时西川监军王践言入朝担任枢密使，多次上言说："朝廷命令西川把吐蕃降将悉怛谋捆绑送还，使吐蕃人心大快，以后无人再敢来降，这样处理实在不是好计策。"文宗也感到后悔，埋怨中书侍郎、同平章事牛僧孺失策。依附李德裕的官员于是乘机上言说"牛僧孺和李德裕有矛盾，所以，他故意阻碍李德裕立功"。于是文宗更加疏远牛僧孺。牛僧孺内心十分不安。这天，文宗亲临延英殿，对宰相说："天下什么时候能够太平，你们是否也有意向这方面努力?"牛僧孺回答说："太平没有固定的标准。现在，周边夷蛮之族不至于来侵犯，百姓不至于流离失所，虽非天下大治，也可谓小康了。陛下如果还不满足，在此之外追求什么太平，那就不是我们所能考虑到的了。"退朝后，他对同僚说："皇上对我们如此责备抱怨，我们岂能长久地待在这里?"于是，接连上表请求辞职。十二月，乙丑(初七)，文宗加封牛僧孺同平章事，充任淮南节度使。

臣光曰：君明臣忠，上令下从。俊良在位，佞邪黜远。礼修乐举，刑清政平。奸宄消伏[①]，兵革偃戢[②]。诸侯顺附，四夷怀服。家给人足，此太平之象也。于斯之时，阍寺专权[③]，胁君于内，弗能远也；藩镇阻兵，陵慢于外[④]，弗能制也；士卒杀逐主帅，拒命自立，弗能诘也；军旅岁兴，赋敛日急，骨血纵横于原野，杼轴空竭于里闾[⑤]。而僧孺谓之太平，不亦诬乎！当文宗求治之时，僧孺任居承弼[⑥]，进则偷安取容以窃位，退则欺君诬世以盗名，罪孰大焉！

〔注释〕

①宄(guǐ)：泛指坏人、歹徒。

②偃戢(yǎnjí)：停息。

③阍(hūn)寺：阍人和寺人，古代宫中掌管门禁的官，后指宦官。

④陵慢：欺凌轻慢。

⑤杼(zhù)轴：织布机上的两个部件，即用来持纬(横线)的梭子和用来承经(直线)的筘，亦代指织机，泛指女子纺织持家之劳。

⑥承弼：承命辅佐。

〔译文〕

臣司马光曰：君主圣明、臣下忠正，上司发令、下司服从。德才兼备的人被委以重任，奸邪小人被黜贬流放。国家的礼乐制度都能严格遵守执行，刑罚清明，政令平允。犯上作乱的行为都被清除干净，国家停息征战，地方诸侯无不服从朝廷诏令，周边夷族都被安抚而顺服，百姓家给人足，这就是天下太平的景象。然而，就在唐文宗和宰相讨论什么是天下太平的时候，宦官专权，在宫廷中胁迫皇上，却未能贬黜流放；藩镇叛乱，在朝廷外凌辱皇上，却未能讨伐制服；士卒驱逐杀害主帅，抗拒朝廷命令而自立为节度使，却未能严加斥责；战乱连年不断，征税天天紧急，原野中横遍男人的尸骨和鲜血，村庄里不见女人纺织的踪影。牛僧孺却认为这就是天下太平，难道不是在公然欺骗吗！当唐文宗孜孜不倦地励精图治的时候，牛僧孺身为宰相，被擢拔时苟且偷安、阿谀奉迎以便窃取宰相的职位，辞职时又欺骗皇上，诬蔑时事以便盗取名声，他的罪行实在是太大了！

丁未，以前西川节度使李德裕为兵部尚书。

初，李宗闵与德裕有隙，及德裕还自西川，上注意甚厚，朝夕且为相，宗闵百方沮之不能。京兆尹杜悰[①]，宗闵党也，尝诣宗闵，见其有忧色，曰："得非以大戎乎[②]？"宗闵曰："然。何以相救？"悰曰："悰有一策，可平宿憾，恐公不能用。"宗闵曰："何如？"曰："德裕有文学而不由科第，常用此为慊慊[③]，若使之知举，必喜矣。"宗闵默然有间，曰："更思其次。"悰曰："不则用为御史大夫。"宗闵曰："此则可矣。"悰再三与约，乃诣德裕。德裕迎揖曰："公何为访此寂寥？"悰曰："靖安相公令悰达意。"即以大夫之命告之。德裕惊喜泣下，曰："此大门官，小子何足以当之！"寄谢重沓。宗闵复与给事中杨虞卿谋之，事遂中止。虞卿，汝士之从弟也。

〔注释〕

①杜悰(cóng)：唐京兆万年(今陕西西安)人，字永裕，杜式方子。以荫三迁太子司仪郎，尚宪宗女岐阳公主，为驸马都尉。历迁京兆尹、淮南节度使，累擢左仆射兼门下侍郎、同中书门下平章事。未几，出为剑南东川节度使，徙西川。复镇淮南，再拜相。懿宗咸通中，以检校司徒为凤翔、荆南节度使，加太傅，封邠国公。悰厚自奉养，未尝荐进幽隐，时号"秃角犀"。后得疾卒。

②大戎：唐代兵部尚书的别称。

③慊慊(qiǎn)：不满足或遗憾的样子。

〔译文〕

丁未，唐文宗任命前西川节度使李德裕为兵部尚书。

当初，李宗闵和李德裕有矛盾，这时李德裕从西川调来朝廷任职，文宗对他寄予很大希望，早晚就要任命他为宰相，李宗闵千方百计阻止而未果。京兆尹杜悰是李宗闵的党羽，一次，拜见李宗闵，发现他面有忧色，就问："是不是忧虑兵部尚书李德裕即将被拜为宰相？"李宗闵说："是。但又有什么办法能够阻止他呢？"杜悰说："我有一计，可以消除您以往对他的仇恨，只是恐怕您不能采纳。"李宗闵说："什么计策？"杜悰说："德裕擅长文学，但没有经过科举考试而获得进士的出身，常常为此而感到不快，如果能让他掌管科举考试，肯定会喜出望外。"李宗闵沉默了一会儿，说："再考虑其他办法。"杜悰说："不行的话就任命他为御史大夫。"李宗闵说："这条计策可以。"于是，杜悰再三和李宗闵约定，不得泄露消息，然后，去见李德裕。李德裕作揖欢迎杜悰，说："您为什么事情来到我这个被人遗忘的地方？"杜悰说："靖安相公李宗闵让我来转达他关于安排您职位的意向。"随即把将要任命李德裕为御史大夫的意向透露给李德裕。李德裕听后惊喜不已，不由得流下泪来，说："御史大夫是朝廷举行大礼时在宫门纠察百官班列的重要职务，作为晚辈，我怎敢担当！"连连请他转达对李宗闵的感谢。李宗闵又和给事中杨虞卿进行商议，结果，停止了这项计划。杨虞卿是杨汝士的堂弟。

丙戌，以兵部尚书李德裕同平章事。德裕入谢，上与之论朋党事，对曰："方今朝士三分之一为朋党。"时给事中杨虞卿与从兄中书舍人汝士、弟户部郎中汉公、中书舍人张元夫、给事中萧浣等善交结①，依附权要，上干执政，下挠有司，为士人求官及科第，无不如志。上闻而恶之，故与德裕言首及之；德裕因得以排其所不悦者。

初，左散骑常侍张仲方尝驳李吉甫谥[2]，及德裕为相，仲方称疾不出。三月，壬辰，以仲方为宾客分司。

〔注释〕

①汉公：杨汉公，唐虢州弘农（今河南灵宝）人，字用乂，杨虞卿弟。文宗太和八年（834）进士。始辟兴元李绛幕府，绛死，汉公遁而获免。累迁户部郎中、史馆修撰，坐虞卿事，下除舒州刺史。擢桂管、浙东观察使，由户部侍郎拜荆南节度使，召为工部尚书。或劾汉公治荆南有贪赃，降秘书监。宣宗时擢为同州刺史。给事中郑裔绰等共奏汉公冒猥无廉概，不可处近辅，三还制书，卒行。汉公后自同州更宣武、天平两节度使，卒。

②张仲方：唐韶州始兴（今广东始兴）人。德宗贞元进士，补秘书省正字，历侍御史、仓部员外郎。宪宗时，贬遂州司马，迁河东少尹。敬宗时，召为右谏议大夫。太和三年（829），入为太子宾客。文宗开成初，累官秘书监。卒谥成。

〔译文〕

丙戌（二十八日），唐文宗任命兵部尚书李德裕为同平章事。李德裕入内廷拜谢，文宗和他讨论朋党的问题，李德裕说："现今朝廷中有三分之一的人都参与了朋党活动。"这时，给事中杨虞卿和他的堂兄中书舍人杨汝士、他弟弟户部郎中杨汉公、中书舍人张元夫、给事中萧浣等人相互交结，关系亲密。他们依附于朝廷中的权贵，在上层攀附宰相，在下层干扰有关部门，为读书人求取官职和科举考试中榜及第，无不达到目的。文宗得知后十分痛恨，所以和李德裕先说起这方面的事；此后，李德裕因此而得以排挤他所不喜欢的人。当初，左散骑常侍张仲方曾经驳斥过朝廷礼官给李德裕父亲李吉甫拟定的谥号，这时李德裕被任命为宰相，张仲方于是借口身体有病，请假不上朝。三月，壬辰（初五），朝廷任命张仲方为太子宾客、分司东都。

初，李仲言流象州，遇赦，还东都。会留守李逢吉思复入相，仲言自言与郑注善，逢吉使仲言厚赂之。注引仲言见王守澄，守澄荐于上，云仲言善《易》；上召见之。时仲言有母服[①]，难入禁中，乃使衣民服，号王山人。仲言仪状秀伟，倜傥尚气，颇工文辞，有口辩，多权数。上见之，大悦，以为奇士，待遇日隆。

仲言既除服[②]。秋，八月，辛卯，上欲以仲言为谏官，置之翰林。李德裕曰："仲言向所为，计陛下必尽知之，岂宜置之近侍？"上曰："然岂不容其改过？"对曰："臣闻惟颜回能不贰过[③]。彼圣贤之过，但思虑不至，或失中道耳。至于仲言之恶，著于心本，安能悛改邪[④]？"上曰："李逢吉荐之，朕不欲食言。"对曰："逢吉身为宰相，乃荐奸邪以误国，亦罪人也。"上曰："然则别除一官。"对曰："亦不可。"上顾王涯[⑤]，涯对曰："可。"德裕挥手止之，上回顾适见，色殊不怿而罢[⑥]。始，涯闻上欲用仲言，草谏疏极愤激；既而见上意坚，且畏其党盛，遂中变。

〔注释〕

①母服：服丧制度之一。古制，父在母死，服丧一年。自唐垂拱年间始，改为三年。

②除服：脱去丧服，谓守孝期满。

③颜回：颜渊，春秋末鲁国人，字子渊。颜无繇子，孔子弟子。贫而好

学，居陋巷，箪食瓢饮，而不改其乐。列德行科。孔子称其“不迁怒，不贰过”。早死，孔子哭之恸。后世尊为“复圣”。

④悛（quān）：悔改。

⑤王涯：唐太原（今属山西）人，字广津。德宗贞元进士，登宏辞科。初为蓝田尉，召充翰林学士，拜右拾遗。宪宗元和初贬虢州司马，后累至中书侍郎、同平章事。穆宗时任剑南东川节度使，后又任盐铁转运使、江南榷茶使等。文宗时进封代国公，拜司空，加开府仪同三司，仍兼领江南榷茶使。收淄、青等州铜铁冶赋税，罢京畿榷酒钱，变茶法为官采官卖。涯博学好古，能为文，家书数万卷。甘露之变时，涯为相，不预李训等谋，被宦官仇士良等冤杀。

⑥怿（yì）：欢喜。

〔译文〕

当初，李仲言被流放到象州，后来，由于朝廷大赦，回到东都洛阳。这时，东都留守李逢吉正想再入朝担任宰相，李仲言自称和郑注关系密切，于是李逢吉派李仲言用重金向郑注行贿。郑注引李仲言拜见王守澄，王守澄又把李仲言推荐给文宗，声称李仲言精通《周易》；于是文宗召见李仲言。这时李仲言正在为母亲服丧，不便进入宫中，王守澄便让他穿上民服，号为王山人。李仲言身材魁梧，潇洒豪爽，擅长文辞，而且口才好，足智多谋。文宗召见后，十分高兴，认为他是一个奇才，因而对他的待遇日益隆重。

李仲言已经为母亲服丧期满。秋季，八月，辛卯（十三日），文宗想任命他为谏官，安置在翰林院。宰相李德裕说：“李仲言过去的所作所为，我想陛下都知道，这种人怎么能安排到您的身旁作为侍从呢？”文宗说：“难道不允许他改正错误？”李德裕回答说：“我听说只有孔子的弟子颜回能不犯相同的第二次错误。颜回犯的错误，是圣贤一时对问题考虑不周，偏离了中庸之道所犯的错误。而李仲言的过错，则是出自内心，怎能改得了？”文宗说：“李逢吉推荐李仲言，朕不愿食言。”李德裕说：“李逢吉身为宰相，却不负责任地推荐李仲言这种奸人危害国家，所以他也是罪人。”文宗说：“那么，就另外授任他一个职务。”李德裕说：“那也不行。”文宗回头看着宰相王涯，王涯赶快回答说：“可以。”李德裕连连挥手阻止他，被文宗回头看见，文宗很不高兴，宣布结束商议。在这以前，王涯听说文宗打算任用李仲言，急忙起草了一篇劝阻的上疏，措辞十分激烈；后来，他看文宗任用李仲言的态度很坚决，并且畏惧李逢吉的党羽势力强盛，于是在文宗召集宰相讨论时临时变卦。

寻以仲言为四门助教，给事中郑肃、韩佽封还敕书[①]。德裕将出中书，谓涯曰：“且喜给事中封敕！”涯即召肃、佽谓曰：“李公适留语，令二阁老不用封敕。”二人即行下，明日，以白德裕，德裕惊曰：“德裕不欲封还，当面闻，何必使人传言？且有司封驳，岂复禀宰相意邪？”二人怅恨而去。

李宗闵言李德裕制命已行，不宜自便。乙亥，复以德裕为镇海节度使，不复兼平章事。时德裕、宗闵各有朋党，互相挤援，上患之，每叹曰：“去河北贼易，去朝廷朋党难！”。

〔注释〕

①韩佽（cì）：唐京兆长安（今陕西西安）人，字相之，韩朝宗孙。宪宗元和初，登进士第，历迁殿中侍御史、刑部郎中、给事中，出为桂管观察使。时诏置五管监兵，尽境赋不足充其费，佽处以俭约，遂为定制，众以为难。

〔译文〕

不久，朝廷任命李仲言为四门助教，给事中郑肃、韩佽封还任命敕书。这时，李德裕刚要从政事堂出门，对王涯说："给事中封还敕书，真值得高兴！"王涯听后，随即召来郑肃和韩佽说："李德裕刚才留话说，让二位不要封还敕书。"于是，二人署名通过。第二天，将此事告诉李德裕，李德裕大吃一惊，说："我如果不同意你们二人封还敕书，肯定会当面对你们说，何必叫别人转达？况且给事中行使封驳权，难道还要秉承宰相的意图？"二人这才明白被王涯欺骗，于是懊恨而去。

宰相李宗闵上言说，朝廷任命李德裕的制书已经下达，不应当由于他自己不愿上任就中途改变。乙亥（二十九日），唐文宗任命李德裕为镇海节度使，不再兼任同平章事。这时，李德裕和李宗闵各有自己的党羽，相互之间极力排挤对方，声援同党，文宗对此十分忧虑，经常感叹地说："诛除河北三镇的叛贼容易，但去除朝廷的朋党实在太难！"

臣光曰：夫君子小人之不相容，犹冰炭之不可同器而处也。故君子得位则斥小人，小人得势则排君子，此自然之理也。然君子进贤退不肖，其处心也公，其指事也实；小人誉其所好，毁其所恶，其处心也私，其指事也诬。公且实者谓之正直，私且诬者谓之朋党，在人主所以辨之耳。是以明主在上：度德而叙位，量能而授官。有功者赏，有罪者刑；奸不能惑，佞不能移。夫如是，则朋党何自而生哉？彼昏主则不然。明不能烛，强不能断，邪正并进，毁誉交至；取舍不在于己，威福潜移于人。

于是谗慝得志而朋党之议兴矣[①]。

〔注释〕

①谗慝(tè):指邪恶奸佞之人。

〔译文〕

臣司马光曰:君子和小人之间不能相容,就像冰块和火炭不能放在同一个器具中相处一样。所以,如果君子执政,就排斥小人,小人得势,就排斥君子,这是很自然的道理。然而,君子提拔德才兼备的人,撤免庸俗无能的人,办事出于公心,实事求是;而小人则阿谀奉迎,投其所好,毁其所恶,办事出于私心,捏造事实。办事出于公心、实事求是的人,被称为正直的君子,而办事出于私心、捏造事实的人,则被称为朋党。究竟是正直的君子还是朋党,关键在于君主认真辨别。所以,凡是英明的君主执政,根据国家的需要而设置不同的职位,根据官员的才能大小授予他们不同的职务。对于有突出政绩的官员,加以提拔赏赐;有严重罪行者,则撤免惩罚;既不被奸臣的谗言所迷惑,也不因他们的花言巧语而改变自己的主见。如能这样做,朋党又怎么能够产生呢?凡是昏庸的君主执政,则恰恰相反。他们既不能明辨是非,处理问题又优柔寡断,以致奸邪小人和正人君子都被任用;朝廷的大政方针自己不能做主,决策权渐渐移到他人手中。于是奸邪小人得志猖狂,朝廷中必然出现朋党。

夫木腐而蠹生[①],醯酸而蚋集[②],故朝廷有朋党,则人主当自咎而不当以咎群臣也。文宗苟患群臣之朋党,何不察其所毁誉者为实,为诬?所进退者为贤,为不肖?其心为公,为私?其人为君子,为小人?苟实也,贤也,公也，君子也，匪徒用其言，又当进之；诬也，不肖也，私也，小人也，匪徒弃其言，又当刑之。如是，虽驱之使为朋党，孰敢哉？释是不为，乃怨群臣之难治，是犹不种不芸而怨田之芜也[3]。朝中之党且不能去，况河北贼乎？

〔注释〕

①蠹(dù)：蛀蚀器物的虫子。

②醯(xī)：醋。蜹(ruì)：虫名，体微细，将雨，群飞塞路。

③芸：古同“耘”，除草。

〔译文〕

凡是树木腐朽，就会产生蠹虫，食醋酸败，就会集聚蜹虫，所以，如果朝廷出现朋党，君主应当首先自我引咎，而不应当责备群臣百官。唐文宗如果忧虑群臣朋比结党，为什么不去核查他们所诽谤和赞誉的是事实，还是捏造？他们所荐举的官员是德才兼备，还是庸俗无能？办事是出于公心，还是出于私心？他们本人是君子，还是小人？如果他们的言行实事求是，荐举的官员德才兼备，办事出于公心，那么，他们就一定是君子，朝廷不但应当采纳这些人的意见，而且应当提拔他们。如果他们捏造事实，荐举的官员庸俗无能，办事出于私心，那么，他们就一定是小人，朝廷不但应当拒绝这些人的意见，而且应当惩罚他们。如果唐文宗能够这样去做，那么，就是命令百官结党营私，还有谁胆敢那样去干？唐文宗不去这样做，反而埋怨群臣百官难以驾驭，这就好像一个农夫，自己不种田也不锄草，反而抱怨田地荒芜一样。唐文宗对朝廷中的朋党尚且不能铲除，何况对于河北三镇的叛贼呢？

# 后梁纪

## 郢王篡弑

〔题解〕

此篇选自《后梁纪》三。朱友珪是后梁太祖朱温庶子，母亲为亳州营妓。唐僖宗光启年间，朱温在镇守宣武，到宋州、亳州扩大地盘时，有一次率军经过亳州，召其母陪侍，并且怀孕。朱温离去后，其母差人告诉朱温生一男孩。朱温大喜，于是为孩子取小名遥喜，后来将其接到身边。朱友珪长大后，狡猾多智谋。朱温的养子博王朱友文多才多艺，而且年长，朱温很喜爱他。乾化二年(912)，朱温病重，打算传位给朱友文。为了政权平稳过渡，于是任命朱友珪为莱州刺史。朱温平时刚烈残暴，病中更是喜怒无常，当时降职的人，往往很快被下诏处置，朱友珪非常害怕。当时朱友珪之妻张氏也在朱温身边服侍，得知朱温想传位给朱友文，就将此事告诉朱友珪。朱友珪密结左龙虎军统军韩勍，发动政变，弑杀朱温，并假传诏书到东都，杀害朱友文。乾化二年六月，朱友珪在朱温灵柩前即皇帝位。但是朱友珪本人也是荒淫无度，因此人心沸腾、民怨四起。凤历元年(913)，朱温的外孙袁象先、女婿驸马都尉赵岩、第四子均王朱友贞与将领杨师厚等人又发动政变，杀死朱友珪，均王朱友贞即位，是为后梁末帝。

帝长子郴王友裕早卒[①]。次假子博王友文[②]，帝特爱之，常留守东都，兼建昌宫使。次郢王友珪，其母亳州营倡也[③]，为左右控鹤都指挥使[④]。次均王友贞[⑤]，为东都马步都指挥使。

〔注释〕

①帝：太祖朱温，后梁王朝创建者，宋州砀山（今安徽砀山）人，小名朱三。少孤。初从黄巢为同州防御使，唐僖宗中和二年（882）降唐，为河中行营招讨副使，赐名全忠。以败黄巢军、破秦宗权、拒李克用诸功，封梁王，累官宣武、宣义、护国、忠武四镇节度使。昭宗天祐初杀昭宗，四年代唐称帝，建国号梁，史称后梁。更名晃，改元开平，建都汴州。寻杀哀帝。在位六年，乾化中为子友珪所杀。友裕：朱友裕，后梁太祖朱温长子，字端夫。善骑射，性宽厚，颇得士心。初为宣武军牙校，累官忠武军节度使。天祐元年（904），邠州杨崇本叛，太祖遣友裕攻之，以疾卒。

②假子：养子，义子。友文：朱友文，后梁太祖朱温养子，字德明，本名康勤。美风姿，好学。太祖以友文为度支盐铁制置使，供军实。太祖即位，封博王，留守东都。乾化二年（912），朱友珪杀太祖，友文亦为其所杀。

③营倡：营妓，古代军中的官妓。

④左右控鹤都指挥使：武官名，掌统左右控鹤军，梁称侍卫亲军为控鹤军。

⑤友贞：朱友贞，即五代后梁末帝，后梁太祖朱温第三子。性沉厚寡言，雅好儒士。太祖即位，封均王。朱友珪立，以为东京留守、开封尹。寻起兵讨杀友珪。及即位，更名锽，复称号乾化，俄又更名填。贞明、龙德中，与晋王李存勖屡有战事。龙德末，北面行营招讨使王彦章与存勖战，

败死，汴京陷。末帝即招控鹤都将皇甫麟曰：“吾与晋人世仇，不可俟彼刀锯，卿可尽我命。”麟杀之于建国楼。在位十一年，后梁亡。

〔译文〕

后梁太祖的长子郴王朱友裕早死。次养子博王朱友文，特别受太祖喜爱，经常留守东都大梁，兼任建昌宫使。郢王朱友珪，担任左右控鹤都指挥使，他的母亲是亳州营妓。均王朱友贞担任东都马步都指挥使。

初，元贞张皇后严整多智，帝敬惮之①。后殂②，帝纵意声色，诸子虽在外，常征其妇入侍，帝往往乱之。友文妇王氏色美，帝尤宠之，虽未以友文为太子，帝意常属之，友珪心不平。友珪尝有过，帝挞之③，友珪益不自安。帝疾甚，命王氏召友文于东都，欲与之诀，且付以后事。友珪妇张氏亦朝夕侍帝侧，知之，密告友珪曰：“大家以传国宝付王氏怀往东都④，吾属死无日矣。”夫妇相泣。左右或说之曰：“事急计生，何不改图？时不可失！”

〔注释〕

①敬惮（dàn）：犹敬畏。

②殂（cú）：死亡。

③挞（tà）：用鞭、棍等打人。

④传国宝：传国玺，秦以后皇帝世代相传的印章，又称秦玺，唐改称传国宝。相传秦始皇得蓝田玉，雕为印，上纽交五龙，正面刻李斯所写篆文“受命于天，既寿永昌”八字。秦亡归汉。后来封建王朝以玺有“受命于

天”之文,争以得玺为符瑞。秦玺已亡,历代多自刻制,文亦有同有异。

〔译文〕

当初,元贞张皇后严肃端庄,聪明多智,后梁太祖对她恭敬而畏惧。张皇后死后,后梁太祖纵情歌舞女色,诸子即使在外地,也常征召他们的妻子入宫侍奉,太祖往往与她们淫乱。朱友文的妻子王氏容貌美丽,太祖尤其宠爱她,虽然没有立朱友文为太子,太祖的意向也经常放在他身上,朱友珪心里愤愤不平。朱友珪曾经犯有过错,太祖用鞭子打了他,朱友珪更加不能自安。后梁太祖病情严重,命王氏到东都大梁召朱友文来西都洛阳,想要与他诀别,并且将后事托付给他。朱友珪的妻子张氏也日夜侍奉在太祖身边,知道这件事,秘密告知朱友珪说:“皇上把传国宝玺交给王氏带往东都,我们的死期没有几天了。”夫妇二人相对流泪。左右有人劝解他们说:“事情紧急才会想出计策,何不另外想办法?时机不可错过!”

六月,丁丑朔,帝命敬翔出友珪为莱州刺史[①],即令之官。已宣旨,未行敕。时左迁者多追赐死,友珪益恐。

戊寅,友珪易服微行入左龙虎军,见统军韩勍[②],以情告之。勍亦见功臣宿将多以小过被诛,惧不自保,遂相与合谋。勍以牙兵五百人从友珪杂控鹤士入,伏于禁中,中夜斩关入,至寝殿,侍疾者皆散走。帝惊起,问:“反者为谁?”友珪曰:“非他人也。”帝曰:“我固疑此贼,恨不早杀之。汝悖逆如此,天地岂容汝乎!”友珪曰:“老贼万段!”友珪仆夫冯廷谔刺帝腹,刃出于背。友珪自以败毡裹之，瘗于寝殿[3]，秘不发丧。遣供奉官丁昭溥驰诣东都，命均王友贞杀友文。

己卯，矫诏称[4]："博王友文谋逆，遣兵突入殿中，赖郢王友珪忠孝，将兵诛之，保全朕躬。然疾因震惊，弥致危殆，宜令友珪权主军国之务。"韩勍为友珪谋，多出府库金帛赐诸军及百官以取悦。

〔注释〕

①敬翔：五代时同州冯翊（陕西大荔）人，字子振。好读书，长刀笔，应用敏捷。唐僖宗乾符中，举进士不第。从朱温军中，深有谋略，温得之恨晚，一以咨之，累官检校右仆射、太府卿。温篡唐建后梁，翔谋为多。后梁开平初，改枢密院为崇政院，以翔知院事。乾化元年（911），进位光禄大夫，行兵部尚书，金銮殿大学士。末帝即位，翔不得志，奏言多不听。后梁亡，自缢而死。有《大梁编遗录》。

②韩勍（qíng）：后梁左龙虎军将领，从郢王朱友珪谋反。

③瘗（yì）：掩埋，埋葬。

④矫诏：假托诏令。

〔译文〕

六月，丁丑朔（初一），后梁太祖命敬翔将朱友珪调出任莱州刺史，立即让他赴任。已经传旨，但没有颁行敕书。当时贬官者大多追命赐死，朱友珪越发恐慌。

戊寅（初二），朱友珪改换服装秘密进入左龙虎军，会见统军韩勍，把实情告诉他。韩勍也见功臣老将多因小过被杀，惧怕不能保全自己，于是与朱友珪共同策划。韩勍带领牙兵五百人混杂在控鹤军士兵中，随朱友珪进入皇宫，埋伏在宫内，半夜砍断门闩进入，到达寝殿，侍候病人的都逃散了。后梁太祖惊起，问："谋反的是谁？"朱友珪说："不是别人。"太祖说："我早就怀疑你这贼子，只恨没有早把你杀死。你如此叛逆，天地难道容你吗！"朱友珪说："把老贼碎尸万段！"朱友珪的马夫冯廷谔猛刺太祖的肚子，刀尖从背上穿出。朱友珪亲自用毁坏的毡子把太祖裹起来，埋在寝殿里，封锁消息，不发丧。派遣供奉官丁昭溥快马赶往东都，命令均王朱友贞杀死朱友文。

己卯（初三），朱友珪假造诏令称："博王朱友文谋反，派兵冲入殿中，朕依赖郢王朱友珪忠诚孝敬，率领军队把朱友文杀死，才保全朕身。但朕病因为震动惊恐，更加危险，应令朱友珪暂时主持军队国家事务。"韩勍替朱友珪谋划，取出府库内大量的金帛赐给各军及百官来取悦于人。

辛巳，丁昭溥还，闻友文已死，乃发丧，宣遗制，友珪即皇帝位。

郢王友珪既篡立，诸宿将多愤怒，虽曲加恩礼，终不悦。告哀使至河中，护国节度使冀王朱友谦泣曰[①]："先帝数十年开创基业，前日变起宫掖，声闻甚恶，吾备位藩镇，心窃耻之。"友珪加友谦侍中、中书令，以诏书自辨，且征之。友谦谓使者曰："所立者为谁？先帝晏驾不以理[②]，吾且至洛阳问罪，何以征为！"戊戌，以侍卫诸军使韩勍为西面行营招讨使，督诸军讨之。友谦以河中附于晋以求救。九月，丁未，以感化节度使康怀贞为河中都招讨使，更以韩勍副之。

〔注释〕

①朱友谦:五代时许州(今河南许昌)人,字德光,本名简。初为王珙军校,后杀珙为陕州留后,附朱温,温录为假子,更名友谦。后梁时,任河中节度使,封冀王。朱友珪杀温篡位,友谦附李存勖,封西平王,赐名李继麟。存勖建后唐,加守太师、尚书令。后为宦官伶人所谗,被杀。

②晏驾:车驾晚出,为古代称帝王死亡的讳词。

〔译文〕

辛巳(初五),供奉官丁昭溥返回,朱友珪听说朱友文已死,这才发丧,宣布先帝遗留的制书,朱友珪即皇帝位。

郢王朱友珪篡夺帝位以后,众位老将大都很愤怒,虽然极力增加恩赏礼遇,但终究不高兴。告哀使到达河中,护国节度使冀王朱友谦流着泪说:“先帝数十年开创的根基事业,日前皇宫掖廷发生变故,名声很坏,我位列藩镇,内心感到耻辱。”朱友珪诏令朱友谦加官为侍中、中书令,用诏书为自己辩解,并且召他到东都。朱友谦对使者说:“所立的人是谁?先帝去世不理丧事,我将要到洛阳去问他的罪,要他征召做什么!”戊戌(二十三日),朱友珪任命侍卫诸军使韩勍为西面行营招讨使,督率诸军讨伐朱友谦。朱友谦将河中归附于晋以求救援。九月,丁未(初三),朱友珪任命感化节度使康怀贞为河中都招讨使,改命韩勍做他的副手。

友珪以兵部尚书知崇政院事敬翔,太祖腹心,恐其不利于己,欲解其内职,恐失人望。庚午,以翔为中书侍郎、同平章事;壬申,以户部尚书李振充崇政院使[1]。翔多称疾不预事。

康怀贞等与忠武节度使牛存节合兵五万屯河中城西[②],攻之甚急。晋王遣其将李存审、李嗣肱、李嗣恩将兵救之[③],败梁兵于胡壁[④]。嗣恩,本骆氏子也。

朱友谦复告急于晋,冬,十月,晋王自将自泽潞而西[⑤],遇康怀贞于解县,大破之,斩首千级,追至白径岭而还[⑥]。梁兵解围,退保陕州。友谦身自至猗氏谢晋王[⑦],从者数十人,撤武备,诣晋王帐,拜之为舅。晋王夜置酒张乐,友谦大醉。晋王留宿帐中,友谦安寝,鼾息自如。明旦复置酒而罢。

〔注释〕

①李振:五代时人,字兴绪。唐时为台州刺史,朱温领郓州,表为节度副使。宦官刘继述废昭宗,振劝温仗义立功,其后昭宗之弑、朱友恭之诛,皆振之谋。尝于唐咸通、乾符中举进士,连不中,尤愤唐公卿,及裴枢等赐死白马驿,振谓温曰:“此辈常自言清流,可投之河,使为浊流也。”温笑而从之。及温即位建后梁,累迁户部尚书。后唐庄宗灭后梁,被诛。

②牛存节:五代时青州博昌(今山东寿光)人,字赞正,本名礼,为朱温小校,温爱其忠谨质朴,为改名及字。屡立战功,迁元帅府左都押衙。温建后梁,拜右千牛卫上将军。末帝即位,为天平节度使,以功进太尉。与李克用军苦战于河上,病痟而治军督士弥谨。病革,召归京,卒。

③李存审:原名符存审,五代时陈州宛丘(今河南淮阳)人,字德详。初名存,从李罕之归李克用,克用令典义儿军,赐姓名李存审。存审性谨厚,为将识机知变,从后唐庄宗讨李匡俦,破后梁军,败辽兵、击刘,凡百余战,屡奏捷。历忻州刺史、安国军节度使、同中书门下平章事、宣武军节度使,卒于幽州。李嗣肱:唐末五代时沙陀部人,李克脩子。少有胆略,从周

德威屡立战功，为马步军都虞候。后梁太祖围蓨县，嗣肱救之，以功超拜蔚州刺史，累迁泽、代二州刺史。后又拜新州刺史，山北都团练使。李嗣恩：五代时吐谷浑部人。本姓骆，少事李克用，能骑射，为铁林军将，以战功迁突阵指挥使，赐姓名，以为子。后迁左厢马军都指挥使、辽州刺史。后唐庄宗时，以功转代州刺史、振武节度使。

④胡壁：地名，在今山西万荣荣河镇东。

⑤泽潞：唐方镇名，至德元年(756)置，治所在潞州(今山西长治市)，领潞、泽、邢、洺、磁五州，相当今山西沁县沁水以东地区及河北巨鹿、邱县以西至太行山。大历后改为昭义军。

⑥白径岭：古山名，一名石门，在今山西运城东南，为中条山支岭，因地势险要，是历代兵家争要之地。

⑦猗氏：古旧县名，西汉置，治今山西临猗南铁匠营村，属河东郡。东汉、魏、晋因之。西魏恭帝二年(555)改为桑泉县。北周明帝复名猗氏县，属汾阴郡。隋治今临猗县，属河东郡。唐至元属河中府。明属蒲州。清属蒲州府。1954年与临晋县合置临猗县。

〔译文〕

朱友珪因兵部尚书、知崇政院事敬翔是太祖的心腹，担心他对自己不利，想要解除他崇政院使的职务，又怕丧失众望。庚午(二十六日)，任命敬翔为中书侍郎、同平章事；壬申(二十八日)，任命户部尚书李振为崇政院使。敬翔便常声称有病，不参与政事。

康怀贞等与忠武节度使牛存节合兵五万，在河中城西扎营，攻城很是急迫。晋王李存勖派遣他的部将李存审、李嗣肱、李嗣恩率领军队前去救援，在胡壁打败后梁兵。李嗣恩原是骆氏的儿子。

朱友谦又向晋告急，冬季，十月，晋王李存勖亲自率领军队自泽潞向西进发，在解县遇到康怀贞，大败后梁军队，斩杀千余人，追到白径岭才回来。后梁兵解除对河中的包围，撤退保卫陕州。朱友谦亲自到猗氏县感谢李存勖，只带数十随从，撤掉兵器，前往晋王的营帐，拜晋王为舅舅。晋王晚上摆设酒宴歌舞，朱友谦喝得大醉。晋王让他留宿在自己的帐幕里，朱友谦安睡，鼾息声平静自如。第二天早晨，晋王又摆酒宴饮，尽兴才散。

癸亥，郢王友珪朝享太庙；甲子，祀圜丘[①]，大赦，改元凤历。

郢王友珪既得志，遽为荒淫，内外愤怒，友珪虽啖以金缯，终莫之附。驸马都尉赵岩[②]，犨之子[③]，太祖之婿也。左龙虎统军、侍卫亲军都指挥使袁象先[④]，太祖之甥也。岩奉使至大梁，均王友贞密与之谋诛友珪，岩曰："此事成败，在招讨杨令公耳[⑤]。得其一言谕禁军，吾事立办。"均王乃遣腹心马慎交之魏州说杨师厚曰："郢王篡弑，人望属在大梁，公若因而成之，此不世之功也。"且许事成之日赐犒军钱五十万缗[⑥]。师厚与将佐谋之，曰："方郢王弑逆，吾不能即讨；今君臣之分已定，无故改图，可乎？"或曰："郢王亲弑君父，贼也；均王举兵复仇，义也。奉义讨贼，何君臣之有？彼若一朝破贼，公将何以自处乎？"师厚曰："吾几误计。"乃遣其将王舜贤至洛阳，阴与袁象先谋，遣招讨马步都虞候谯人朱汉宾，将兵屯滑州为外应[⑦]。赵岩归洛阳，亦与象先密定计。

〔注释〕

①圜(yuán)丘：古代帝王冬至祭天的地方，后亦用以祭天地。

②赵岩：初名霖，五代时陈州（今河南淮阳）人，赵犨次子。后梁末帝时为户部尚书、租庸使，与张汉杰、张汉伦等居中用事，衰刻商旅，其门如市，租庸之物，半入其私。魏州牙兵数为乱，岩议分相、魏为两镇。牙兵乱，以魏博降晋，后梁由是尽失河北。后唐庄宗兵将至汴，末帝登建国楼，以问群臣，或劝幸洛阳，保崄以召天下兵。岩曰："势已如此，一下此楼，何人可保？"末帝卒死于楼上。后岩走许州依温韬，韬斩其首献庄宗，寻族诛。岩亦善画，尤工人物。

③犨（chōu）：赵犨，唐陈州宛丘（今河南淮阳）人。资警健，喜书善射。武宗会昌中，以战功迁大校。黄巢入长安，陈州人请以犨为刺史，表于朝，授之。击黄巢军有功，累迁检校司空。僖宗中和五年（885），擢彰义军节度使。昭宗龙纪初，进同中书门下平章事、忠武军节度使。

④袁象先：宋州下邑（今河南夏邑）人。初以后梁太祖甥为宣武军内外马步军都指挥使，累迁至左龙武统军、在京马步军都指挥使。梁太祖被杀，他与后梁末帝率禁军诛杀朱友珪，以功授职镇南军节度使、同中书门下平章事等职。后为宣武节度使，在宋州十年，聚敛积货千万。后唐时，被庄宗赐名李绍安，改为归德军节度使。年六十一，卒官。

⑤杨令公：指杨师厚，颍州斤沟（今安徽太和北）人。初为李罕之部将，后归降朱温，被署为忠武军牙将。历任曹州、齐州刺史，曾设伏大破青州王师范军，率军攻下山南东道、襄州两镇，授任襄州节度使。朱友珪篡位，任为魏博节度使，后梁末帝时加封邺王。自以梁太祖旧臣，在镇专擅财赋，署置亲兵，死后魏博军乱。

⑥缗（mín）：古代计量单位，如钱十缗，即十串铜钱，一般每串一千文。

⑦朱汉宾：五代时亳州谯（今安徽亳州）人，字绩臣。有胆力，朱温收为养子。随温攻郓。郓州朱瑾募军中骁勇者，黥双雁于其颊，号"雁子都"。温乃更选勇士号"落雁都"，以汉宾为指挥使，人称朱落雁，历磁、滑、宋、亳、曹五州刺史，安远军节度使。入后唐，庄宗罢为右龙武统军，明宗时以太子少保致仕，卒。晋高祖时，谥贞惠。

〔译文〕

癸亥（十二日），郢王朱友珪拜谒祭祀太庙。甲子（二十一日),祭天,实行大赦,改年号为凤历。

郢王朱友珪志得意满后,马上变得荒淫无度,引起朝廷内外愤怒,朱友珪虽用金帛引诱,但始终没有人依附他。驸马都尉赵岩是赵犨的儿子,后梁太祖的女婿。左龙虎统军、侍卫亲军都指挥使袁象先是后梁太祖的外甥。赵岩奉命到大梁,均王朱友贞秘密地与他谋划杀死朱友珪,赵岩说:“这件事的成败,关键在于招讨使杨师厚。得他一句话晓谕禁军,我的事马上就办。”均王朱友贞于是派遣心腹马慎交到魏州劝导杨师厚说:“郢王朱友珪杀父篡位,众望专注在大梁均王朱友贞身上,您如果能够因此而促成,这是非凡的功勋啊。”并且答应事成之日赏赐给他犒劳将士的钱五十万缗。杨师厚与将佐商议这件事,说:“当郢王杀父叛逆的时候,我不能立即讨伐;现在君臣名分已定,无故改变主意,可以吗?”有人说:“郢王亲自杀死君父,是逆贼;均王发兵复仇,是正义的。尊奉正义,讨伐逆贼,有什么君臣之分?他们如果一旦打败逆贼,您将怎么安顿自己呢?”杨师厚说:“我几乎谋划错误。”于是派遣他的部将王舜贤到洛阳,暗中与左龙虎统军、侍卫亲军都指挥使袁象先商量,派遣招讨马步都虞候谯人朱汉宾率兵驻守滑州作为外应。驸马都尉赵岩返回洛阳,也与袁象先秘密制定计策。

友珪治龙骧军溃乱者[①],搜捕其党,获者族之,经年不已。时龙骧军有戍大梁者,友珪征之,均王因使人激怒其众曰:“天子以怀州屯兵叛,追汝辈欲尽坑之。”其众皆惧,莫知所为。丙戌,均王奏龙骧军疑惧,未肯前发。戊子,龙骧将校见均王,泣请可生之路,王曰:“先帝与汝辈三十余年征战,经营王业。今先帝尚为人所弑，汝辈安所逃死乎？”因出太祖画像示之而泣曰：“汝能自趣洛阳雪仇耻，则转祸为福矣。”众皆踊跃呼万岁，请兵仗，王给之。

〔注释〕

①龙骧军：禁军名，后梁置，《五代会要·京城诸军》记后梁开平元年（907）四月，“改左右亲随军将马军为左右龙骧军”，为禁军中的两军。

〔译文〕

朱友珪惩治龙骧军内逃散作乱的人，搜捕他们的余党，抓获的都被灭族，历经一年也没有停止。当时龙骧军有戍守大梁的，朱友珪召他们回洛阳，均王朱友贞于是派人激怒他们说：“天子因戍守怀州的龙骧军叛变，追查你们打算全部活埋。”龙骧军的兵众都很害怕，不知道怎么办。丙戌（十三日），均王奏称大梁的龙骧军怀疑恐惧，不肯起程。戊子（十五日），龙骧军将校进见均王，流着泪请求指示生存的道路，均王说：“先帝与你们三十余年南征北战，筹划经营帝王事业。现在先帝尚且被人杀死，你们到何处能够逃脱死亡呢？”于是拿出后梁太祖的画像给他们看，并且流着泪说：“你们能够自己奔赴洛阳报仇雪耻，就转祸为福了。”龙骧军兵众跳跃高呼万岁，请求发给兵器，均王发给了他们。

庚寅旦，袁象先等帅禁兵数千人突入宫中。友珪闻变，与妻张氏及冯廷谔趋北垣楼下，将逾城，自度不免，令廷谔先杀妻，后杀己，廷谔亦自刭[①]。诸军十余万大掠都市，百司逃散，中书侍郎、同平章事杜晓、侍讲学士李珽皆为乱兵所杀[②]，门下侍郎、同平章事于兢、宣政使李振被伤[③]。至晡乃定[④]。

## 〔注释〕

①自刭(jǐng)：用刀自割其颈，自杀。

②杜晓：五代时京兆杜陵（今陕西西安）人，字明远，杜让能子。父屈死，居丧柴立，沉迹自废多年。唐昭宗光化中，始起为巡官兼殿中丞。未几，拜左拾遗，寻为翰林学士，转膳部员外郎。后梁建国，拜中书舍人，转工部侍郎，改中书侍郎、平章事。朱友珪时，迁礼部尚书、平章事、集贤殿大学士。及袁象先讨友珪，禁兵大纵，晓中重创而卒。博赡有辞藻，时论称之。李珽：五代时陇西敦煌（今甘肃敦煌）人，字公度。唐末进士，拜监察御史，朱温署为天平军掌书记。入后梁，以珽知曹州，以治闻，累迁左谏议大夫。朱友珪立，除右散骑常侍。袁象先讨友珪，珽为乱兵所杀。

③于兢：五代时河南人，字德源，于珪子。唐哀帝天祐四年(907)，以礼部侍郎知贡举。后梁太祖开平二年(908)，自吏部侍郎，拜中书侍郎平章事。末帝乾化四年(914)罢相，寻以挟私与官，贬莱州司马。兢善画牡丹，几可夺真，为时所称。贵达后，不复画。

④晡(bū)：申时，即午后三点至五点。

## 〔译文〕

庚寅（十七日）早晨，袁象先等率领禁军数千人冲入宫中。朱友珪听说兵变，与妻子张氏及冯廷谔跑到北垣墙楼下，将要越过城墙，自己估计不能免死，命令冯廷谔先把妻子张氏杀死，后杀死自己，冯廷谔也自杀。诸军十余万人大肆抢掠市中财物，百官逃散，中书侍郎、同平章事杜晓和侍讲学士李珽都被乱兵杀死，门下侍郎、同平章事于兢和宣政使李振被打伤。直到申时才安定下来。

象先、岩赍传国宝诣大梁迎均王[1]，王曰："大梁国家创业之地，何必洛阳？"乃即帝位于大梁，复称乾化三年，追废友珪为庶人，复博王友文官爵。

帝遣使招抚朱友谦，友谦复称藩，奉梁年号。

〔注释〕

①赍(jī)：怀抱着，带着。

〔译文〕

袁象先和赵岩带着传国宝玺前往大梁迎接均王朱友贞，均王说："大梁是国家创立基业的地方，何必到洛阳去？"于是，在东都大梁即帝位，又把年号改为乾化三年，追废朱友珪为平民，恢复博王朱友文的官爵。

后梁帝派遣使者招抚朱友谦，朱友谦又称藩镇，尊奉梁朝年号。

# 后唐纪

## 优伶乱政

〔题解〕

此篇选自《后唐纪》一、二、四。后唐庄宗皇帝李存勖对伶人极为宠信，伶人们随意出入宫禁，欺凌大臣，群臣皆敢怒而不敢言，有的甚至反过来巴结伶人，以保求富贵。藩镇节度使也争相重金行贿。在这些伶人中，为害最深的是景进。李存勖以景进为耳目，刺探群臣的言行，想知道宫外之事都要屏退左右，单独询问景进，景进由此大进谗言，干预朝政，文武百官对景进都忌惮不已。而本已衰微的宦官势力在同光年间也死灰复燃。后唐建立后，李存勖诏命各地，将前朝宦官送回京师洛阳，以致宫中宦官激增到近千人。这些宦官有的担任诸司使，有的充作藩镇监军，都被李存勖视为心腹。他们恃宠争权，肆意干预军政，凌慢将帅，使得各藩镇皆愤怒不已。

欧阳修所撰《新五代史·伶官传序》即通过对后唐庄宗励精图治得天下、宠幸伶人失天下的典型事例，阐述了国家盛衰主要是由人事的道理。“忧劳可以兴国，逸豫可以亡身”，伶官尚能使天下易主，可见不居安思危之害！

帝幼善音律[①]，故伶人多有宠，常侍左右。帝或时自傅粉墨，与优人共戏于庭，以悦刘夫人，优名谓之“李天下”。尝因为优，自呼曰“李天下，李天下”。优人敬新磨遽前批其颊[②]，帝失色，群优亦骇愕，新磨徐曰：“理天下者只有一人，尚谁呼邪？”帝悦，厚赐之。帝尝畋于中牟，践民稼，中牟令当马前谏曰：“陛下为民父母，奈何毁其所食，使转死沟壑乎？”帝怒，叱去，将杀之。敬新磨追擒至马前，责之曰：“汝为县令，独不知吾天子好猎邪？奈何纵民耕种，以妨吾天子之驰骋乎？汝罪当死！”因请行刑，帝笑而释之。

〔注释〕

①帝：指后唐庄宗皇帝李存勖，五代唐王朝建立者，923—926年在位，沙陀部人，李克用子，小名亚子。初嗣位为晋王，据有太原，与后梁连年相争。他专事杀掠，贪财如命。后梁龙德三年(923)称帝，建都洛阳，国号唐，史称后唐。同年灭后梁。同光三年(925)，伶人郭从谦谋反，他中流矢而死。

②敬新磨：五代时人，以伶人事后唐庄宗。时诸伶独新磨善俳，其语最著，数番引庄宗悦，赐之甚厚。庄宗猎于中牟，践民田，中牟令挡马切谏，庄宗怒，欲杀之，赖新磨为谐语得免。

〔译文〕

李存勖小时候就喜欢音乐，所以伶人备受宠爱，经常侍奉在他左右。李存勖有时候自己也涂上粉墨，和优伶一起在宫廷里玩耍，来讨刘夫人高兴，他艺名为“李天下”。因为他在演戏时，自己喊自己“李天下,李天下”。有一个叫敬新磨的戏子突然上前打他的脸,李存勖突然变了脸色,众戏子也感到害怕,敬新磨慢慢地说:“治理天下的人只有你一个,你还呼唤谁呢?”李存勖听了很高兴,于是赏赐给他丰厚的礼物。李存勖曾经在中牟打猎,践踏了百姓的庄稼,中牟县令站在他的马前进谏说:“陛下是老百姓的父母,怎么能够毁坏了他们所吃的东西呢?是想让他们饿死后把尸体扔到山沟里吗?”李存勖听了十分生气,大声斥责让他离去,准备杀死他。敬新磨赶快追上他,并把他抓回李存勖的马前,责骂他说:“你当县令,难道不知道我们的天子喜欢打猎吗?为什么你让百姓任意耕种,来妨碍我们的天子驰骋打猎呢?你罪当处死。”因此请求李存勖把他杀掉,李存勖笑了笑就把他给释放了。

诸伶出入宫掖,侮弄缙绅,群臣愤嫉,莫敢出气,亦反有相附托以希恩泽者,四方藩镇争以货赂结之。其尤蠹政害人者①,景进为之首②。进好采闾阎鄙细事闻于上③,上亦欲知外间事,遂委进以耳目。进每奏事,常屏左右问之,由是进得施其谗慝,干预政事。自将相大臣皆惮之,孔岩常以兄事之④。

〔注释〕

①蠹政:败坏朝政。

②景进:后唐庄宗时伶人,于诸伶人中最受重用,居中用事,参与朝政,三司使孔谦称其为“八哥”。曾为庄宗选宫女千人,谗杀大臣朱友谦等,致使军民逃亡,政治黑暗。官至银青光禄大夫。

③闾阎:里巷内外的门,后多借指里巷,泛指民间。

④孔岩：当为孔谦，五代时魏州（今山东临清）人。仕后唐，初为李存勖孔目官，任度支使。倾巧善事人，工书算，颇知金谷聚敛之事。存勖建业，调发供馈，多赖其力。及即位，谋为租庸使，民怨其聚敛之苦。明宗立，下诏暴谦罪，诛于洛市。

〔译文〕

优伶们经常出入于皇宫，捉弄欺负士大夫，大臣们非常愤恨，但又不敢对他们生气，反而有人依附或拜托他们求得李存勖的恩泽，四面八方的藩镇官员也争相贿赂、巴结。败坏朝政最严重的，景进是第一个。景进喜欢采集一些民间小事说给李存勖听，李存勖也想知道一些外面的事情，于是把景进当作自己的耳目。景进每次去李存勖那里报告事情，李存勖都要让左右的人们退下去后才问他，因此景进也乘机说别人一些坏话、干预政事。从将相大臣往下的官员都害怕他，孔谦常把他当作兄长来对待。

初，胡柳之役，伶人周匝为梁所得①，帝每思之。入汴之日，匝谒见于马前，帝甚喜。匝涕泣言曰："臣之所以得生全者，皆梁教坊使陈俊、内园栽接使储德源之力也，愿就陛下乞二州以报之。"帝许之。郭崇韬曰②："陛下所与共取天下者，皆英豪忠勇之士。今大功始就，封赏未及一人，而先以伶人为刺史，恐失天下心。"是以不行。逾年，伶人屡以为言，帝谓崇韬曰："吾已许周匝矣，使吾惭见此三人。公言虽正，当为我屈意行之。"五月，壬寅，以俊为景州刺史，德源为宪州刺史。时亲军有从帝百战未得刺史者，莫不愤叹。

〔注释〕

①周匝:五代时人,后唐庄宗宠伶。后梁末帝贞明四年(918)胡柳之役陷于后梁,及庄宗灭后梁,复得之,欣然慰接。感后梁教坊使陈俊保庇之恩,请除郡守,庄宗许之。

②郭崇韬:字安时,代州雁门(今山西代县)人。初被李克用任为河东教练使,后唐庄宗时历为中门副使、枢密使、侍中兼枢密使,又兼镇、冀州节度使等职。同光三年(925),又任西南面行营招讨使,率军平定前蜀。为人精明干练,长期参掌机要,以谋议佐助庄宗建立后唐。位兼将相,权重内外,以天下为己任,为朝士所向往。而诸子骄纵,入蜀后举措失宜,又遭宦官诬构,致使庄宗不满,平蜀后不久即被杀。

〔译文〕

当初在胡柳战役中,优伶周匝被梁人抓获,李存勖经常思念他。到后唐军进入汴梁的那天,周匝在马前拜见李存勖,李存勖十分高兴。周匝在李存勖面前哭诉说:"臣之所以能够安全活到今天,全靠梁教坊使陈俊、内园栽接使储德源的帮助,希望陛下能把两个州封赏给他们,以此来报答他们的恩情。"李存勖答应了他的请求。郭崇韬劝李存勖说:"陛下要封赏的应该是那些和你共同夺取天下的人,这些人都是英豪忠勇之士。现在大功刚刚告成,这些人中还没有一个得到封赏,而首先任命一个优伶为刺史,恐怕要失掉天下的人心。"因此周匝的建议没有实行。一年之后,优伶经常提起这件事,李存勖对郭崇韬说:"我已经答应过周匝,我见到这三个人感到很不好意思。你所讲的都很正确,但还应当看在我的面子上委屈执行一下。"五月,壬寅(初五),李存勖任命陈俊为景州刺史、储德源为宪州刺史。当时亲军中跟从李存勖转战南北而没有封得刺史的人无不愤怒叹息。

八月，癸未，杖杀河南令罗贯[①]。初，贯为礼部员外郎，性强直，为郭崇韬所知，用为河南令。为政不避权豪，伶宦请托，书积几案，一不报，皆以示崇韬，崇韬奏之，由是伶宦切齿。河南尹张全义亦以贯高伉[②]，恶之，遣婢诉于皇后，后与伶宦共毁之，帝含怒未发。会帝自往寿安视坤陵役者，道路泥泞，桥多坏。帝问主者为谁，宦官对属河南。帝怒，下贯狱。狱吏榜掠[③]，体无完肤。明日，传诏杀之。崇韬谏曰："贯坐桥道不修，法不至死。"帝怒曰："太后灵驾将发，天子朝夕往来，桥道不修，卿言无罪，是党也！"崇韬曰："陛下以万乘之尊，怒一县令，使天下谓陛下用法不平，臣之罪也。"帝曰："既公所爱，任公裁之。"拂衣起入宫，崇韬随之，论奏不已。帝自阖殿门，崇韬不得入。贯竟死，暴尸府门，远近冤之。

〔注释〕

①罗贯：五代时人。进士及第，仕后唐，累官河南令。为人强直，不避权豪。时宦官、伶人用事，请托于贯，均无所报，由是左右每言贯之失。又得罪张全义，全义言其短，庄宗怒，借桥道不修杀之，远近以为冤。

②张全义：字国维，曾名居言、宗奭，濮州临濮（今山东鄄城西南）人。少务农，后为县令所辱，投奔黄巢义军，官至吏部尚书、水运使。归降朱温，任为河南尹，官至中书令，兼领忠武军、陕虢、郑滑、河阳节度事，天下兵马副元帅，封魏王。梁亡，归降后唐庄宗，改封齐王。惧被猜忌，厚赂刘皇后以保身。又不善断狱，以先讼者为直。卒后谥忠肃。

③榜（péng）掠：拷打。

〔译文〕

八月，癸未（二十三日），河南县令罗贯被杖打而死。起初，罗贯任礼部员外郎，性情刚直，被郭崇韬赏识，任用他去当河南县令。他在任河南县令期间，处理政事从不回避那些有权有势之家，伶人、宦官们请求托办事情的书信堆满了桌子，他一个也不给回答，把这些书信全部拿去让郭崇韬看，郭崇韬把这些事上奏给李存勖，因此那些伶人、宦官对罗贯恨得咬牙切齿。河南尹张全义也认为罗贯很高傲，十分讨厌罗贯，派奴婢告诉皇后，皇后和伶人、宦官一起诋毁罗贯，李存勖听了虽然内心很生气，但还没有发作出来。正好这时李存勖亲自前往寿安察看修筑坤陵的差役，这里的道路泥泞，桥梁多数也毁坏。李存勖就问主管这里的是谁，宦官们回答李存勖说是河南县令罗贯。李存勖听了十分生气，下令把罗贯抓入监狱。狱吏们严刑拷打，罗贯体无完肤。第二天，李存勖下诏要把罗贯杀死，郭崇韬劝李存勖说："罗贯犯了桥路不修的罪，但按照法律也不应该被定死罪。"李存勖很生气地说："太后的灵驾很快就要出发，天子经常往来这段路间，这里的桥路不修治，你说他无罪，太袒护他了。"郭崇韬说："陛下是国家最尊崇的人，为一个县令生气，让天下人说陛下用法不平，这是我的罪过。"李存勖说："既是你喜欢的人，那任凭你来裁决。"于是李存勖拂袖而起，进入宫中，郭崇韬跟随着没完没了地向李存勖论说奏请。李存勖亲自把殿门关了，郭崇韬没法进入。最后罗贯还是被处死了，在府门前把他的尸体示众，远近人们都认为他死得冤枉。

夏，四月，丁亥朔，严办将发[①]，骑兵陈于宣仁门外，步兵陈于五凤门外。从马直指挥使郭从谦不知睦王存义已死[②]，欲奉之以作乱，帅所部兵自营中露刃大呼，与黄甲两军攻兴教门。帝方食，闻变，帅诸王及近卫骑兵击之，逐乱兵出门。时蕃汉马步使朱守殷将骑兵在外[③]，帝遣中使急召之，欲与同击贼；守殷不至，引兵憩于北邙茂林之下。乱兵焚兴教门，缘城而入，近臣宿将皆释甲潜遁，独散员都指挥使李彦卿及宿卫军校何福进、王全斌等十余人力战[④]。俄而帝为流矢所中，鹰坊人善友扶帝自门楼下，至绛霄殿庑下抽矢，渴懑求水[⑤]，皇后不自省视，遣宦者进酪，须臾，帝殂。李彦卿等恸哭而去，左右皆散，善友敛庑之下乐器覆帝尸而焚之。彦卿，存审之子；福进、全斌皆太原人也。刘后囊金宝系马鞍，与申王存渥及李绍荣引七百骑[⑥]，焚嘉庆殿，自师子门出走。通王存确、雅王存纪奔南山[⑦]。宫人多逃散，朱守殷入宫，选宫人三十余人，各令自取乐器珍玩，内于其家。于是诸军大掠都城。

〔**注释**〕

①严办：指皇帝出行前整备戒严诸事。

②郭从谦：五代时人，后唐庄宗时伶人，优名门高。有军功，为从马直指挥使。以姓郭，拜郭崇韬为叔父。庄宗弟李存义又收为养子。及崇韬死，存义被囚，从马直军士王温又以谋乱被诛，从谦恐，遂激军士为乱。会李嗣源反，庄宗幸汜水，从谦率乱兵攻杀庄宗。嗣源即位为明宗，以从谦为景州刺史，已而杀之。睦王存义：李存义，太祖李克用六子，同光三年(925)封睦王，历建雄、保大二军节度使。是时，魏州妖人杨千郎用事，自

言有墨子术，能役使鬼神，化丹砂、水银。庄宗颇神之，拜千郎检校尚书郎，赐紫，其妻出入宫禁，承恩宠，而士或因之以求官爵，存乂及李存渥等往往朋淫于其家。及崇韬被族，庄宗遣宦官阴察外议以为如何，而宦官因欲尽诛崇韬亲党以绝后患，乃诬言："存乂过千郎，酒酣，攘臂号泣，为妇翁称冤，言甚怨望。"庄宗大怒，以兵围其第而诛之，并诛千郎。

③朱守殷：小字会儿。少事后唐庄宗，任为腹心。庄宗即位，任振武军节度使，兼领蕃汉马步军。恃旧蔑视勋臣，喜构人短。明宗即位，任河南尹。移汴州节度使，明宗东巡，他疑心生变，举兵反，城陷，被部下所杀。

④何福进：五代时太原人，字善长。少从军，以骁勇闻。为后唐庄宗宿卫军校。末帝清泰中，从范延光平鄴，以功历郑、陇二州防御使。后晋出帝开运中，拜左骁卫大将军，与李筠等力战拒契丹。后汉高祖时，为曹州防御使，检校太保。后周太祖入平内难，以辅佐功拜忠武军节度使，移领镇州。数年之间，北鄙无事。王全斌：宋并州太原人。历仕唐、晋、周，累官相州留后。宋初，平李筠之乱，以功拜安国军节度使。伐后蜀，任西川行营前军都部署，连战皆捷。既入成都，昼夜宴饮，不恤军务，纵部下掠夺女子财物。既而诏发蜀兵赴汴，并优给装钱，全斌不即奉命，激成兵变，坐降崇义军节度观察留后。开宝末，为武宁军节度使。

⑤懑(mèn)：烦闷，生气。

⑥申王存渥：李克用子，后唐同光年间封申王。后唐庄宗死，他与刘皇后同奔太原，为部下所杀。

⑦通王存确：李克用子，后唐同光年间封通王。后唐庄宗死，为霍彦威所杀。雅王存纪：李克用子，后唐同光年间封雅王。后唐庄宗死，为霍彦威所杀。

## 〔译文〕

夏季，四月，丁亥朔(初一)，李存勖出行前戒严诸事都已办好准备出发，骑兵陈列在宣仁门外，步兵陈列在五凤门外。从马直指挥使郭从谦不知道睦王李存乂已经死去，打算辅助他一起叛乱，于是率部队从军营中亮出刀刃大声疾呼，和黄甲两军攻打兴教门。这时李存勖正在吃饭，听说兵变就率领诸王和近卫骑兵进击，把乱军赶出兴教门。当时，蕃汉马步使朱守殷率骑兵在外面，李存勖派中使急召他，打算和他一起攻打乱兵。朱守殷不来，领兵在北邙茂密的树林中休息。乱兵焚烧了兴教门，沿着城墙进入，李存勖身边的大臣和禁卫兵都丢盔弃甲偷偷逃跑了，只有散员都指挥使李彦卿以及宿卫军校何福进、王全斌等十余人奋力作战。不一会儿，李存勖被流箭射中，鹰坊人善友扶着李存勖从门楼上走下来，到了绛霄殿的屋檐下把箭拔出来。李存勖口渴烦闷想喝水，皇后没有亲自看望，只是派宦官送去些乳浆，很快李存勖就死了。李彦卿等痛哭而去，左右大臣也都离去，善友收拾了屋檐下的乐器盖住李存勖的尸体，把他焚烧了。李彦卿是李存审的儿子。何福进、王全斌都是太原人。刘皇后装好金玉珠宝，系在马鞍上，和申王李存渥、李绍荣领着七百骑兵焚烧了嘉庆殿以后，从师子门出逃。通王李存确、雅王李存纪逃奔到南山。宫里的人大多数都逃跑了，朱守殷进入宫内，挑选了三十多个宫女，让她们各自拿了些乐器和珍贵的玩物，放在他家。此时各路军队把都城洗劫一空。

# 后晋纪

## 石晋篡唐

〔题解〕

此篇选自《后晋纪》一、二。后晋高祖石敬瑭，沙陀部人，居太原。年轻时，朴实稳重，寡于言笑，喜读兵书，重视李牧、周亚夫行事，隶属李克用义子李嗣源帐下。参与后梁朱温与李克用、李存勖"梁晋争霸"，冲锋陷阵，战功卓著。后唐末帝李从珂即位后，拜河东节度使，封赵国公，赐号"扶天启运中正功臣"，君臣相互猜忌。清泰三年（936），起兵造反，为后唐兵马围困于太原，敬瑭求救于契丹，与耶律德光约为父子。契丹助其灭后唐，册封为帝，建国号晋，建都于汴，史称后晋。乃割让幽、云等十六州于契丹，每年献帛三十万匹，称"儿皇帝"。在位七年。

石敬瑭割让燕云十六州给契丹的做法，对后世带来的影响极为深远，直接导致黄河以北、以东地区的北方土地此后几乎无险可守。

契丹主谓石敬瑭曰[①]："吾三千里赴难，必有成功。观汝器貌识量，真中原之主也。吾欲立汝为天子。"敬瑭辞让者数四，将吏复劝进，乃许之。契丹主作册书，命敬瑭为大晋皇帝，自解衣冠授之，筑坛于柳林，是日，即皇帝位。割幽、蓟、瀛、莫、涿、檀、顺、新、妫、儒、武、云、应、寰、朔、蔚十六州以与契丹②，仍许岁输帛三十万匹。己亥，制改长兴七年为天福元年，大赦；敕命法制，皆遵明宗之旧。以节度判官赵莹为翰林学士承旨、户部侍郎、知河东军府事③，掌书记桑维翰为翰林学士、礼部侍郎、权知枢密使事④，观察判官薛融为侍御史知杂事⑤，节度推官白水窦贞固为翰林学士⑥，军城都巡检使刘知远为侍卫马军都指挥使⑦，客将景延广为步军都指挥使⑧。延广，陕州人也。立晋国长公主为皇后。

〔注释〕

①契丹主：这里指辽代皇帝耶律德光，字德谨，契丹名尧骨，太祖次子。天赞初，授天下兵马大元帅。太祖死后，为述律太后所立，仍用天显年号。天显十一年(936)，破后唐军，立原后唐河东节度使石敬瑭为晋帝，得其所献幽、云十六州版图。遂于十三年(938)十一月改元会同，以皇都为上京，升幽州为南京，原南京为东京。会同六年(943)，因后晋嗣君石重贵拒不称臣，出兵南下。九年(946)，灭后晋。次年正月入汴，改会同十年为大同元年，改国号为辽。旋以中原军民纷起反抗，北归，行至栾城病卒。在位二十一年。

②十六州：五代石敬瑭在契丹扶植下建立晋朝时割让给契丹的幽、蓟(jì)、瀛、莫、涿、檀、顺、新、妫(guī)、儒、武、云、应、寰、朔、蔚十六州，相当于今北京和以山西大同为中心，东至河北遵化，北迄长城，西至山西神池，南至天津海河以北、河北河间、保定等市及山西繁峙、宁武等县一线以北地，北宋末又称“燕云十六州”。

③赵莹:字玄辉,华州华阴(今属陕西)人。后梁时任康延孝从事。后唐时石敬瑭任保义军节度,他被署掌书记。后晋建立,拜翰林学士承旨、同平章事、监修国史等官,参与纂修唐史。曾出任晋昌军节度使等职,出帝时又入拜为相。后晋被灭,随出帝北迁契丹,年六十七,死于幽州。

④桑维翰:五代时河南洛阳人,字国侨。后唐庄宗同光间进士,初为石敬瑭河阳节度掌书记。敬瑭割让幽云十六州结契丹,反后唐,多出其谋。仕后晋,历翰林学士、中书侍郎、同中书门下平章事兼枢密使、晋昌军节度使。出帝时为弘文馆大学士,权势极盛。开运三年(946)十二月,契丹犯京师,为张彦泽所杀。

⑤薛融:五代时汾州平遥(今属山西)人。性纯和,以儒学知名。仕后唐,至河东观察判官,后入石敬瑭幕府。敬瑭建后晋,拜左谏议大夫。时诏修西京大内,以上疏切谏,遂罢。卒年六十余。

⑥窦贞固:五代时同州白水(今陕西白水)人,字体仁。后唐庄宗同光进士,授河东节度判官。后晋高祖天福中,擢中书舍人。入后汉,拜司空、门下同平章事。后周太祖时,兼侍中,封沂国公。世宗时归洛阳。宋初卒。

⑦刘知远:五代时后汉创建者,沙陀部人,世居太原。初事后唐明宗,后佐石敬瑭起兵建后晋,累官河东节度使、北京留守,进中书令,封太原王。坐观契丹灭晋,旋称帝于晋阳,改名暠,迁都于汴,改国号汉,史称后汉。在位二年,庙号高祖。

⑧景延广:五代时陕州(今属河南)人,字航川。以挽强称。事后晋高祖,累官马步军都指挥使。出帝立,加同平章事。朝廷议称臣以致书契丹,延广去臣称孙。契丹数责后晋,延广谓其使者曰:“晋朝有十万口横磨剑,翁若要战则早来,他日不禁孙子,则取笑天下,当成后悔矣。”契丹益怒,入寇,延广勒兵惧出,乃出为河南尹。出帝开运中,北骑奄至,延广虑家未能自杀,被执,将送北土,夜伺守者怠,引手扼吭死。

## 〔译文〕

契丹皇帝耶律德光对石敬瑭说:“我从三千里以外来帮助

你解决危难，必然会成功。观察你的器宇容貌和见识气量，真的是个中原的国主啊。我想扶立你做天子。”石敬瑭推辞逊让多次，将吏又反复劝他进大位，于是便答应了。契丹主制作册封的文书，命令石敬瑭为大晋皇帝，自己解下衣服冠冕亲授给他，在柳林搭筑坛台，就在这一天，即了皇帝之位。并割让了幽、蓟、瀛、莫、涿、檀、顺、新、妫、儒、武、云、应、寰、朔、蔚十六个州给予契丹，仍然答应每年输送帛三十万匹给他们。己亥(十四日)，石敬瑭下制令，改长兴七年为天福元年，实行大赦；敕命各种法制都遵守明宗时的旧规。任用节度判官赵莹为翰林学士承旨、户部侍郎、知河东军府事，掌书记桑维翰为翰林学士、礼部侍郎、权知枢密使事，观察判官薛融为侍御史知杂事，节度推官白水人窦贞固为翰林学士，军城都巡检使刘知远为侍卫马军都指挥使，客将景延广为步军都指挥使。景延广是陕州人。立晋国长公主为皇后。

契丹主虽军柳林，其辎重老弱皆在虎北口，每日暝辄结束，以备仓猝遁逃，而赵德钧欲倚契丹取中国[①]，至团柏逾月[②]，按兵不战，去晋安才百里，声问不能相通。德钧累表为延寿求成德节度使[③]，曰：“臣今远征，幽州势孤，欲使延寿在镇州，左右便于应接。”唐主曰[④]：“延寿方击贼，何暇往镇州？俟贼平，当如所请。”德钧求之不已，唐主怒曰：“赵氏父子坚欲得镇州，何意也？苟能却胡寇，虽欲代吾位，吾亦甘心，若玩寇邀君，但恐犬兔俱毙耳。”德钧闻之，不悦。

〔注释〕

①赵德钧：本名行实，幽州（治今北京）人。初为幽州军校，后归降后唐庄宗，赐姓名为李绍斌，历为沧州、幽州等镇节度使。清泰年间，封北平王，治幽州十余年，有善政。石敬瑭称帝，他也要求契丹立他为帝，未被允许。后出降，北迁契丹而卒。

②团柏：在今山西祁县东。北汉天会十三年（969），北汉在此开山采银，因置宝兴军。北宋置团柏镇。

③延寿：本姓刘，后被赵德钧收为养子。后唐时历为河阳、宋州节度使及宣徽使、枢密使。后晋建立，他与父德钧陷契丹，不久任为幽州节度使、枢密使兼政事令，封燕王。晋出帝与契丹绝盟，他导领契丹入侵中原，直至灭晋。契丹初欲立他为傀儡皇帝，后只授伪职中京留守、大丞相，不久被废黜，死于契丹。

④唐主：即李从珂，本姓王，镇州平山（今属河北）人，后被明宗收养为子，遂赐名姓。骁勇善战，历为卫州刺史、突骑都指挥使。明宗继位，任河中节度使，封潞王。闵帝时举兵反，很快夺取帝位。两年后，又为石敬瑭所败，自焚而死。

〔译文〕

耶律德光虽然把军队屯扎在柳林，他们的辎重和老弱士兵都在虎北口，每当太阳西落便结扎停当，以便于仓促之间遁逃，而赵德钧想要倚赖契丹夺取中国，到达团柏一个多月，按兵不动，距离晋安才百里，但消息不能相通。赵德钧屡次上表为他的儿子赵延寿祈求委任为成德节度使，他说："臣现在远征在外，幽州形势孤弱，想要让延寿戍守在镇州，向左向右都便于接应。"后唐末帝说："延寿正在与贼兵争斗，哪有空暇去往镇州？等待贼兵平定后，可以按所请求的办理。"赵德钧没完没了地请求，后唐主发怒说："赵氏父子坚持要得到镇州，是什么意思？如果能够打退胡寇，即使要取代我的位置，我也甘心愿意。若是玩弄寇兵以胁求君主，只怕要落得犬兔都毙命了。"赵德钧听说后，很不高兴。

闰月，赵延寿献契丹主所赐诏及甲马弓剑，诈云德钧遣使致书于契丹主，为唐结好，说令引兵归国；其实别为密书，厚以金帛赂契丹主，云："若立己为帝，请即以见兵南平洛阳，与契丹为兄弟之国；仍许石氏常镇河东。"契丹主自以深入敌境，晋安未下，德钧兵尚强，范延光在其东①，又恐山北诸州邀其归路，欲许德钧之请。

〔注释〕

①范延光：五代时相州临漳（今河北临漳）人，字子瓌。李嗣源牧相州，录为亲校。嗣源下郓州，与后梁军对垒，命延光间行求兵于李存勖，为后梁俘获，榜笞数百，胁以白刃，终不泄其事。存勖入汴，乃得释。后唐开国，授检校工部尚书。嗣源即位为明宗，延光累官至枢密使。后晋高祖时封临清王，以太子太师致仕。为仇家杨光远所害。

〔译文〕

闰十一月，赵延寿献上耶律德光所赐的诏书以及铠甲、马匹、弓矢、刀剑，诈称赵德钧遣派的使者致信给耶律德光，为后唐求结和好，劝说契丹让他们引兵归国；其实又另具秘密书信，用丰厚的金宝财帛贿赂耶律德光，并说："如果立自己为中国皇帝，请求就用现有兵马向南平定洛阳，与契丹约为兄弟之国；仍然允许石敬瑭常镇河东。"耶律德光自以为深入敌境，晋安没有攻下，赵德钧兵力尚强，范延光在他的东面，又怕太行山以北诸州阻断他的归路，想要答应赵德钧的请求。

帝闻之，大惧，亟使桑维翰见契丹主，说之曰："大国举义兵以救孤危，一战而唐兵瓦解，退守一栅，食尽力穷。赵北平父子不忠不信[①]，畏大国之强，且素蓄异志，按兵观变，非以死徇国之人，何足可畏，而信其诞妄之辞，贪豪末之利，弃垂成之功乎？且使晋得天下，将竭中国之财以奉大国，岂此小利之比乎？"契丹主曰："尔见捕鼠者乎，不备之，犹或啮伤其手，况大敌乎？"对曰："今大国已扼其喉，安能啮人乎？"契丹主曰："吾非有渝前约也[②]，但兵家权谋不得不尔。"对曰："皇帝以信义救人之急，四海之人俱属耳目，奈何二三其命，使大义不终！臣窃为皇帝不取也。"跪于帐前，自旦至暮，涕泣争之。契丹主乃从之，指帐前石谓德钧使者曰："我已许石郎，此石烂，可改矣。"

〔注释〕

①赵北平：指赵德钧，因其封北平王，故有其称。

②渝：改变，违背。

〔译文〕

石敬瑭听说，很是害怕，赶紧派桑维翰去见契丹主耶律德光，劝他说："大国发动义兵来救援孤危，一次战斗就使唐兵瓦解，退守到一栅之后，食粮用尽，力量穷竭。赵德钧父子不忠于唐，不信于契丹，只是畏惧大国之强盛，而且素怀异志，按兵不动，以窥测变化，并非以死殉国的人，有什么可怕的？您怎么能因而相信他的妄诞之词，贪取毫末小利，丢弃将要完成的功业呢？而且如果让晋国得了天下，将会竭尽中国之财以奉献给大国，哪里是这些小利可比的？”耶律德光说：“你看见捕鼠的人吗，不防备它，还可能咬伤了手，何况是大敌啊？”回答说：“现在大国已经卡住它的喉咙，岂能再咬人啊？”耶律德光说：“我不是要改变以前的约定，只是用兵的权谋不能不这样。”回答说：“皇帝用信义救人的急难，四海人的耳目都注意到了这件事，怎么能忽而这样、忽而那样，以致使得大义不能贯彻始终，臣私下认为皇帝不能这样做啊！”于是，跪在帐前，从早到晚，哭泣流涕地争辩不止。契丹主便依从了他，指着帐前的石头对赵德钧的使者说：“我已经许诺了石郎，除非这块石头烂了，才能改变。”

辛酉，敕作受命宝，以“受天明命，惟德允昌”为文。

帝上尊号于契丹主及太后。戊寅，以冯道为太后册礼使①，左仆射刘煦为契丹主册礼使②，备卤簿、仪仗、车辂，诣契丹行礼③；契丹主大悦。帝事契丹甚谨，奉表称臣，谓契丹主为“父皇帝”；每契丹使至，帝于别殿拜受诏敕。岁输金帛三十万之外，吉凶庆吊，岁时赠遗，玩好珍异，相继于道。乃至应天太后、元帅太子、伟王、南、北二王、韩延徽、赵延寿等诸大臣皆有赂④。小不如意，辄来责让，帝常卑辞谢之。晋使者至契丹，契丹骄倨，多不逊语。使者还，以闻，朝野咸以为耻，而帝事之曾无倦意，以是终帝之世与契丹无隙。然所输金帛不过数县租

赋，往往托以民困，不能满数。其后契丹主屡止帝上表称臣，但令为书称“儿皇帝”，如家人礼。（以上选自《后晋纪二》）

〔注释〕

①冯道：五代时瀛州景城（今河北沧州西北）人，字可道。好学能文。唐末，事刘守光。守光败，事河东监军张承业。承业重其文章，后梁时，荐于李存勖（后唐庄宗），为太原掌书记。后唐建立，充翰林学士，迁中书舍人、户部侍郎。明宗即位，拜端明殿学士，官至宰相。入后晋，仍为宰相。契丹灭后晋，道事契丹为太傅。后汉、后周时均为太师。道历事四朝与契丹，未尝谏诤。自号长乐老，有《长乐老叙》。后唐至后周间，曾主持校定《九经》文字，雕版印书，世称“五代监本”，为我国官府正式刻印书籍之始。

②刘煦：名或作昫，五代时涿州归义（今河北雾城）人，字耀远，一作日辉。美风仪，以文学知名。后唐庄宗时为翰林学士，明宗时入相，清泰初兼判三司，察明蠹敝，民间以为德。后晋高祖时，官至司空、同平章事。两朝均以宰相监修国史。开运二年（945），领衔进呈《唐书》，即今《旧唐书》。后为东都留守。契丹犯京师，以目疾罢为太保。

③卤簿：古代帝王驾出时扈从的仪仗队，出行的目的不同，仪式亦各有别。自汉以后亦用于后妃、太子、王公大臣。唐制四品以上皆给卤簿。车辂（lù）：车辆。

④应天太后：辽太祖皇后，述律氏，名平，契丹名字月理朵。太祖即位，册为应天大明地皇后。行兵御众，后尝与谋，曾勒兵大破黄头、臭泊二室韦。太祖崩，后称制，摄军国事。太宗即位，尊为皇太后。太宗死后，立少子李胡，与世宗（太宗子、太后孙）争位。旋和解罢兵，谪祖州。卒谥谅钦。韩延徽：辽南京安次（今河北廊坊安次区）人，字藏明。初受幽州节度使刘守光遣使契丹，为阿保机留为谋士，建议筑城郭，使所获汉人各安生业。不久，逃归汉地，旋自投契丹。阿保机赐名“迎列”（意再来），任用更专，使为政事令。从灭渤海，拜左仆射。太宗时，封鲁国公。世宗朝，迁南

府宰相。穆宗时,致仕卒。为佐命功臣之一。

〔译文〕

辛酉(十六日),石敬瑭敕令制作受命的宝玺,其文字用“受天明命,惟德允昌”。

石敬瑭给契丹国主耶律德光及述律太后上尊号。戊寅,任命冯道为太后册礼使,左仆射刘昫为耶律德光册礼使,配备卤簿、仪仗、车辂,送至契丹行礼;耶律德光极为高兴。石敬瑭事奉契丹很恭谨,上表称臣,叫耶律德光为“父皇帝”;每当契丹的使者来到,石敬瑭在别殿拜接契丹的诏书和敕令。每年除了要输送金帛三十万之外,各种吉凶庆吊,季节馈赠,玩好珍异,运送的车马接连于道路。而且对于述律太后、元帅太子、伟王、南王、北王、韩延徽、赵延寿等诸大臣都有贿赠。他们小有不如意的,便来责备、索取,石敬瑭往往用谦卑的语言谢罪。晋朝的使者出使契丹,契丹骄横倨慢,语多不逊。使者回朝,向石敬瑭报告,朝廷内外都以为羞耻,而石敬瑭卑恭对待契丹,从来没有怠慢过,因此整个石敬瑭在位时期,同契丹没有发生过嫌隙。然而所输送的金帛,不过是几个县的田租赋税。往往托词说民间困乏,不能满额送到。后来,契丹主多次制止后晋高祖上表称臣,只叫他写信时自称“儿皇帝”,像家庭之间行礼一样。

# 后汉纪

## 思绾食人

〔题解〕

此篇选自《后汉纪》三。赵思绾,五代魏州(今河北隆尧)人,生性残暴,以食人闻名。早年为河中节度使赵匡赞的牙将,后汉高祖刘知远称帝后,调赵匡赞为永兴节度使,赵匡赞随即入朝,留赵思绾率牙兵数百人据守永兴。年余,城中粮尽,赵思绾杀人而食,每次犒宴士兵,杀人数百。赵思绾取活人之胆以酒吞之,对部下说:"食胆至千,则勇无敌矣!"但久之计穷,招募死士挖掘地道,准备投奔后蜀。但判官程让能认为:"公比于国无嫌,但惧死而为此尔!今国家用兵三方,劳敝不已,诚能翻然效顺,率先自归,以功补过,庶几有生。若坐守穷城,待死而已。"赵思绾也以为然,于是命教练使刘珪前往郭从义营中乞降,并派牙将刘筠奉表于朝廷,后汉隐帝任赵思绾为镇国军留后,让其尽快赴任,但赵思绾迟留不行,意有所属。此时,后蜀派人来招引赵思绾,赵思绾于是准备投蜀,郭从义将此事密报告给后汉枢密使郭威,郭威命郭从义以诈谋召赵思绾入城,然后伏兵擒之。949年,赵思绾与其子被斩于闹市。

夏，四月，壬午，太白昼见；民有仰视之者，为逻卒所执，史弘肇腰斩之[1]。

河中城中食且尽，民饿死者什五六。癸卯，李守贞出兵五千余人[2]，赍梯桥，分五道以攻长围之西北隅。郭威遣都监吴虔裕引兵横击之[3]，河中兵败走，杀伤太半，夺其攻具。五月，丙午，守贞复出兵，又败之，擒其将魏延朗、郑宾。壬子，周光逊、王继勋、聂知遇帅其众千余人来降。守贞将士降者相继，威乘其离散，庚申，督诸军百道攻之。

〔注释〕

①史弘肇：五代时郑州荥泽（今河南郑州西北）人，字化元。少游侠无行，拳勇健步，走及奔马。后汉高祖刘知远建国，以功授许州节度使、充侍卫步军都指挥使。隐帝嗣位，加检校太师、兼侍中，后兼中书令。与苏逢吉等不协，将相如水火。严毅寡言，所部军众有过无赦，兵士所至，秋毫不犯。因忌者构谗，终被杀。

②李守贞：五代时河阳（今河南孟州）人。石敬瑭镇河阳，以为客将。敬瑭即位建后晋，拜客省使，累官同平章事。后降契丹，为司徒。刘知远入京师建后汉，守贞来朝，拜太保、河中节度使。未几，知远卒，守贞以为后汉新建，隐帝初立，天下易图，遂反，兵败，自焚死。

③郭威：五代后周创建者，邢州尧山（今河北隆尧）人，字文仲。或云本常氏子，幼随母适郭氏，遂改姓。颈部有飞雀刺花，人称郭雀儿。初以勇力应募李继韬麾下，历仕后唐、后晋、后汉。后汉隐帝时，位至枢密使加平章事。乾祐三年（950），知隐帝遣人加害于己，遂举兵入汴。及隐帝被杀，威立刘赟为帝。旋率军北御契丹，至澶州兵变，自立而还，代后汉称帝，建国号周，史称后周。在位三年卒，庙号太祖。吴虔裕：宋许州许田

(今河南许昌)人。仕后汉、后周，广顺初，从周太祖讨慕容彦超，历右卫、左金吾卫二大将军。宋太宗太平兴国六年(981)，迁右千牛卫上将军，判左街仗事，前后掌金吾三十余年。性简率，言多轻肆。每朝会及从游宴，以寿高常得太宗慰抚。

〔译文〕

夏季，四月壬午(初九)，太白星白天出现，百姓中有仰头观看的，被巡逻的士兵抓住，史弘肇命处以腰斩。

河中城里粮食将要吃光，百姓饿死的有十分之五六。癸卯(三十日)，李守贞出兵五千多人，带着梯子、造桥器械，分五路进攻长围的西北角。郭威派遣都监吴虔裕率兵从旁拦击，河中兵战败逃跑，被杀伤一大半，夺走了进攻器械。五月，丙午(初三)，李守贞又出兵，又被打败，他的将领魏延朗、郑宾被活捉。壬子(初九)，周光逊、王继勋、聂知遇率领一千多人前来投降。李守贞将领、士兵投降的相继不断，郭威趁李守贞部下分崩离散，庚申(十七日)，督率各军多路进攻河中。

赵思绾好食人肝，尝面剖而脍之，脍尽，人犹未死。又好以酒吞人胆，谓人曰："吞此千枚，则胆无敌矣。"及长安城中食尽，取妇女、幼稚为军粮，日计数而给之。每犒军，辄屠数百人，如羊豕法。思绾计穷，不知所出。郭从义使人诱之①。

〔注释〕

①郭从义：宋太原(今属山西)人，先世沙陀部人。历仕五代后唐、后晋，屡破契丹于代北。后汉立，历郑州防御使、河北都巡检使、镇宁军节

度，平杜重威、赵思绾叛。后周时从征刘崇、契丹、淮南，历镇许州、徐州，兼侍中，加兼中书令、开府阶。入宋，为河中尹、护国军节度。太祖开宝二年(969)，改左金吾卫上将军。以太子太师致仕。性重厚，有谋略，多技艺，善飞白书。

〔译文〕

赵思绾喜欢吃人肝，曾经当面剖开人腹取肝而切成细丝，切完了，人还没死。又好用酒吞吃人胆，对人说："吞这一千个，就胆大无敌了。"等到长安城中绝粮时，就靠吃妇女、小孩充当军粮，每天有一定数量的供给。每次犒劳军队，就屠杀几百个人吃，就像杀猪宰羊一样。赵思绾计谋用尽，不知出路何在。郭从义派人引诱他。

初，思绾少时，求为左骁卫上将军致仕李肃仆，肃不纳，曰："是人目乱而语诞，他日必为叛臣。"肃妻张氏，全义之女也[①]，曰："君今拒之，后且为患。"乃厚以金帛遗之。及思绾据长安，肃闲居在城中，思绾数就见之，拜伏如故礼。肃曰："是子亟来，且污我。"欲自杀。妻曰："曷若劝之归国？"会思绾问自全之计，肃乃与判官程让能说思绾曰："公本与国家无嫌，但惧罪耳。今国家三道用兵，俱未有功，若以此时翻然改图，朝廷必喜，自可不失富贵。孰与坐而待毙乎？"思绾从之，遣使诣阙请降。乙丑，以思绾为华州留后，都指挥使常彦卿为虢州刺史，令便道之官。

吴越内牙都指挥使钭滔[②]，胡进思之党也[③]，或告其谋叛，辞连丞相弘亿④。吴越王弘俶不欲穷治⑤，贬滔于处州。

〔注释〕

①全义：张全义。

②钭（dǒu）滔：五代吴越国官吏，曾任内牙都指挥使、处州（今浙江丽水）刺史。初为大将军胡进思党羽，天福十三年（948）春节，胡进思发动政变，废吴越国国王钱弘倧，立钱弘俶为吴越国国王。后来有人进谗言，称钭滔为胡进思党羽，参与了谋反。然而，钱弘俶并未深究此事，钭滔被贬为处州刺史。钭滔在任期间，为官清正廉明，有惠政于民，受到当地百姓的爱戴。不久，吴越国并归于大宋王朝，宋朝廷对钭滔的政绩予以了表彰。

③胡进思：五代时湖州（今属浙江）人。初以屠牛为业，后从军隶镇海军。吴文穆王钱元瓘质于宣州田頵所，进思与戴恽亲随左右，履危机者数。及元瓘立，用为大将，迁右统军使。忠献王钱弘佐嗣位，进思以旧将恃权专横。忠逊王钱弘倧嗣位，数面折进思，进思不自安，遂拥牙兵锢弘倧于内院，迎忠懿王钱弘俶嗣立，数请除弘倧，弘俶不允。进思忧惧，居无何，疽发背卒。

④弘亿：钱弘亿，五代时杭州临安（今浙江杭州）人，字延世，小字和尚，吴越国君钱元瓘第十子。天资俊拔，善属文，年二十官内牙诸军左右都虞候、检校左仆射。后出为明州刺史，颇著善政。屡剀切言事，以强正称于时。宋太祖建隆初，升奉国军节度使、检校太保，改名亿。卒谥康献，一作忠献。

⑤弘俶（chù）：字文德，吴越国王钱弘倧弟。后汉乾祐元年（948），兄弘倧被大将胡进思所废，他继王位。在位期间，称臣于中原王朝，曾助后周世宗南征南唐。北宋建立，贡奉朝廷更多，入朝宋太祖。宋太宗太平兴国三年（978）又入朝，被留于京师，吴越国遂亡。

〔译文〕

当初,赵思绾少年时,请求做已退休的左骁卫上将军李肃的仆人,李肃没有接纳他,说:“这个人眼珠乱转而且言语荒诞,将来一定是个叛臣。”李肃的妻子张氏,是张全义的女儿,说:“你现在这样拒绝他,以后会成为你的祸患。”于是赠送许多钱财把他打发走了。等赵思绾占据长安,李肃闲住在城中,赵思绾多次前往探望,向李肃叩拜伏地如同旧日礼节。李肃说:“这个人老是来我这儿,是玷污我的清白!”想要自杀。妻子说:“何不劝他归附国家?”正赶上赵思绾前来请教保全自己的办法,李肃就和判官程让能劝说他:“你本来和国家并无嫌隙,只不过是怕获罪而已。现在国家三路用兵,都没有成功。如果趁现在幡然悔过,改弦更张,朝廷一定高兴,自然不会失掉富贵,这不比坐以待毙强多了?”赵思绾听从了他们的劝告,派遣使者前往朝廷请求归降。乙丑(二十二日),朝廷任命赵思绾为华州留后,都指挥使常彦卿为虢州刺史,让他们走近道直接前往就任。

吴越的内牙都指挥使钭滔,是胡进思的党羽,有人告发他蓄谋反叛,告发牵连到丞相钱弘亿,吴越王钱弘俶不想深入追查治罪,只把钭滔贬到处州。

秋,七月,甲辰,赵思绾释甲出城受诏,郭从义以兵守其南门,复遣还城。思绾求其牙兵及铠仗①,从义亦给之;思绾迁延,收敛财贿,三改行期。从义等疑之,密白郭威,请图之。威许之。壬子,从义与都监、南院宣徽使王峻按辔入城②,处于府舍,召思绾酌别,因执之,并常彦卿及其父兄部曲三百人,皆斩于市。

〔注释〕

①牙兵：卫兵，亲兵。

②王峻：字秀峰，相州安阳（今属河南）人。少善歌，后梁、后唐时历事赵岩、张延朗。后转事刘知远。后汉建立，官至宣徽使。后周太祖称帝，以佐命功位至枢密使兼宰相，参掌朝政，恩宠逾常。曾从征兖州叛军慕容彦超，有先锋破城之功。为人躁急轻率，跋扈任情，为后周太祖所杀。

〔译文〕

秋季，七月，甲辰（初三），赵思绾脱下盔甲出城接受后汉隐帝的诏书，郭从义派兵把守南门，又把他接回城里。赵思绾要他的亲兵和兵器，郭从义也都给了他；赵思绾拖延时间，在城中收敛钱财，三次改变行期。郭从义等人产生怀疑，密报郭威，请求采取果断措施。郭威同意了。壬子（十一日），郭从义和都监、南院宣徽使王峻骑马入城，来到府署馆舍，召赵思绾饯行话别，就势抓住了他，连同常彦卿及父亲、兄弟、部下共三百个人，全部推到街市上斩首。

# 后周纪

## 世宗善政

〔题解〕

此篇选自《后周纪》三。后周世宗柴荣，邢州龙冈（今河北隆尧）人。郭威内侄，后被收为养子，改姓郭。威建后周，封晋王。显德元年（954）即位，励精图治。即位之初，柴荣吸取高平之战周军将不用命、士不能战的教训，下令整顿军队，开始了大刀阔斧的改革。对有功者给予重赏，对临阵脱逃者给予严惩。后周世宗多次下召求贤纳士，在战乱之时恢复了科举考试，通过考试广泛选拔人才。大力廓清吏治，生活上也力求节俭，对宫中无用之人进行裁减，拒绝珠宝珍玩，禁止地方官上供名贵产品。世宗深知，国家之中，农业是本业，发展农业生产是大事，故世宗下召将部分军队解散回家，分给土地，使其专门从事农业生产。又下令招抚各地流民，把大量荒地供其耕种。为了最大限度地利用劳动力，世宗对社会上的很多人士进行打击，迫使其从事农业生产。955年，世宗下令毁佛，取消各地佛寺，给和尚和尼姑授予土地。为了减轻农民的负担，还实行了新税法。经过几年的改革，后周的政治状况日益清明，又积累了较多的物质资源，对外战争条件已经基本成熟。对外取秦陇，平淮右，复三关，威震华夷。在位六年卒，庙号世宗，一称柴世宗。

壬戌，诏群臣极言得失，其略曰："朕于卿大夫，才不能尽知，面不能尽识。若不采其言而观其行，审其意而察其忠，则何以见器略之浅深，知任用之当否？若言之不入，罪实在予；苟求之不言，咎将谁执？"

帝常愤广明以来中国日蹙①，及高平既捷②，慨然有削平天下之志。会秦州民夷有诣大梁献策请恢复旧疆者，帝纳其言。

〔注释〕

①广明：唐僖宗年号，880年至881年使用此年号。

②高平：指高平之战，五代时后周击败北汉、契丹联合入侵的一次重要战役。显德元年(954)二月，北汉主刘崇联合辽军，共四万余人，乘后周太祖郭威刚死、世宗柴荣新立之机，南侵潞州(今山西上党)。柴荣力排众议，亲统大军出泽州(今山西晋城)，正面拒敌，两军遭遇于高平(今山西高平)。时北周后军未到，刘崇轻周军兵少，遂不听辽大将杨衮之劝，拥军出击。周右军主将小战，即引骑兵先遁，步兵千余人解甲降敌，右军溃乱。柴荣见状，自率亲骑，临阵督战，周军士气大振，奋命冲杀，将北汉军驱至涧边。周后军赶至，合兵追击，北汉军大败，刘崇仅带十余人仓皇逃回太原，契丹军也不战而退。高平之战的胜利，坚定了柴荣统一天下之心，揭开了后周统一战争的序幕。

〔译文〕

壬戌(二十三日)，后周世宗诏令群臣广开言路讨论政事的得失利弊，诏书大致说："朕对各位卿大夫，才能没法全部知道，面孔没法全都认识。倘若不采集他们的言论从而观察他们的行为，明悉他们的意见从而考察他们的忠诚，那凭什么来看出各人才能谋略的高低深浅，了解任用是否得当？倘若卿大夫陈说了而听不进，罪确实在朕身上；假使我要求了而不说，罪责将归谁呢？"

后周世宗经常为唐僖宗广明以来中原日益缩小而愤慨，及至高平一战奏捷，慨然萌生削平各国、统一天下的志向。正好秦州各族百姓有到大梁进献计策请求恢复旧日大唐疆域的，世宗采纳他们的意见。

帝以大梁城中迫隘[①]，夏，四月，乙卯，诏展外城，先立标帜[②]，俟今冬农隙兴板筑。东作动则罢之[③]，更俟次年，以渐成之。且令自今葬埋皆出所标七里之外，其标内俟县官分画街衢、仓场、营廨之外[④]，听民随便筑室。

上谓宰相曰："朕每思致治之方，未得其要，寝食不忘。又自唐、晋以来，吴、蜀、幽、并皆阻声教，未能混壹，宜命近臣著《为君难为臣不易论》及《开边策》各一篇，朕将览焉。"

〔注释〕

①迫隘（ài）：狭窄，狭小。

②标帜：记号，标志。

③东作：谓春耕，泛指农事。

④营廨（xiè）：营房官舍。

〔译文〕

后周世宗因为大梁城中局促狭窄，夏季，四月，乙卯（十七日），下诏拓展外城，先设立标志，等待今年冬天农闲再兴土木。春耕开始就停止，再等来年开工，以此逐渐完成。并且命令从今开始葬埋死人都要出城，离所立标志七里之外，在标志内等待官府划分出街道、仓库场院、营房官舍，除此之外，听凭百姓随便盖房。

后周世宗对宰相说："朕经常思考达到治世的方略，没有得到其中的要领，睡觉吃饭都不能忘记。又从后唐、后晋以来，吴地、蜀地、幽州、并州都被隔断了政令教化，不能统一，应该命令左右大臣撰写《为君难为臣不易论》和《开边策》各一篇，朕将一一阅览。"

比部郎中王朴献策①，以为："中国之失吴、蜀、幽、并，皆由失道。今必先观所以失之之原，然后知所以取之之术。其始失之也，莫不以君暗臣邪，兵骄民困，奸党内炽，武夫外横，因小致大，积微成著。今欲取之，莫若反其所为而已。夫进贤退不肖，所以收其才也；恩隐诚信，所以结其心也；赏功罚罪，所以尽其力也；去奢节用，所以丰其财也；时使薄敛，所以阜其民也。俟群才既集，政事既治，财用既充，士民既附，然后举而用之，功无不成矣！彼之人观我有必取之势，则知其情状者愿为间谍，知其山川者愿为乡导，民心既归，天意必从矣。

〔注释〕

①王朴:字文伯,东平(今属山东)人。后汉乾祐年间举进士,任校书郎。后周初年为世宗幕僚,受到信任。世宗即位,官至枢密使,参掌机密。曾献《平边策》,提出了统一全国先易后难的战略方针,被世宗采纳。博学多才,通音律及历法,著有《律准》《钦天历》。在任还曾兴修水利,营建京师。

〔译文〕

比部郎中王朴进献策文,认为:“中原朝廷丧失吴地、蜀地、幽州、并州,都是由于丧失了治国之道。如今一定要首先考察所以丧失土地的根本原因,然后才能知晓所以收取失地的方法。当开始丧失国土时,没有不是因为君主昏庸臣子奸邪,军队骄横百姓穷困,奸人乱党在朝内炙手可热,强将武夫在外面横行霸道,由小变大,积微成著。如今要收取失地,只不过反其道而行之罢了。进用贤人斥退坏人,是收罗人才的办法;布施恩泽讲究信用,是团结人心的办法;奖赏功劳惩罚罪过,是鼓励大家贡献力量的办法;革除奢侈节约费用,是增加财富的办法;按时使用民力,减少赋税,是使百姓富足的办法。等到群贤毕集,政事理顺,财用充足,士民归附,然后起兵而使用他们,千秋功业没有不成功的了!对方的人民看到我方有必定取胜的形势,知道内部情况的就愿意当间谍,熟悉山川地理的就愿意当向导,民心已归附,那么天意也必然会顺从了。

“凡攻取之道,必先其易者。唐与吾接境几二千里,其势易扰也。扰之当以无备之处为始,备东则扰西,备西则扰东,彼必奔走而救之。奔走之间,可以知其虚实强弱,然后避实击虚,避强击弱。未须大举,且以轻兵扰之。南人懦怯,闻小有警,必悉师以救之。师数动则民疲而财竭,不悉师则我可以乘虚取之。如此,江北诸州将悉为我有。既得江北,则用彼之民,行我之法,江南亦易取也。得江南则岭南、巴蜀可传檄而定。南方既定,则燕地必望风内附;若其不至,移兵攻之,席卷可平矣。惟河东必死之寇①,不可以恩信诱,当以强兵制之,然彼自高平之败,力竭气沮,必未能为边患,宜且以为后图,俟天下既平,然后伺间,一举可擒也。今士卒精练,甲兵有备,群下畏法,诸将效力,期年之后可以出师,宜自夏秋蓄积实边矣。"

上欣然纳之。时群臣多守常偷安,所对少有可取者,惟朴神峻气劲,有谋能断,凡所规画,皆称上意,上由是重其气识。未几,迁左谏议大夫、知开封府事。

〔注释〕

①河东必死之寇:指北汉刘崇政权,高平之战,北汉军大败,刘崇仅带十余人仓皇逃回太原,遂与后周结为世仇。

〔译文〕

"大凡进攻获取的方法,必定先从容易的地方下手。南唐与我们相接的国境将近两千里,这地势很容易骚扰对方。骚扰对方应当从没有防备的地方开始,防备东面就骚扰西面,防备西面就骚扰东面,对方必定东奔西走去救援。东奔西走之间,就可以探明对方的虚实强弱，然后避实击虚，避强击弱。无须大举进攻时，暂且用小部队骚扰。南方人生性懦弱胆小，听说有小小的警报，必定出动全部军队去救援。军队频繁出动就会使百姓疲劳而财物耗竭，不出动全国军队救援，我们就可以乘着空虚夺取土地。像这样，长江以北各州将全部被我们占有。既得长江以北，就可利用他们的百姓，实行我们的办法，那长江以南也容易夺取了。取得江南，那么岭南、巴蜀之地就可以传递檄文而平定。南方既已平定，那燕地必定望风披靡归附中原；倘若它不归顺，就调动军队进攻，犹如卷席子那样很快可以平定了。只有河东北汉是必然要拼死一战的敌人，没法用恩惠信义诱导，应当用强大的军队制服它，然而它从高平失败以后，国力空虚士气沮丧，必定不能再起边患，应该暂且放在以后谋取，等待天下已经平定，然后看准时机，一举就可以擒获。如今士兵精干，武器齐全，部下畏服军法，众将愿意效力，一年以后可以出师，应该从夏季、秋季就开始积蓄粮草来充实边疆了。"

后周世宗欣然接受。当时群臣大多墨守成规，苟且偷安，所对策略很少有可取的，只有王朴神情峻逸、气势刚劲，有智谋能决断，凡是有所规划建议，都符合世宗的心意，世宗因此看重王朴的气质胆识。不久，迁升他为左谏议大夫、知开封府事。

上谋取秦、凤，求可将者。王溥荐宣徽南院使、镇安节度使向训[①]。上命训与凤翔节度使王景、客省使高唐昝居润偕行[②]。五月，戊辰朔，景出兵自散关趣秦州。

敕天下寺院，非敕额者悉废之[③]。禁私度僧尼，凡欲出家者必俟祖父母、父母、伯叔之命。惟两京、大名府、京兆府、青州听设戒坛。禁僧俗舍身、断手足、炼指、挂灯、带钳之类幻惑流俗者④。令两京及诸州每岁造僧帐,有死亡、归俗,皆随时开落。是岁,天下寺院存者二千六百九十四,废者三万三百三十六,见僧四万二千四百四十四、尼一万八千七百五十六。

〔注释〕

①王溥:字齐物,并州祁县(今属山西)人。后汉乾祐进士。广顺初,授左谏议大夫、枢密直学士。周世宗即位后,加兼礼部尚书,监修国史。宋初,进位司空。乾德二年(964),罢为太子太保。太平兴国初,封祁国公。撰成《唐会要》一百卷和《五代会要》三十卷。太平兴国中卒,赠侍中,谥文献。向训:向拱,宋怀州河内(今河南沁阳)人,字星民。初名训,避后周恭帝讳改名向拱。少倜傥负气,在后周屡立勋绩,仕至检校太师、河南尹、西京留守。宋初加兼侍中,封谯国公。为河南尹十余年,专治园林第舍,以纵情酒色,政务废弛,移镇安州。太平兴国初,授左卫上将军,封秦国公。

②王景:莱州掖(今山东莱州)人。农家出身,善骑射,初隶后梁大将王檀麾下,历仕后唐、晋、汉、周为武将要职。入宋,加守太保,封太原郡王。建隆二年(961),复为凤翔节度使、西面缘边都部署。卒,赠太傅,追封岐王,谥元靖。昝(zǎn)居润:宋博州高唐(今山东高唐)人,字广川。善书记。五代后唐长兴中,隶枢密院为小吏。后晋初,出掌滑州廪庾,遂补牙职。又隶从景延广、白文珂、后周太祖。后周世宗即位,擢为军器库使,历知凤翔、河中、开封府,改左领军卫上将军。恭帝立,加检校太傅。宋太祖建隆元年(960),授检校太尉。二年(961),拜义武军节度。因病诏还京师。性明敏,有节概,笃于行义。

③敕额:谓皇帝赐给寺院匾额。

④舍身:佛教徒为宣扬佛法,或为布施寺院,自作苦行,甚至佛教徒牺牲自己的肉体,谓之"舍身"。六朝时此风最盛。炼指:束香于指,以火烧灼,为僧徒修炼苦行之一。挂灯:僧俗燃身灯以奉佛,一般做法是裸体,以

小铁钩遍钩其肤，每个小钩上均挂小灯，装满灯油并点燃，俚俗称为燃肉身灯，为古代僧众之陋俗。

〔译文〕

后周世宗谋划攻取秦州、凤州，寻找可以统领军队的人。王溥推荐宣徽南院使、镇安节度使向训。世宗命令向训与凤翔节度使王景、客省使高唐人昝居润同行。五月，戊辰朔（初一），王景从散关出兵直奔秦州。

后周世宗敕命天下寺院，不是朝廷敕赐匾额的全部废除。禁止私下剃发出家当和尚、尼姑，凡是打算出家的人必须得到祖父母、父母亲、伯伯叔叔的同意，只有东京、西京、大名府、京兆府、青州准许设立受戒的佛坛。禁止僧侣舍身自杀、斩断手足、手指上燃香、裸体挂钩点灯、身带铁钳之类惑乱破坏社会风俗的行为。命令东京、西京以及各州每年编制僧侣名册，如有死亡、返俗，都随时注销。这一年，天下寺院保存的有二千六百九十四座，废除的有三万三百三十六座，现有和尚四万二千四百四十四人、尼姑一万八千七百五十六人。

六月，庚子，上亲录囚于内苑[①]。有汝州民马遇，父及弟为吏所冤死，屡经覆按[②]，不能自伸，上临问，始得其实，人以为神。由是诸长吏无不亲察狱讼。

帝以县官久不铸钱，而民间多销钱为器皿及佛像，钱益少。九月，丙寅朔，敕始立监采铜铸钱，自非县官法物、军器及寺观钟磬钹铎之类听留外，自余民间铜器、佛像，五十日内悉令输官，给其直。过期隐匿不输，五斤以上其罪死，不及者论刑有差。上谓侍臣曰：“卿辈勿以毁佛为疑。夫佛以善道化人，苟志于善，斯奉佛矣。彼铜像岂所谓佛邪？且吾闻佛在利人，虽头目犹舍以布施[3]，若朕身可以济民，亦非所惜也。"

〔注释〕

①录囚：亦作"虑囚"，中国古时由君主或上级官吏向囚犯讯察决狱情况，纠正冤案错案的制度。此制自汉至宋相沿，明清被朝审、秋审取代。

②覆按：亦作"覆案"，审察，查究。

③布施：佛教传入中国后，以"布施"为梵文 Dana（檀那）的意译词，故特指向僧道施舍财物或斋食。

〔译文〕

六月，庚子（初三），后周世宗在宫内园林中亲自查阅囚犯的档案。有个汝州的百姓叫马遇，父亲以及弟弟被官吏冤枉致死，屡经核查审理，自己不能申诉，世宗当面审问，才获得真实情况，众人都认为神奇。从此各部门长官无不亲自省察刑事诉讼案件。

后周世宗因为朝廷长久没有铸造铜钱，而民间许多人销毁钱币做成器皿以及佛像，铜钱越来越少。九月，丙寅朔（初一），敕令开始设立机构采集铜来铸造钱币，除了朝廷的礼器、兵器以及寺庙道观的钟磬、钹镲、铃铎之类准许保留外，其余民间的铜器、佛像，五十天内全部送交官府，付给等值的钱。超过期限隐藏不交，重量在五斤以上的判死罪，不到五斤的量刑判处不同的罪。世宗对侍从大臣说："你们不要为毁佛而疑虑。佛用善道来教化人，假如立志行善，这就是信佛了。那些铜像岂是所说的佛呢？况且我听说佛的宗旨在于利人，即使是脑袋、眼睛也都可以舍弃布施给需要的人,倘若朕的身子可用来普济百姓,也不值得吝惜啊。”

臣光曰:若周世宗,可谓仁矣,不爱其身而爱民;若周世宗,可谓明矣,不以无益废有益。

〔译文〕

臣司马光曰:像周世宗,可以称得上仁爱了,不吝惜自身而爱护百姓;像周世宗,可以称得上英明了,不因无益的东西而废弃有益的东西。

甲子,上与将相食于万岁殿,因言:“两日大寒,朕于宫中食珍膳,深愧无功于民而坐享天禄①,既不能躬耕而食,惟当亲冒矢石为民除害,差可自安耳!”

丁未,上与侍臣论刑赏,上曰:“朕必不因怒刑人,因喜赏人。”

先是,大梁城中民侵街衢为舍,通大车者盖寡,上命悉直而广之,广者至三十步;又迁坟墓于标外。上曰:“近广京城,于存殁扰动诚多。怨谤之语,朕自当之,他日终为人利。”

〔注释〕

①天禄:天赐的福禄。

〔译文〕

甲子(二十九日),后周世宗与将军、丞相在万岁殿会餐,因而说道:“两天大寒,朕在宫中吃美味佳肴,对百姓没功劳而坐享上天赐予的福禄深感惭愧,既然不能自己耕耘而吃饭,那就只有亲身去冒飞矢流石的危险来为民除害,还略可自我安慰。”

丁未(十三日),后周世宗与侍从大臣谈论刑赏,世宗说:“朕一定不因为自己发怒而惩处人,因为自己高兴而奖赏人。”

在这以前,大梁城中居民侵占街道修筑房舍,能通大车的路比较少,后周世宗命令将街道全部取直并且拓宽,最宽的到三十步;又将坟墓迁移到标记以外。世宗说:“近来拓宽京城,给活人、死者骚扰动乱确实很多。怨恨诽谤的言语,朕自己承当,然而将来终究会对百姓有利。”